Roland Kaehlbrandt · Logbuch Deutsch

Roland Kaehlbrandt

Logbuch Deutsch

Wie wir sprechen,
wie wir schreiben

KlostermannRoteReihe

Bibliographische Information der Deutschen Nationalbibliothek

Die Deutsche Nationalbibliothek verzeichnet diese Publikation in der
Deutschen Nationalbibliographie; detaillierte bibliographische Daten
sind im Internet über *http://dnb.dnb.de* abrufbar.

Originalausgabe

© Vittorio Klostermann GmbH · Frankfurt am Main · 2016
Gedruckt auf Alster Werkdruck der Firma Geese, Hamburg.
Alterungsbeständig ∞ ISO 9706 und PEFC-zertifiziert.

Druck und Bindung: betz-Druck GmbH, Litges & Dopf GmbH
Printed in Germany
ISSN 1865-7095
ISBN 978-3-465-04255-6

Inhalt

Vorwort 9

Kapitel 1   Das Wunder Deutsch
Mühelose Wortbildung – Quengelware und fremdschämen – Leichter als im Französischen – Schöne Wortkombinationen – Flexible Wortstellung – Es lebe der lange Satz! – Genauigkeit im Raum – Ausdrucksstärke durch feine Abtönung – In einem Wort 13

Kapitel 2   Imponierdeutsch
Die Ursprünge – Von Wandel, Struktur und Strategie – Von Visionen, Innovationen und Zukunftsfähigkeit – Philosophie und Kultur – Jenseitiges und Diesseitiges – Wegwerfwörter – Semantischer Drahtverhau. 33

Kapitel 3   Englisch im Deutschen, Englisch statt Deutsch
Greifen die Anglizismen unsere Sprache an? – Wortschöpfungen – Wortschrott – English only? – Domänenverlust und seine Folgen – Wozu verschiedene Sprachen? – Die feinen Unterschiede – Sprache und Persönlichkeit – Ist Kultur von Sprachen unabhängig? 49

Kapitel 4   Abgehoben und schwer verständlich – Wissenschaftsdeutsch
Der steinige Weg zur deutschen Wissenschaftssprache – Tradition der schweren Verständlichkeit – Internationalisierung – Nowhere Island – Exzellenz – Sprachlich

verflochten – Bologna-Jargon – Was verloren geht –
Gegenwind und Nachbesserung...................... 81

Kapitel 5   Im Dienste der Moral – Sprachregulierung
Geschlechtergerechte Sprache: Lehrer/-innen und SuS –
Das Geschlecht neutralisieren: von Studierenden und
Kursteilnehmenden – Das Gott und die Apostelinnen –
Die Sprache regulieren: Die Menschen bevormunden..... 115

Kapitel 6   Zwanghafte Zwanglosigkeit – Lockerdeutsch
Abstreifen der Konventionen – Im Per-Du-Center –
Sprachliche Umgangsformen in der Defensive – Hallo!
Haalo! Aber hallo! – Norm unter Verdacht – Ich sag mal:
„Kein Thema!" – Zurück zu Sonja ins Hauptstadtstudio –
Neue Mündlichkeit im Schriftlichen – Kiezdeutsch gerne,
aber für alle?.. 129

Kapitel 7   Sprachliche Bildung
Deutsch als Bildungsgut – Wie viel Deutsch in der Schule?
– Deutsch als Zweitsprache – Eklatante Lücken bei
Studienanfängern – Sprachentwicklungsstörungen, eine
Zivilisationskrankheit?............................. 145

Kapitel 8   Sprache und Norm
Kurios: Staat und Sprachnorm in Deutschland – All-
gemeine Verunsicherung: die Rechtschreibreform –
Wer aber soll es richten? – Ebenfalls kurios: Sprache und
Gesetz – Sprachnorm in Bewegung.................. 165

Kapitel 9   Die deutsche Sprache in Europa
Sprachnationen und Kultursprachen – Europäische Regierungssprache? – Deutsch: ein paar Zahlen – Sprachverbreitung – Deutsch in den Institutionen der Europäischen
Union – Deutsche Reaktionen? – Wie kann es gehen? ... 193

Kapitel 10   Die Zukunft der deutschen Sprache
  Errungenschaften – Sprachpflege aus der Mitte der
  Gesellschaft – Lebendige Sprachkritik – Institutionen
  verbinden und stärken – Sprachbildungspolitik –
  Zum Schluss 219

Dank 235

Literatur 237

Der Autor 251

Vorwort

Das Deutsche zählt unter den rund 6.000 Sprachen der Welt zu den wenigen überregional gesprochenen Sprachen. Es wurde aus dem Freiheitsgeist von Späthumanismus und Aufklärung im Widerstand gegen die französisch sprechenden Fürstenhöfe und gegen die lateinisch dominierten Wissenschaften zu einer verständlichen Sprache für alle Bürger ausgebaut. Unsere heutige deutsche Sprache mit Grammatik, Hochlautung und einem reichen Wortschatz von rund fünf Millionen Wörtern verdankt diesen Zustand weder einer rein naturwüchsigen Entwicklung noch einer staatlichen Verordnung, sondern einer beherzten sprachkultivierenden Arbeit engagierter Vorkämpfer. Es war ein langer und steiniger Weg dahin, immer wieder behindert durch Geringschätzung vor der eigenen Haustür.

Diese Geringschätzung ist auch heute wieder am Werk. Sie führt dazu, dass das Deutsche inzwischen in seinem Gebrauch eingeschränkt, mehr noch, verdrängt wird:
- Entscheidende gesellschaftliche Bereiche wie Wissenschaft, Wirtschaft und europäische Politik werden aus eigener Initiative zunehmend ans Englische abgegeben.
- Und wo noch deutsch gesprochen wird, ist es oft nicht besser bestellt. Zum führenden Jargon unserer Zeit ist ein aufgeblähtes und schwer verständliches Imponierdeutsch aus dem Bereich des Managements aufgestiegen. Es ist gekennzeichnet durch zusammengezimmer-

te Wortschöpfungen wie *Investmentphilosophie* oder *intermodulare Potenziale*.
- Das sprachliche Handwerk der unermüdlichen Gerechtigkeitssemantiker überzieht den öffentlichen Sprachgebrauch mit einer Kunstsprache. Es gebiert Wortungetüme wie StaatsanwältInnen oder Testamentsvollstreckende.
- Auch die Hallogesellschaft ist nicht untätig. Sie hat die Sprache mit ihrer bemühten Lockerheit und Schnöseligkeit beschädigt. Ein langgezogenes *okee!* markiert in diesem Jargon der Tiefenentspannung das höchste der Gefühle.

Die Ursachen dieser Entwicklung sind tief in der westlichen Zivilisation verankert; es ist der Drang nach wirtschaftlicher Effizienz durch kulturelle Vereinheitlichung und Vereinfachung, hin zu einer niedrigschwelligen Massengesellschaft. Er schlägt in Deutschland sprachlich unmittelbar durch. Denn anders als in europäischen Nachbarländern wirkt hierzulande kaum ein widerspenstiges sprachliches Selbstbewusstsein den vereinheitlichenden und nivellierenden Einflüssen entgegen.

Das hat auch drastische Folgen für die Sprachbeherrschung: Sie ist in einem jämmerlichen Zustand. Deutschland leistet sich eine beängstigend hohe Quote von Analphabeten. Die Rechtschreibfertigkeit geht seit Jahren dramatisch zurück. Ein differenzierter Wortschatz kann auch in gymnasialen Oberstufen nicht mehr vorausgesetzt werden. Immer mehr Studienanfänger haben zudem große Lücken in der Kenntnis der deutschen Grammatik. Sprachlicher Ausdruck wird immer häufiger als Nebensache abgetan. Eine weitverbreitete Skepsis gegenüber Normen aller Art behindert die Verankerung der Sprachnorm. Die Beeinflussung der Schreibgewohnheiten durch die Mündlichkeit digitaler Spontanmedien tut das Ihre. Und – auch nach Jahrzehnten der Einwanderung ist das

Deutsche als Sprache der Integration weder unstrittig noch verankert.

Große Teile der Sprachgemeinschaft aber haben sich an diese Mängel gewöhnt. Es herrscht ein durch Gleichgültigkeit gekennzeichneter sprachlicher Dämmerzustand.

Das birgt Risiken für die künftige Einsatzfähigkeit der deutschen Sprache. Wenn sie von dynamischen und prägenden Bereichen wie Wissenschaft, Wirtschaft und Politik abgeschnitten wird, versiegen wichtige Quellen ihrer Weiterentwicklung. Die damit verbundene Funktionseinschränkung droht zu einer Gefahr für den Status der deutschen Sprache zu werden. Teile der Eliten sind im Begriff, diesen Prozess aktiv zu fördern.

Soll die deutsche Sprache auch in Zukunft als voll ausgebaute Kultursprache verwendet werden können, oder will sich die Sprachgemeinschaft über kurz oder lang mit einer Alltags- oder Haussprache Deutsch zufriedengeben? Einer Debatte über dieses Medium unserer alten Kultur sollten wir nicht ausweichen. Die Sprachgemeinschaft – von den Liebhabern der deutschen Sprache über die Gleichgültigen bis hin zu den Verächtern – täte dabei gut daran, sich der Ausdrucksmöglichkeiten ihrer Sprache bewusst zu werden, ihrer Elastizität in Wortschatz und Satzbau, ihrer kulturellen Hervorbringungen und auch ihrer immer noch relativ starken Verbreitung – mit den Vorteilen, die diese mit sich bringt.

Dazu möchte ich mit dem vorliegenden Buch beitragen.

Frankfurt am Main, November 2015

Kapitel 1
Das Wunder Deutsch

Mühelose Wortbildung – Quengelware und
fremdschämen – Leichter als im Französischen –
Schöne Wortkombinationen – Flexible Wortstellung –
Es lebe der lange Satz! – Genauigkeit im Raum –
Ausdrucksstärke durch feine Abtönung – In einem Wort

Mühelose Wortbildung

Beginnen möchte ich mit etwas Erfreulichem, mit einem Lob der deutschen Sprache. Ein großer Vorzug ist ihr Wortschatz. Bleiben wir einen Moment bei diesem Begriff, *Wortschatz*. Wir nennen unser Vokabular nicht umsonst so, auch wenn wir kaum an die eigentliche Bedeutung von *Wortschatz* denken. Die Metapher *Schatz* ist verblichen. Schade eigentlich. Der Romanist Hans-Martin Gauger führt sie uns vor Augen: „Zur Sprachkultur gehört auch und vor allem das ‚Gefühl' oder das erlebte Wissen, dass wir in unserer Sprache einen Reichtum vor oder eigentlich hinter uns, hinter unserem Sprechen nämlich, haben […]."[1]

Der deutsche Wortschatz ist sehr umfangreich. Bei den Standardwörterbüchern großer europäischer Spra-

---

[1] Gauger (2004), S. 18.

chen liegt das Deutsche mit 200.000 Wörtern (im *Großen Wörterbuch der deutschen Sprache* des Duden) hinter dem *Oxford English Dictionary* mit 620.000 Wörtern (das allerdings die englische Sprache der letzten 1000 Jahre dokumentiert), aber vor dem französischen *Grand Robert* mit 100.000 Wörtern. Der *Bericht zur Lage der deutschen Sprache* aus dem Jahr 2013 ermittelte aus einem Korpus von Presseartikeln, Belletristik und wissenschaftlichen Texten eine deutlich höhere Zahl: 5,3 Millionen Wörter. Wenn man alle Sondersprachen und Wissenschaftssprachen hinzuzählt, dürften es noch einmal deutlich mehr sein; die Schätzungen gehen bis zu 30 Millionen.

Warum ist der deutsche Wortschatz so umfangreich? Wegen einer Besonderheit, die man nicht genug rühmen kann: die seiner fast unbegrenzten Kombinierbarkeit. Das Deutsche erlaubt es, ja lädt geradezu dazu ein, neue Wörter aus bestehenden zusammenzusetzen, und zwar so, dass man aus den zusammengesetzten Wörtern meist die neue Bedeutung gleich schon herauslesen kann. Man muss also nicht wie zum Beispiel im Spanischen erst einmal das aus dem Griechischen stammende Wort *pediatra* lernen, das keinerlei Beziehung zum romanischen Wortschatz hat, um zu wissen, dass es sich um einen Kinderarzt handelt; im Deutschen erkennt man aufgrund des Wissens um die Bedeutung von *Arzt* und *Kind* auf einen Blick die Bedeutung des neuen Begriffs *Kinderarzt*. Das mag dem einen oder anderen schlicht und naiv vorkommen. Die deutsche Wortbildung ist aber vor allem eines: leicht verständlich.

Und dann ist diese Mechanik des Kombinierens noch etwas anderes: leicht handhabbar und deshalb unglaublich produktiv. Hat man die Kombination von *Kind* und *Arzt* einmal gefunden, kann man alle anderen Bezeichnungen für die Arztberufe genauso konstruieren und verstehen: *Frauenarzt, Zahnarzt, Tierarzt*, ja sogar bis zum komplexen *Hals-, Nasen-, Ohrenarzt* reicht die Spannweite. Durch Kombinationen kann der deutsche Wortschatz aus vertrauten Elementen beliebig erweitert werden.

Quengelware und fremdschämen

An den Kassen der Supermärkte hat man gezielt verführerische Waren auf der Augenhöhe von Kindern ausgestellt, damit diese sie sogleich erblicken und so lange *quengeln*, bis die Mutter oder der Vater sie ihnen kauft. Die in den Neunzigerjahren aufgekommene Bezeichnung dafür lautet denn auch kurz: *Quengelware*. Braucht man einen neuen Begriff für Leitungen, die riesige Datenmengen quer durchs Land transportieren können, so kombiniert man das Wort für diesen ebenfalls recht neuen Gegenstand mit zwei bestehenden: *Datenautobahn*.

Diese Fähigkeit der deutschen Sprache, mühelos Wörter zu kombinieren, macht sie wendig: Man kann zwei Substantive kombinieren wie in *Autobahn*. Man kann Adverb und Verb kombinieren wie in *fremdschämen*, das das bekannte Gefühl übersetzt, welches wir empfinden, wenn wir uns einer anderen Person schämen und nicht unserer selbst – eine gelungene Neuschöpfung der letzten Jahre. Zwar konnte man sich auch schon vorher *für jemanden schämen*, aber diese Empfindung konnte man nur in direktem Bezug auf eine Person äußern, nicht als Empfindung an sich. Nun aber kann man *sich schämen* und *sich fremdschämen*, und schon ist dieser Unterschied in einem Wort gemacht.

Durch Vor- oder Nachsilben können wir aus Substantiven jederzeit ein Adjektiv machen wie bei *schnurlos*. Und wir können durch diese Silben (Lexeme oder Phoneme) die Bedeutungen unserer Verben weiter präzisieren, wie bei dem in den Neunzigerjahren entstandenen *andenken* in

Sätzen wie *es ist angedacht, das Produkt erst später zu lancieren*. **Andenken** heißt hier, dass wir uns auf etwas noch nicht festlegen wollen, sondern dass wir es zur Diskussion stellen. Eine ähnliche Wortschöpfung ist *sich hineindenken*: „Er hat sich in die Sache *hineingedacht*", er hat begonnen, sich mit der Sache gedanklich vertraut zu machen.

Allerdings ist nicht jede dieser Kombinationen logisch abzuleiten, wie überhaupt die Wortfelder einer Sprache nicht den strikten Anforderungen einer Formelsprache genügen, und es kann deshalb auch immer wieder zu Missverständnissen kommen wie bei der wichtigen Frage, ob jemand den Mann *umgefahren* hat oder ob er ihn *umfahren* hat, was aus dem Verb in seiner ungebeugten Schriftform allein nicht zu erkennen ist (umfahren), sondern nur in der mündlichen Rede durch die Betonung (*úmfahren* oder *umfáhren*).

Es ist auch nicht zu bestreiten, dass die Leichtigkeit, mit der das Deutsche zur Wortschöpfung durch Kombination bestehender Wörter einlädt, zu Wortungetümen verführt wie beim *Finanzmarktstabilisierungsfondsgesetz* aus dem Jahre 2008, mit dessen Hilfe die Zahlungsfähigkeit der Kreditinstitute in Deutschland sichergestellt werden sollte. Immerhin wird in diesem Wortungetüm eine komplexe Information gebündelt – nicht schön, aber wenigstens genau. Für den Hausgebrauch reichen einfache Abkürzungen – natürlich auch wieder Wortkombinationen wie *Rettungspaket*, *Rettungsfonds* oder auch *Rettungsschirm*.

Eine weitere Quelle des reichen Wortschatzes im Deutschen sind die Ableitungen. Man hängt einfach eine Endsilbe an ein Substantiv, und schon hat man ein Adjektiv zur Hand: *Gefühl* wird zu *gefühlvoll*, *gefühlsarm* oder *gefühlig*. Oder umgekehrt: *einsam* wird zu *Einsamkeit*, *Vereinsamung*. Auf diese Weise entstehen ganze Wortfamilien aus einem einzigen Wort. Wer das Ausgangswort kennt, kann sich das Wortfeld erschließen.

Leichter als im Französischen

Bei der Kombination von Wörtern können andere Sprachen durchaus widerstrebend sein: Das Französische belässt Substantivkombinationen bevorzugt auseinandergefaltet wie *papier de verre* (Sandpapier), wobei das Zeichenpapier dann *papier à dessin* heißt, weil das Zeichnen der Zweck des Papiers ist, was durch à ausgedrückt wird (warum aber heißt der Minzesirup dann *menthe à l'eau*, wo doch das Wasser nicht der Zweck des Sirups ist?) Auch aus stilistischer Tradition heraus sucht man im Französischen oft eher einen eigenen Begriff, als bestehende zu kombinieren, wie dies an den vielen Fachbezeichnungen aus dem Griechischen und Lateinischen zu erkennen ist, die schon im 16. Jahrhundert als sogenannte gelehrte Wörter (*mots savants*) in großer Zahl ins Französische eingeführt wurden. Das Englische ist offener für Zusammensetzungen, hier aber steht der Lernende vor den Schwierigkeiten einer komplizierteren und oft nicht nachvollziehbaren unterschiedlichen Schreibweise (*small talk, softdrink, well-being*)[2]. Dazu kommt, dass das Englische keine Fugenelemente benutzt (vgl. hingegen deutsch „Arbeitsamt"). So entstehen Ungetüme aus der Management- und Wissenschaftssprache, deren Bestandteile sich erst nach mehrmaligem Lesen zuordnen lassen, wie z. B. *Global Mindset Development in Leadership and Management Conference*. Mark Twain hätte beim Phänomen der Wortungetüme auch in seiner eigenen Sprache fündig werden können.

---

[2] Beispiele der Internetplattform LEO.

Schöne Wortkombinationen

Nicht zu vergessen ist in der deutschen Wortbildung neben dem Vorzug ihrer Leichtigkeit die Schönheit vieler Wörter, die aus Kombinationen hervorgegangen sind und in ihrer Synthese oder Verschmelzung nicht nur eine Addition aus den Bedeutungsbestandteilen der beiden kombinierten Wörter bilden, sondern eine neue und sehr präzise Bedeutung schaffen. Meine beiden Lieblingswörter sind in ihrer Bedeutung gegensätzlich: *anschmiegsam* und *unnahbar*. Es sind regelrechte Sprachkunstwerke. Aus drei einfachen Wörtern ist *anschmiegsam* gebaut: im Wortkern das Verb *sich anschmiegen*, dann das Adjektivsuffix *-sam*, das es uns ermöglicht, ein Verb in ein Adjektiv umzuformen, und im Verb selbst die Vorsilbe *-an*, die die räumliche Nähe zwischen zwei Personen zusätzlich unterstreicht (im Gegensatz zu anderen denkbaren Vorsilben wie *auf-*, oder *ab-*). *Anschmiegsam* ist nicht nur in der Geste schön, die das Wort bezeichnet (*bezeichnet* ist hier nicht ganz richtig: Wir bezeichnen mit Wörtern eine geistige Vorstellung, nicht den Sachverhalt direkt), sondern auch im Klangbild. Und in dieser Parallelität wirkt das Wort besonders intensiv. Hinzu kommt die Abgrenzung in der Bedeutung gegenüber formverwandten Verben wie z.B. *anlehnen*. *Anschmiegen* ist eben nicht nur *anlehnen*, sondern es bringt eine größere Nähe, fast schon Intimität zum Ausdruck.

Das unscheinbare Wort *unnahbar* ist ein ebensolches Kunstwerk. Aus drei Elementen gebildet, bringt es uns eine ganze Vorstellungswelt vor Augen. Mit der Unnahbarkeit (das Substantiv ist im Deutschen auch gleich zur Hand) hat es eine schwierige Bewandtnis, denn einerseits will der Unnahbare nicht, dass sich ihm jemand nähert, und andererseits nimmt er sich selbst die Möglichkeit der Nähe anderer. Noch dazu kann es sein, dass der Betreffende nicht einmal willentlich unnahbar wirkt, sondern unwillkürlich und unabsichtlich. Ein so komplizierter Charakterzug steckt allein in jenen drei harmlosen Elementen, aus denen das Wort gebaut ist.

Es sind Zusammensetzungen dieser Art, die es im Deutschen möglich machen, so viele feine Unterschiede zu benennen und damit letztlich auch zu schaffen. Es sind sprachlich-geistige Schöpfungen, die wir in der Wortbildung hervorbringen. Sie sind keineswegs trivial, auch wenn sie uns so leicht fallen. Die Wortbildung ist ein elementarer Vorgang. Denn in den Wörtern erfahren wir die Welt, in ihnen bestimmen wir unsere Welt, und mit ihnen sprechen wir über unsere Welt.

Flexible Wortstellung

Zu den Vorzügen unserer Sprache rechne ich auch den Satzbau. Das mag manchen Leser überraschen, wird doch gerade der deutsche Satz von Kritikern als Zumutung empfunden. Natürlich gibt es sie, die Bandwurmsätze, bei denen sich erst am Ende mehrerer voneinander abhängiger Nebensätze durch das Verb erschließt, was ihre Gesamtbedeutung ist. Aber auch das muss nicht immer ein Nachteil sein, wie wir sehen werden.

Der Satzbau im Deutschen ist sehr flexibel – eine Folge des von Mark Twain so ungeliebten ausgeprägten deutschen Kasussystems.[3] Es ist einleuchtend, dass eine Sprache mit ausgeprägtem Kasussystem in der Wortstellung mehr Freiheit geben kann. Den Vorteil einer leicht zu bildenden Wortgruppe ohne Kasusmarkierung bezahlt der Sprecher des Französischen mit einer Einschränkung in der Wortstellung. Man kann eben nicht

---

[3] Mark Twain (2010), S. 27 ff.

alles haben. Im Deutschen kann man den Satz *Ich habe ihm das Buch geschenkt* mehrfach drehen und wenden und ihn damit in einer immer wieder anderen Bedeutung verwenden: *Ihm habe ich das Buch geschenkt*; wenn es darum geht, den Empfänger stark zu betonen. *Ich habe das Buch ihm geschenkt*, hier wird der Empfänger etwas schwächer betont als im Satz zuvor, weil er sich die Aufmerksamkeit des Hörers mit dem Buch teilen muss. *Das Buch habe ich ihm geschenkt*, wenn das Geschenk selbst betont werden soll; *Geschenkt habe ich ihm das Buch*, wenn man verdeutlichen will, dass man das Buch nicht verkauft oder verliehen hat. Nur die Wortstellung *Ich ihm habe das Buch geschenkt* wird im Deutschen nicht akzeptiert.[4]

Wenn man nun noch Umstandsbestimmungen der Zeit, des Ortes oder etwa des Grundes oder der Art und Weise hinzufügt (*Heute Morgen, im Restaurant, wegen seiner Mithilfe, mit großer Freude*), ergeben sich noch mehr Möglichkeiten der Wortstellung und ebenso viele Nuancen, im Satzinhalt eine andere Betonung des Wichtigen vorzunehmen.[5] Elastizität und Nuancenreichtum, das sind Vorzüge des deutschen Satzbaus.

Eine weitere Besonderheit des deutschen Satzbaus rührt von der Teilung des Prädikats her, von der Verb- oder Satzklammer. Sie betrifft einmal die Hilfs- und Modalverben, die ein Hauptverb in seiner Bedeutung spezifizieren wie in dem Satz: *Paul hat Gaby auch am letzten Abend gegen 19.00 Uhr auf dem Bahnsteig von Köln-Ehrenfeld nicht gesehen*. Die Klammer wird hier von *hat* bis *nicht gesehen* gebildet, und mancher Nicht-Muttersprachler stöhnt über die lange Strecke, die er zurücklegen muss,

---

[4] Beispiele von Blumenthal (1987), S. 35/36.
[5] Das Französische ist beispielsweise in seiner Informationsstruktur im Satz strenger, und seine Möglichkeiten der Umstellung im Satz sind begrenzter.

bis er den wahren Sinn des Satzes verstanden hat, denn dieser erschließt sich ja erst ganz am Ende.⁶ Ebenso hört man Klagen von Nicht-Muttersprachlern, die einen Satz in korrekter Satzklammer formulieren wollen und dabei den Überblick verlieren (wobei dies den Muttersprachlern ja auch häufig widerfährt). Man kann aber die Satzklammer umgehen.⁷ Den obigen Satz kann man problemlos so umformen, dass die möglicherweise wichtigste Nachricht am Anfang des Satzes steht und der Rest in einen Nebensatz ausgelagert wird: *Paul hat Gaby nicht gesehen, als er am letzten Abend gegen 19.00 Uhr auf dem Bahnsteig von Köln-Ehrenfeld war.* Man kann sogar das Gesehen-Haben noch stärker betonen, indem man es an den Anfang des Satzes stellt: *Gesehen hat er sie nicht ...*

Aber die Verbklammer hat auch ihr Gutes. Nehmen wir den Satz: *Sie gibt ihre anspruchsvolle und interessante Tätigkeit auf.* Am Ende könnte es auch heißen: *... nicht auf.* Oder: *... an eine Kollegin ab.* Oder: *... nicht an eine Bekannte, sondern an einen neuen Kollegen ab.* Dadurch dass die Inhalte des Satzes erst am Ende durch den Verbbestandteil (*auf, ab*) richtig eingeordnet werden, bekommen wir eine synthetische Vorstellung der Lage: Der Satzinhalt wird zu *einer* Vorstellung zusammengedrängt. Die Bedeutung des Satzes ist so lange in der Schwebe, bis wir ihn ganz gehört haben, und erst am Ende verstehen wir ihn richtig. Man muss durch die Verbklammer alle Bestandteile des Satzes im Gedächtnis behalten, um am Ende des Satzes mithilfe des Verbs oder seiner Vorsilbe oder auch seiner Verneinung die Bedeutung richtig interpretieren zu können. Das kann in Satzgefügen oder auch in einfachen Sätzen mit komplexen Substantivgrup-

---

⁶ So auch Mark Twain (2010), S. 23 ff.
⁷ Selbst Thomas Mann, der Meister der langen Satzperioden, tut dies: „Dieser Gesinnung habe ich Opfer gebracht, ideelle und solche des äußeren Wohlseins (...)", *Doktor Faustus* (1947), S. 8.

pen eine anspruchsvolle Übung sein, und für den Nicht-Muttersprachler, der dies nicht gewohnt ist, muss eine solche Wortstellung sowohl beim Hören als auch beim Sprechen anfangs recht schwierig erscheinen. Aber im Gegenzug bildet der deutsche Satz mit seiner Eigenart der Verbklammer eben jene synthetische Vorstellung, die es einem ermöglicht, alle Elemente des Satzes in ihrer gegenseitigen Beziehung zueinander als ein Ganzes zu erfassen. Ein weiterer Vorzug der Verbklammer ist ihre Gliederungsfunktion in einem Satzgefüge. Sie markiert nämlich unmissverständlich das Ende eines Satzes, an das nun ein Nebensatz angeschlossen werden kann: *Sie gibt ihre anspruchsvolle und interessante Tätigkeit auf, weil sie ein Erbe antreten kann.*

Einige Sprachwissenschaftler aus dem romanischen Sprachraum deuten den Satzbau der französischen Sprache als das Gegenteil der sogenannten „regressiven" (= rückwärtsgewandten oder rückbezüglichen) Wortstellung des Deutschen. Der französische Satz, so ihre These, gehorche einer natürlichen Wortstellung („ordre naturel" oder „ordre direct"), indem er alles stets der Abfolge Subjekt, Prädikat, Objekt unterwerfe;[8] im Deutschen sei diese Ordnung auf den Kopf gestellt; das gelte auch für Wortgruppen wie zum Beispiel *ein zwei Meter langer Tisch* oder *ein auf den Stuhl gelegter Mantel*; das Französische stelle hier ganz logisch das Substantiv an den Anfang, gefolgt von den Wörtern, die es weiter bestimmen (*une table longue de deux mètres; un manteau posé sur une chaise*); der Leser oder Hörer könne bequem der

---

[8] Schon im 18. Jahrhundert pflegten Franzosen wirkungsvoll den Mythos der im Französischen verankerten natürlichen Klarheit, die der Natur des Denkens entspreche und daher universell begründet sei. „Was nicht klar ist, ist nicht französisch", behauptete Antoine de Rivarol, der mit seinen Ausführungen 1784 den Preis der Berliner Akademie gewann.

Ordnung der Wörter folgen, weil sie sich eins nach dem andern und vom Wichtigsten ausgehend erschlössen; im Deutschen könne der Sprecher nach Belieben alles umstellen und hin- und herrücken, ohne sich beim Sprechen um die natürliche Ordnung der Dinge zu kümmern; im Französischen werde er hingegen zur sachlich richtigen Wortstellung gezwungen; das Deutsche sei eine Sprache für Sprecher, das Französische eine für Hörer.[9]

Aber was ist eine „natürliche" Wortstellung? Für die Franzosen der Aufklärung war es die Folge Subjekt – Verb – Objekt, an die sie selbst sich so wenig hielten wie andere Sprachgemeinschaften. Noch schwerer sind mentalitätsbezogene Weltbildthesen zu beurteilen, die aus den genannten sprachlichen Unterschieden abgeleitet worden sind (Rationalität im Gegensatz zum Gefühl, Objektivität im Gegensatz zur Subjektivität).

Es gibt immerhin einiges, was für die im Deutschen mögliche vorangestellte Attribuierung (*ein auf den Stuhl gelegter Mantel*) spricht. Denn das Deutsche eröffnet dadurch die Ausbaufähigkeit des Nomens *nach beiden Seiten*, nämlich durch vorangestellte Attribute und durch nachfolgenden Relativsatz (*ein auf den Stuhl gelegter Mantel, den ich beim Hinausgehen vergessen hatte*).[10] Auf diese Weise können auch komplexe Informationen gut aufgeteilt werden. Das vorangestellte Attribut ist weniger hervorgehoben als ein Relativsatz. Dadurch gelingt eine differenzierte „Perspektivierung", also eine feine Dosierung der Gewichte, die man den präzisierenden Satzteilen oder Sätzen zuweist. Und wenn man bedenkt, was sonst noch möglich ist, beispielsweise auch in der Nachstellung des Adjektivs, kann man von der großen Elastizität der Wortstellung nur beeindruckt sein: *Röslein rot, Forelle*

---

[9] Duron (1963), passim. Siehe auch Malblanc (1961).
[10] Hinweis von Peter Eisenberg.

blau, Henkell trocken oder auch diese nachgestellte Konstruktion: *Salat kauft er nur frischen.*[11]

Zurück zum Sprachvergleich zwischen dem Deutschen und dem Französischen, der erhellend ist, weil er zeigt, dass die beiden Sprachen in ihrem System und in ihren Stilidealen die Aufmerksamkeit auf verschiedene Weise „steuern und fixieren", so der Kölner Romanist Peter Blumenthal in einer scharfsinnigen Arbeit zu diesem Thema.[12] Hier die Aufmerksamkeit sozusagen Schritt für Schritt und Stück für Stück, da die Aufmerksamkeit in einer Gesamtsicht.

Bei aller Faszination für sprachliche Unterschiede ist anzumerken, dass das Deutsche auch den geradlinigen Satz mit Subjekt, Prädikat und Objekt kennt: *Er gibt ihr das Buch.* Erst in den Sätzen mit zusammengesetzten Prädikaten und in Nebensätzen werden Satzklammern gebildet. Und schließlich *muss* das Deutsche auch in Substantivgruppen eine Ansammlung von bestimmenden Wörtern nicht voranstellen, sondern kann sie durch einen Relativsatz oder eine Apposition nach dem Substantiv gruppieren: Wem die Wortgruppe *ein im Wohnzimmer zwischen dem Kamin und dem Fenster stehender Schrank* zu schwierig ist, der kann ebenso gut sagen: *ein Schrank, der im Wohnzimmer zwischen dem Kamin und dem Fenster steht* oder *ein Schrank im Wohnzimmer, zwischen dem Kamin und dem Fenster.*[13] Es gibt sprachliche Zwänge, aber es gibt auch Auswege aus ihnen.

---

[11] Beispiele von Eisenberg (2013), S. 240.
[12] Blumenthal (1987), S. 5.
[13] Beispiel von Duron (1963), S. 96.

Es lebe der lange Satz!

Ich möchte eine Lanze brechen für den langen Satz, ja sogar für den Schachtelsatz, den das Deutsche ermöglicht, der aber gern als Überforderung des Lesers und Hörers missbilligt wird. Gerade im langen Schachtelsatz zeigen sich die wunderbaren Stellungsfreiheiten des deutschen Satzbaus – allerdings nur dann, wenn jemand mit diesen Freiheiten vernünftig umzugehen versteht. Wenige konnten damit so virtuos umgehen wie Thomas Mann. Der Bau des langen, dabei gut verständlichen Satzes, ist eine seiner Sprachkünste. Wenn man sich dem Rhythmus seiner Sätze anvertraut und sich von ihnen in die Gedankenwelt des Autors einführen lässt, stellt sich ein Hochgenuss ein: ein Sprach- und Denkkunstwerk zugleich.

Der *Doktor Faustus* beginnt mit einem solchen Satz, mit dem der Erzähler Gelehrsamkeit, Bescheidenheit und Vornehmheit vermittelt: „Mit aller Bestimmtheit will ich versichern, dass es keineswegs aus dem Wunsche geschieht, meine Person in den Vordergrund zu schieben, wenn ich diesen Mitteilungen über das Leben des verewigten Adrian Leverkühn, dieser ersten und gewiß sehr vorläufigen Biographie des teuren, vom Schicksal so furchtbar heimgesuchten, erhobenen und gestürzten Mannes und genialen Musikers einige Worte über mich selbst und meine Bewandtnisse vorausschicke."

Erst am Ende des Satzes erfährt man, was der Autor ankündigen will: dass er zunächst einiges über sich selbst berichten wird. Aber durch die eingefügten Nebensätze entsteht gerade jener langsame, fast schon zögerliche Rhythmus, der die bedächtige Wesensart des Erzählers, eines zurückgezogen lebenden Gelehrten, erkennbar werden lässt. Dieser lange Satz lenkt unsere Aufmerksamkeit in einem Wurf und Guss auf den Erzähler und auf die dramatische Persönlichkeit des Tonsetzers Adrian

Leverkühn, dessen Schicksal sogleich angedeutet wird. Die Anfänge eines Romans sind ja stets besonders wichtig, denn hier muss der Autor den Leser packen. Dieser Romananfang führt uns vor Augen, was uns erwartet: eine dramatische Erzählung, vorgetragen von einem glaubwürdigen, besonnenen, aber auch aufgewühlten Zeugen.

Der *Doktor Faustus* ist ein großes Zeugnis deutscher Sprachkunst, und man kann nur hoffen, aber auch erwarten, ja einfordern, dass unsere Schulen nicht unter der Maxime einer sich anbiedernden „Niedrigschwelligkeit" lieber im Tal der sprachlich Ahnungslosen verweilen, als ihre Schüler zum Erlebnis solcher Höhepunkte zu führen. Es wäre ein großer Verlust, wenn selbst Gymnasiasten, also Absolventen „höherer Bildung", nicht mehr an solche Sprachkunstwerke herangeführt würden, weil sich unsere Sprache in ihrer allgegenwärtigen Trivialisierung in so großen Schritten von dem hohen Niveau unserer großen Schriftsteller entfernte, dass schon die kommende Generation sich diese Sprachzeugnisse allenfalls noch im germanistischen Studium erschließen könnte, so als handelte es sich beim „Doktor Faustus" um das althochdeutsche Ludwigslied aus der Zeit Ludwigs des Stammlers.

Der Satzbau im Deutschen kann auch Kürze und Länge wirkungsvoll kombinieren. Ein Meister dieser Abwechslung zwischen lang und kurz ist Stefan Zweig. Der elegante Schwung seines Sprachstils rührt von dieser Abwechslung her, und er war gerade deswegen manch altfränkisch gesinnten Sprachliebhabern nahezu suspekt, so als wäre der deutschen Sprache Eleganz wesensfremd. Aber im Gegenteil: Wer meint, die Satzbauregeln des Deutschen zwängen zu holprigen Konstruktionen, dem sei die Lektüre Stefan Zweigs empfohlen. Der erste Satz seines historischen Romans über den Weltumsegler Magellan lautet: „Im Anfang war das Gewürz." So beginnt in Abwandlung des bekannten Bibelsatzes die Erzählung. Diesem prägnanten Satz, der den geschichtlichen Zusammenhang und den wirtschaftlichen Zweck der Entdeckungsreisen auf den Punkt bringt, folgt ein komplexer Satz mit mehreren illustrierenden Einschüben, die mit leichter Hand aneinandergereiht sind, sodass sie sich dem Leser mühelos erschließen:

„Seit die Römer bei ihren Fahrten und Kriegen zum erstenmal an den brennenden oder betäubenden, den beizenden oder berauschenden Ingredienzien des Morgenlandes Geschmack gefunden, kann und will das Abendland die „especeria", die indischen Spezereien, in Küche und Keller nicht mehr missen."[14]

Wer Zweig liest, hat den Eindruck, Französisch im Deutschen zu lesen. Das zeigt, wie vielseitig der deutsche Satzbau sein kann.

Genauigkeit im Raum

Nun zu einem weiteren Vorzug der deutschen Sprache, ihrer Präzision im Raum. Durch die Fälle Dativ und Akkusativ gibt das Deutsche mit den entsprechenden Fragen *Wo?* und *Wohin?* einen klaren Unterschied zwischen Richtung und Ort vor und zwingt den Sprecher zu einer Entscheidung, von der auch der Hörer profitiert. Denn er weiß unmittelbar – und nicht erst aus dem Zusammenhang – worum es geht: Geht es darum, dass jemand *in den Garten läuft* oder *im Garten läuft*?[15]

Auch in den Präpositionen zeigt sich dieser Druck in Richtung räumlicher Genauigkeit, zum Beispiel in den von Nicht-Muttersprachlern so gefürchteten Wechselpräpositionen, die sowohl Richtung wie auch Ort anzeigen

[14] Zweig (1991), S. 13.
[15] Beispiel von Blumenthal (1987), S. 75.

können und, dementsprechend, mit dem Dativ oder dem Akkusativ verbunden sind: *Sie steht auf dem Stuhl* (Wo? also Dativ) und *Sie stellt sich auf den Stuhl* (Wohin? also Akkusativ). Man muss nur überlegen, ob es um eine Richtung oder um einen Ort geht. Diese Unterschiede sind mit zweierlei Kasus belegt. Eigentlich ganz logisch! Nur muss in anderen Sprachen der Kontext diese Unterscheidung gewährleisten.

Die Neigung des Deutschen zur Präzision im Raum zeigt sich auch an seinen Verben, zum Beispiel an den trennbaren Verben mit Vorsilben, die für das Deutsche so typisch sind. Nehmen wir das Verb *gehen*: *an*gehen, *aus*gehen, *weg*gehen, *auf*gehen, *ab*gehen, *entgegen*gehen, *unter*gehen, *hinauf*gehen, *hinunter*gehen. Die Leichtigkeit der Kombination von Wörtern verbindet sich hier mit der Neigung zur räumlichen Genauigkeit. Als Deutscher braucht man eine gewisse Zeit, um im Französischen zu lernen, dass *ausgehen sortir* heißt und *weggehen partir*, also zwei ganz unterschiedliche Verben, die nicht wie im Deutschen die ähnliche Raumbeziehung erkennen lassen.

Das Wortfeld der Bewegungsverben und der Verben der Bewegungsart ist im Deutschen riesig und bietet viele Unterscheidungsmöglichkeiten, siehe beim Verb *laufen* die Ableitungen *anlaufen*, *entlaufen*, *verlaufen*, *überlaufen*, *entgegenlaufen* usw. Ein Sprachvergleich mit dem Französischen zeigt in diesem Bereich bei Übersetzungen einen Informationsverlust von einem Drittel.[16] Das Deutsche neigt dermaßen zur Genauigkeit im Raum, dass es die Bewegung durch manche Verben übergenau angeben lässt, z.B. in dem Satz *Der Apfel fällt vom Baum herunter*. Zwar kann man im Deutschen auch *eine Treppe hinauffallen*, aber nur wortspielerisch. Es kennzeichnet eine besondere Bewegung, während das Fallen des

---

[16] Blumenthal (1987), S. 83.

Apfels durch die Präposition *herunter* keine zusätzliche Information vermittelt. Man kann unserer Sprache deshalb, wenn man will, eine gewisse Neigung zur Pedanterie nachsagen. Man kann ihre Übergenauigkeit fürchten, belächeln – oder bewundern.

Ausdrucksstärke durch feine Abtönung

Früher nannte man sie verächtlich „Füllwörter": jene kleinen, unscheinbaren Wörter, von denen es immer wieder heißt, sie seien nur eine Verlegenheitslösung. Zum Beispiel *denn*. Wir verwenden es zunächst vor allem als Konjunktion, und zwar dann, wenn wir einen auf der Hand liegenden Grund anzeigen wollen: Die Wasserrohre sind geplatzt, *denn* es hat Frost gegeben.[17] Aber wir können *denn* auch in einem ganz anderen Sinne gebrauchen: Wir sehen zum ersten Mal das Kind des neuen Nachbarn. Wie fragen wir nach seinem Namen? „Wie heißt Du?" Das wäre ziemlich brüsk. Und so fragen wir: „Wie heißt du *denn*?" Auf diese Weise ist die Frage vermittelnder, abgeschwächt, abgefedert. Wir fragen, aber wir entschuldigen uns zugleich ein wenig dafür, dass wir fragen. Es ist eine feine Zusatzbedeutung, die uns die deutsche Sprache da an die Hand gibt und die es uns erleichtert, unsere Mitteilungsabsicht auf den Anderen und auf den Mitteilungsinhalt abzustimmen. Man nennt diese kleinen Wörter deshalb auch „Abtönungspartikel". Der Sprachwissenschaftler Peter Eisenberg nennt sie bewundernd „Zaun-

---

[17] Wenn wir hier statt *denn* lieber *weil* nehmen, ist die Begründung neutraler. Interessant wird es, wenn wir den Satz umdrehen: Es hat Frost gegeben, denn die Wasserrohre sind geplatzt. Das *denn* entspricht hier noch eher seiner eigentlichen kommunikativen Bedeutung: da ja. Mit diesen Unterschieden befasst sich Ewald Lang in seiner Dissertation, welche die semantisch-logischen Beziehungen im deutschen Satz faszinierend beschreibt. (1977).

könige im Pelz der Sprache".[18] Sie geben unserer Frage oder unserer Äußerung einen bestimmten Ton, sie helfen uns, nicht gleich mit einer kruden Behauptung oder mit der direkten Frage ins Haus zu fallen. Diese Abtönungspartikel haben keine gegenständliche Bedeutung, sondern sie haben eine kommunikative Funktion. Aber diese ist sehr nützlich. Glücklicherweise haben wir die kleinen Wörter zur Hand wie *aber, auch, bloß, doch, eben, etwa, halt, ja, schon, vielleicht, wohl*.[19]

„Mach's halt!", sagt der Vater zum Sohn, der zum dritten Mal der Aufforderung der Mutter nicht nachkommt, endlich sein Zimmer aufzuräumen. In diesem *halt* liegt etwas Kameradschaftliches. Es benennt einen guten Rat; ganz anders, als wenn der schlichte und grobe Befehl „mach's!" geäußert würde. Die kleinen Partikeln sorgen dafür, dass unsere Aussagen geschmeidiger werden: In dem Satz „Er weiß *schon*, was er tut" hat das *schon* eine beschwichtigende Funktion. Das *schon* sagt uns: Komm, mach dir nicht solche Sorgen, hab' ein wenig Vertrauen, alles wird gut. Ohne das *schon* ist der Satz pure Behauptung. Das *schon* aber relativiert die Behauptung hin zu einer wohlwollenden Vermutung. Diese Abmilderung des Wahrheitsanspruchs macht die Aussage akzeptabler.

„Du weißt *ja*, dass ich das nicht mag", sagt die Mutter zum Sohn, der gerade wieder einmal alle Türen offenstehen lässt. Und das kleine *ja* hebt die Bekanntheit der mütterlichen Aversion hervor. Eigentlich, so lässt die Mutter zwischen den Zeilen erkennen, müsste sie den Satz gar nicht mehr sagen, so genau weiß der Sohn, dass sein Verhalten unerwünscht ist. Aber sie sagt es zur Sicherheit doch, und das *ja* zeigt an, dass sie es nur tut, weil sonst wohl nichts fruchtet.

---

[18] Zitiert nach Ossner (2001), S. 172.
[19] Helbig (1990), S. 28.

Ähnlich ist es mit *mal* in dem Satz: „Gib mir das mal." Das *mal* zeigt einen vertrauten Umgang an. Höflicher wäre gewiss „Könntest du mir das bitte geben?" Aber wenn die Zeit drängt und die Sprache kurz ausfällt, rettet das *mal* die Verbindlichkeit der Ansprache. Noch ist es eine Bitte, die hier geäußert wird, und keine direkte Anweisung.

Ein schönes Beispiel für Abtönung ist auch das *gell?* des Bundespräsidenten Joachim Gauck beim Besuch des italienischen Staatspräsidenten Giorgio Napolitano im März 2013 in Berlin. Der damalige Oppositionsführer Peer Steinbrück hatte zuvor italienische Politiker als Clowns bezeichnet, was Napolitano unpassend fand. Dazu Gauck: „Manches kommentiert sich eben von selbst, gell?". Diese dialektale Form des Fragens war überaus geschickt, denn dadurch wurde die vorherige kritische Äußerung zu einer leicht schelmischen Nebenbemerkung abgewandelt. Das Gauck'sche *gell?* war auch insoweit auffällig, als der Bundespräsident bekanntlich keine Neigungen zu süddeutscher Sprachfärbung hat. Sein blitzschnelles Ausweichen in eine Abtönungspartikel, die anders als das förmliche *nicht wahr?* eine gewisse Gemütlichkeit ausstrahlt, zeugt von rhetorischer Meisterschaft. – Die Besonderheiten des Deutschen auch in diesem scheinbar nebensächlichen Kapitel erhellen sich im Kontrast mit anderen Sprachen. Das Französische beispielsweise verwendet solche Partikel viel seltener und hat auch weniger davon. Die Folge ist, dass bei einem Übersetzungsvergleich rund 60 Prozent der deutschen Abtönungspartikel im Französischen entfallen. Ich erinnere mich deutlich, wie ich in meinen ersten zwei Jahren in Frankreich nach Ausdrücken von Spontaneität und Abtönung in der wörtlichen Rede suchte und wie oft ich einsehen musste, dass es auf die deutsche Art im Französischen nicht ging.[20]

---

[20] Blumenthal (1987) nennt als kaum übersetzbar die Partikeln *halt*, *mal*, *ruhig*, *doch*, *ja*. Er macht übrigens deutlich, dass das Französische

Die von Nicht-Muttersprachlern so empfundene Distanziertheit des Französischen führt der rebellische Sprachkritiker Claude Duneton übrigens auf eine künstliche Vornehmheit seiner Muttersprache zurück. Sie sei eine Sprache des Hofes, der Pariser Aristokratie, geprägt von kalten und mittelmäßigen Dichtern und erstarrt unter dem volksfernen Diktat logischer Strenge, grammatischer Starrheit und exzessiver Sprachreinigung.[21] Diese ideologische Sicht ist gewiss überzogen und einseitig. Nicht zuletzt übersieht sie, dass in der französischen Sprache auch die große Revolution stattgefunden hat und dass dieser bedeutende sprachliche Werke, darunter auch die brillanten und zugleich höchst respektlosen eines Diderot, zugrundelagen. Aber vielleicht ist doch etwas an Dunetons Kritik und damit auch an der These, dass das Deutsche sich als Sprache des Bürgertums gegen das an deutschen Fürstenhöfen bevorzugte Französisch herausgebildet hat: als eine Sprache, die den reichen Ausdruck der Gefühle und Regungen eher fördert.

In einem Wort

Großer Wortschatz, geschmeidige und durchsichtige Wortbildung, hochdifferenzierter Satzbau mit elastischer Wortstellung zum Ausdruck feiner Bedeutungsunterschiede und ein großes Angebot an Abtönungen zum Ausdruck vielfältiger Sprecherhaltungen – so kann das Urteil über die Vorzüge unserer Sprache als System ausfallen.

auf einer anderen Ebene durchaus subjektiv sein kann, etwa wenn man im Französischen bei Schilderungen diese eher von einem lebendigen Subjekt ausgehen lässt, während das Deutsche in solchen Fällen durchaus neutral und abstrakt bleibt („... on voyait un filet de fumée monter" – „... eine dünne Rauchfahne stieg auf", S. 104)
[21] Duneton (1973).

Kapitel 2
Imponierdeutsch

Die Ursprünge – Von Wandel, Struktur und
Strategie – Von Visionen, Innovationen und
Zukunftsfähigkeit – Philosophie und Kultur –
Jenseitiges und Diesseitiges – Wegwerfwörter –
Semantischer Drahtverhau

Die Ursprünge

In den Neunzigerjahren des zwanzigsten Jahrhunderts wurde die sozialtechnologische Betrachtung und Behandlung vieler gesellschaftlicher Bereiche modern. Die in der Wirtschaft üblichen quantitativen Verfahren und das Vertrauen in die *Machbarkeit* schienen unangreifbar. Dabei war es durchaus berechtigt, Bereiche wie Bildung, Wissenschaft und Kultur auch wirtschaftlich zu betrachten. Aber diese Sichtweise rückte derart in den Vordergrund, dass andere Perspektiven in die Defensive gerieten.

Dabei kam der Sprache eine besondere Bedeutung zu. „Die Manager, Ingenieure, zunehmend die Sozialingenieure, haben das Sagen", schreibt der österreichische Germanist Klaus Kastberger im Rahmen eines Selbstversuchs in einem „Assessment-Center". „Sie fordern ständig ein besseres Funktionieren der Individuen und Gruppen im Sinne wirtschaftlicher Erfolge und Profite.

(...) Alle Bildungs-, Sozialisations-, Schul-, Universitäts- und Gesellschaftsprojekte stellen immer deutlicher eine Zielsetzung in den Vordergrund: Wie kann man das Handeln der Individuen wirtschaftlich noch effizienter machen?"[1]

Der „Gleichklang in der utopiegeladenen Sprache der großen Unternehmensberatungsagenturen wie der Experten aus Wissenschaft und Wirtschaft, der internationalen Institutionen wie der politischen Akteure auf europäischer und nationaler Ebene war bemerkenswert", schreibt seinerseits der Europa-Historiker Andreas Wirsching über diese managementorientierte Aufbruchzeit.[2] *Deregulierung, Dezentralisierung, Flexibilisierung, Modularisierung, Evaluation* – das waren große, vielversprechende Wörter der Epoche, die den *flexiblen Menschen* im Visier hatten, den *Manager der eigenen Biographie*, den vollständigen *homo oeconomicus*.

Manche Begriffe haben ihre Allzuständigkeit für die verschiedenen gesellschaftlichen Bereiche bis heute bewahrt. Das Bemerkenswerte an ihnen ist zweierlei: Zum einen transportieren sie eine bestimmte Sichtweise. Es ist die Überzeugung, dass die Prinzipien des Wirtschaftslebens und die Methoden des Managements auch in Bildung, Wissenschaft und Kultur zur Leitschnur werden sollten, um diese Bereiche für den globalisierten Wettbewerb zu ertüchtigen. Zum andern entwickeln diese Begriffe aber ein Eigenleben über ihren rationalen Gehalt hinaus. Sie gehören inzwischen einem Jargon an, der sich über alle Fachsprachen hinweg zum übergreifenden Imponier-Deutsch gewisser Eliten und jener, die dazugehören wollen, entwickelt hat.

Mit diesem Jargon wurde die behäbige deutsche Verwaltungssprache früherer Zeiten abgestreift. Was *Ver-*

[1] Kastberger (o.J.), S. 9.
[2] Wirsching (2012), S. 255.

waltung war, sollte *Management* werden. Die Betriebswirtschaftslehre hielt Einzug. Mit dem Versprechen, dass unter dem Einfluss moderner Managementmethoden gesellschaftliche Entwicklungen aller Art rein sachorientiert, das heißt funktional und effizient, also unideologisch, gestaltet werden könnten, schaffte der zunächst rein instrumentelle fachliche Jargon den Sprung in viele gesellschaftlichen Bereiche. Seine Wörter wurden zu Zauberworten.

In ihrer Abstraktheit sind Wörter dieses Jargons jedoch ohne Substanz. Ihre Bedeutung ist zur Imponiergeste verkommen. Der Politikwissenschaftler Franz Walter bezeichnet diese „Sprache des politischen und ökonomischen Establishments" als „Distinktionsjargon", der „abgehoben, technokratisch, herrisch" sei.[3] Manche Wörter haben zwar infolge der Krisen von 2001, 2007 und 2011 an Unanfechtbarkeit durchaus eingebüßt; dennoch prägen sie nach wie vor die öffentlichen Debatten, stellen sie das Wortmaterial, aus dem Pläne, Programme und Rechtfertigungen sind.

Von Wandel, Struktur und Strategie

Die Wörter des Imponierdeutschen sind keine Zusammenfassung einer komplexen Wirklichkeit wie z.B. wissenschaftliche Fachbegriffe. Ihre Bedeutung liegt mehr in der Geste als in der Beschreibung oder Einordnung der Wirklichkeit.[4]

Einer der Kernbegriffe ist der *Wandel*. Der *Wandel* versteht sich für das Imponier-Deutsche von selbst. Es geht nicht um die Frage, ob der Wandel, der gerade im

---

[3] Walter (2012), S. 537.
[4] Amöbenwörter oder Plastikwörter hat Uwe Pörksen (1994, S. 276ff.) diese Wörter genannt.

Gange ist, eine Verbesserung der Verhältnisse bringt; sondern persönliche wie auch institutionelle *Fitness* zeigt sich daran, dass man den *Wandel* überhaupt *als Herausforderung* annimmt, ganz gleich wie er sich darstellt. Diese Haltung ist weder reaktionär noch revolutionär – sie ist paradoxerweise entschieden fatalistisch. Der Einzelne muss *sich dem Wandel stellen*, er muss ihn *annehmen*. Dementsprechend sind *Anpassungsfähigkeit* und *Flexibilität* gefragt. Mit anderen Worten: Der Einzelne muss den Wandel umstandslos bejahen und ihm blindlings folgen. Tut er das, darf er, wenn er einst an die Spitze gelangt ist, noch etwas mehr: Er darf *den Wandel mitgestalten*, aber nur als *Agent des Wandels*, nicht als autonom handelndes Subjekt.

Ein weiteres Schlagwort ist das Wort *Struktur*. Für Sprach- und Naturwissenschaftler ist der Begriff klar definiert. In der Sprachwissenschaft bezieht er sich auf die Systemhaftigkeit der Sprache und wurde zum Explikandum des Strukturalismus. In der Naturwissenschaft beschreibt er die räumliche Anordnung von Atomen und Molekülen, so wie man sie aus der Röntgenstrukturanalyse erhält. Dazu braucht man Kenntnisse aus der höheren Mathematik – um aus den Beugungsbildern die Strukturdaten zu erhalten. Wie aber wird der Begriff gebraucht? Kaum noch gibt es Diskussionen ohne Verweis auf *Strukturen*. Gemeint sind zwar meistens Institutionen, Organisationen oder Ordnungsgefüge. Aber besser bleibt man im Ungefähren und verweist auf *Strukturen*. Das tun auch gern Institutionen, die bei angemahnten Verbesserungen selbst wiederum auf *Strukturen* verweisen. Das klingt nach Fachwissen und intimer Kenntnis der Lage. Als sogenanntes Hochwertwort eignet sich *Struktur* bestens als Ausflucht, zur Beschönigung, zur Vermeidung oder Umgehung konkreter Aussagen. Sie passt in jeden Zusammenhang und macht zugleich Eindruck. Und wer *Struk-*

tur schon hinreichend eingesetzt hat, kann jederzeit auf *Rahmenbedingungen* verweisen.

Das Verführerische an den Begriffen des Imponierdeutschen ist ihre leichte Handhabbarkeit. Sie sind leicht abrufbar, klingen immer gewählt und sorgen mit dem Anschein von Evidenz für Glaubwürdigkeit. Denn der Mitdiskutant muss ja zuerst darüber nachdenken, was sein Gegenüber mit *Struktur* gemeint hat. Wenn er nachfragt, ist er bereits in der Defensive, weil er seine Reaktion von der Antwort des Anderen abhängig macht. Nachfragen ist für den Fragenden immer unbequem. Denn er verlässt die Ebene des unmittelbaren Austausches über Sachen, um die Ebene der Verständigung selbst anzusprechen und damit auch infrage zu stellen. Das ist auffällig, lästig und wirkt pedantisch. Schließlich gerät er auch leicht in den Verdacht, den geltenden Jargon nicht zu beherrschen oder gar aufsässig zu sein. Wer ist schon gern Oberlehrer oder Außenseiter?

Doch zurück zur *Struktur*. Auf die Frage, warum sie eine wichtige Unterlage für eine Sitzung vergessen habe, hörte ich einmal eine Dame sagen: „Das war *strukturbedingt*."[5] Damit war sie selbst entschuldigt, ohne dass man weiter nach der schuldigen Struktur gefragt hätte.

Ein anderer Klassiker des Imponierdeutschen ist die *Strategie*. Einst aus der Sprache des Militärs übernommen, hat der Begriff eine Karriere in der Betriebswirtschaftslehre absolviert, bevor er zu einem Begriff des Imponierdeutschen wurde. *Strategie* klingt immer gut. *Strategisches Vorgehen* beeindruckt schon als Anspruch: kein Management, das nicht *strategisch* wäre. *Strategisches Management* ist das, was man in der Sprachwissenschaft eine Kollokation nennt, einen festgefügten Ausdruck, ein sprachliches Klischee wie *smaragdgrünes Meer* oder

---

[5] Ein Spätankömmling (neuhochdeutsch: latecomer) antwortete auf eine ähnliche – nicht von mir selbst gestellte – Frage einmal: „Das hatte ich verdrängt". Vergessen hätte zu schuldhaft geklungen.

kristallklares Wasser. Ohne *Strategien* kommt inzwischen keine Institution aus. Der Begriff hat sich in allen gesellschaftlichen Bereichen festgesetzt: in Vereinen, Bürgerinitiativen, Museen, Ministerien. Geplantes Vorgehen auf lange Sicht allein reicht nicht mehr. Der Handel, der mit der inflationären Verwendung von *Strategie* verbunden ist, ist allerdings durchaus riskant: Indem man den Begriff aus dem wirtschaftlichen Bereich in andere Bereiche überführt, nimmt man – bei aller semantischer Aushöhlung – doch einen Teil seines Inhalts und der diesem zugrundeliegenden Denkungsart unweigerlich mit.

Von Visionen, Innovationen und Zukunftsfähigkeit

In der scheinbar durchrationalisierten Welt des betriebswirtschaftlich geprägten Imponierdeutschen muss nun doch auch Platz für Phantasie sein. Diesen Platz nimmt die Vision ein. Visionen waren einst die Gesichter, die Gott den Propheten eingab oder die Götter ausgesuchten Menschen. Was heute bleibt, sind Visionen für das Marktgeschehen: Visionen für das Marketing, für neue Produkte.

Wem die *Strategie* nicht genügt, der greift zur *Vision*. Sie hat den Vorzug, weit in die Zukunft reichen zu dürfen, ohne die Überprüfbarkeit einzufordern, die die *Strategie* im Schlepptau hat. Deshalb ist die *Vision* beliebt. *Visionen* sind im modernen Imponierdeutschen genialische Vorwegnahmen künftiger gesellschaftlicher Verhältnisse, möglichst unter Bezugnahme auf Gewinn- und Erfolgsversprechen. *Visionen* sind deshalb grundsätzlich nicht negativer Art, sondern ausschließlich positiv besetzt. Ein Stichwortgeber der Zeit, der die Zukunft in düsteren Farben malte, erhielte wohl kaum das Etikett des Visionärs, im Unterschied etwa zu antiken Gestalten wie Teiresias oder Kassandra.

Das Imponierdeutsche an der *Vision* ist der Heiligenschein ohne Risiko. Während der Schamane durchaus auf unangenehme Weise für falsche Prognosen haftbar gemacht werden kann, kann sich der *Visionär* bei anders verlaufender Zukunft mit dem „Tentativen des Versuchs" – wie ein neuhochdeutscher Pleonasmus lautet – herausreden. Die *Vision* ist letztlich eben doch nur von dieser Welt. So blieb von manchen Visionen der späten Neunzigerjahre wenig übrig, wie zum Beispiel vom Heilsversprechen der „Laptops im Schulranzen", die ein „lebenslanges Lernen" erleichtern würden.

Ein weiterer imponierdeutscher Leitbegriff ist die *Innovation*. Ursprünglich dem Bereich der Technik entliehen, bezeichnen *Innovationen* anstehende und berechtigte Veränderungen, die nicht von selbst geschehen, sondern aktiv (besser noch: *proaktiv*) herbeigeführt werden, gern übrigens auch von *Visionären*, die sich damit zu *Agenten des Wandels* mausern. Die *Innovation* versteht sich von selbst. Sie steht an, ob sie gefällt oder nicht. Mit ihr wird einem Naturgesetz Geltung verschafft. Sie nennt sich bewusst nicht *Verbesserung*. Denn damit müsste sie sagen, für wen. Ähnlich einer technischen Weiterentwicklung ist sie rein sachlich und versteht sich als sachgerecht. *Innovationen* haben sich daher auch nicht moralisch zu rechtfertigen. Im Gegenteil: Ihre quasi naturgesetzliche Autorität kann unter moralischem Diktat nur leiden. Gesellschaftliche Innovationen sind daher als *strukturelle Notwendigkeiten* zu verstehen. Der *Innovator* macht sich nur zum Werkzeug einer ohnehin und unabwendbar eintretenden Zukunft. Indem er ihr aber möglicherweise noch vor der Zeit zum Durchbruch verhilft, darf er einen Mitgestaltungsanspruch geltend machen. In jedem Falle aber ist er Wegbereiter einer höheren Gewalt, nämlich jener des

Wandels, den wir freudig annehmen sollten, wenn wir uns nicht als *Bedenkenträger* oder *Strukturreaktionäre* selbst ins Abseits stellen wollen.

Diese dürre Geschichtsphilosophie, die in ihrem mechanistischen Denken kurioserweise an die unerbittliche und irrige Zwangsläufigkeit des Vulgärmarxismus denken lässt, läuft auf eine politisch und kulturell kaum zu beeinflussende Wettbewerbsgeschichte hinaus, in der vor allem die Innovationsbereitschaft des Einzelnen zählt. Neuerungen sind aus dieser Sicht grundsätzlich bestehenden Traditionen überlegen und verdienen den Vorzug vor Bewährtem, ohne sich rechtfertigen zu müssen.

Ihre Berechtigung leiten die *Innovationen* nicht aus dem Blick auf die Vergangenheit, sondern auf die Zukunft ab, nämlich aus der Forderung nach *Zukunftsfähigkeit*. Dabei wird vergessen, dass wir uns prinzipiell auf eine Zukunft vorbereiten, die wir nicht kennen. Es gilt dennoch, sich *fit für die Zukunft* zu machen. *Fitness* in diesem Sinne bezeichnet nicht nur die Instandhaltung des Körpers, seine Optimierung, sondern auch die laufende Aktualisierung der Managementfähigkeiten. *Zukunftsfähigkeit* ist ein vermeintlich ideologiefreier Begriff, weil er keine konkrete Utopie verkörpert, sondern sich auf das *Management* gesellschaftlichen Überlebens konzentriert, mit der Wettbewerbsfähigkeit als Maßstab. Der Begriff breitet sich inzwischen in allen politischen Lagern aus, sodass er seinen sozialdarwinistischen Beiklang verliert und damit vollends sinnentleert ist.

Philosophie und Kultur

Während Begriffe aus dem Wirtschaftsbereich andere gesellschaftliche Bereiche unterwandern, dringen umgekehrt Begriffe in den Sprachgebrauch des Managements

Philosophie und Kultur 41

ein, die seinem Denken eigentlich entgegengesetzt sind. Gern wird das (zwar sinnvolle und nötige) Wirtschaftsgebaren gleich zu einer ganzen Welterklärung aufgebläht. „Meine Philosophie ist ..." – so bekennen Referenten häufig, die es sich sonst eigentlich verbitten würden, in einem Atemzug ausgerechnet mit philosophischen Fakultäten genannt zu werden. Ihr Begriff der *Philosophie* hat mit der ursprünglichen Bedeutung als ein in jahrtausendealter Denktradition stehendes System der Weltdeutung nichts mehr zu tun. Im Managementjargon bedeutet er noch so viel wie grundsätzliche Überlegungen oder auch Überzeugungen und Einstellungen. Das aber wäre dem Redner zu schlicht. Er nutzt die Aura des Begriffs, weidet sie aus für die Aufwertung eines deutlich einfacheren Inhalts. Während die zweckfreie und rein erkenntnisorientierte Denkweise der Philosophie aus Sicht des Effizienzdenkens in den Verdacht sinnfreier und entbehrlicher Tätigkeit gerät, muss der Begriff *Philosophie* andererseits aufgrund seines geistigen Anspruchs zur Bemäntelung einfacher Gedanken aus dem Wirtschaftsbereich herhalten. Die aus dem englischen Sprachraum stammende Ummünzung von *Philosophie* für derartige Zwecke ruft allerdings längst nicht mehr das Erstaunen oder gar die Irritation des Publikums hervor, so sehr hat man sich bereits daran gewöhnt.

Ähnlich verhält es sich mit dem Begriff der *Kultur* in seiner imponierdeutschen Verwendung. Eine *durchgängige Hochleistungskultur* schreibt sich ein Unternehmen auf die Fahnen. Was soll hier die *Kultur*? Hat das Unternehmen etwa Neigung, sich mit dem sonst eher belächelten *Kulturbetrieb* gemein zu machen? Reicht es nicht, dass man sich *Hochleistungen* auf die Fahnen schreibt (was ja allein schon ziemlich ehrgeizig klingt)? Ohne eine *Unternehmenskultur* geht es nicht. Dabei ist es ja gar nicht schlecht, dass Unternehmen sich dazu verpflichten, mit ihren Mitarbeitern und Kunden anständig umzugehen.

Aber muss man diese Selbstverständlichkeit gleich mit dem Hochwertwort *Kultur* verbrämen?

Jenseitiges und Diesseitiges

Da bietet sich in der Spirale der Eitelkeiten und Beschönigungen glücklicherweise ein weiteres Hochwertwort als Ersatz an: die *Mission*, womit wir endgültig im Reich der Transzendenz angekommen sind. Und wem die *Mission* nicht reicht, dem bietet sich der *Mythos* an.

Auch die Gabe des Sehens steht in hohem Kurs. „Ich sehe ..." ist eine beliebte Formel von Volkswirten in Kreditinstituten: „Ich sehe eine niedrige Zinslage bei volatilen Aktienmärkten." Oder: „Wir sehen sehr schwache englische Banken."

Fachlich klingt auch eine eigenwillige Verwendung von Präpositionen, zum Beispiel wenn sich ein Produkt *am Markt* bewährt. Dass nur ja nicht der Eindruck entsteht, man habe es hier mit dem schlichten Wochenmarkt zu tun! Auch arbeitet man nicht *an einem Projekt*, sondern man ist *auf einem Projekt*. Gern werden auch Neuschöpfungen verwendet, die missverständlich sind und deshalb Eingeweihtsein voraussetzen: *zeitkritisch* hat nichts mit dem bekannten Substantiv *Zeitkritik* zu tun (also mit der Kritik an den gegenwärtigen Zuständen), sondern bedeutet schlicht, dass eine bestimmte Maßnahme in einer bestimmten Zeit, also rechtzeitig, umgesetzt werden muss, weil sie sonst nicht wirkt. Ähnlich wie *zeitkritisch* wird auch das gebräuchliche *opportunistisch* umgedeutet: Bezeichnet der Opportunismus an und für sich eine charakterlich fragwürdige Haltung, so ist ein *opportunistisches Investment* gerade nichts Verwerfliches. „Wir gehen opportunistisch ran", meint im Imponierdeutschen schlicht, dass günstige Gelegenheiten genutzt werden. Beliebt sind auch

Verben aus dem Beraterjargon wie *skalieren* (eine Sache größer und kleiner machen können), *kalibrieren* (sie in das rechte Maß bringen) und *kannibalisieren* (ein Unternehmen sich selbst zerlegen lassen) – eine hübsche Metapher!

Das Beraterdeutsch ist als Zulieferer des Imponierdeutschen einerseits an fachlicher Bedeutsamkeit, andererseits aber auch an Kürze interessiert. Das Opfer ist die Grammatik. Kommunikationsmedium der Berater ist der *Chart*. In der Kommunikation im Querformat entstehen grobe Verkürzungen, die mit deutscher Grammatik nicht mehr viel gemein haben. „Auswahl Standort", „Verbreiterung Wirkungsgrad", „Entscheidung Führung" lauten gängige Überschriften in Präsentationen. Der Genitiv hätte eigentlich mühelos Platz gehabt. Aber Zeit ist Geld, und so übt sich die Beratersprache *in absoluter Shortform*. Durch die Verbreitung der PowerPoint-Präsentationen bei allen Anlässen bis hin zu Hochzeiten und runden Geburtstagen dringt die genannte *absolute Shortform* in die Gesellschaft vor – vielleicht als Vorreiterin einer kasusfreien Sprache.

Wegwerfwörter

Die Leichtigkeit, mit der wir in der deutschen Sprache Wörter zusammensetzen können, ist Segen und Fluch zugleich. Sie verführt zur Bildung von Wörtern, die für den kurzen Gebrauch zurechtgezimmert werden, um dann wieder in Vergessenheit zu geraten. Das Imponierdeutsche ist besonders hemmungslos beim Erfinden von Gelegenheitskonstruktionen, die den Anschein gehobener Fachlichkeit vermitteln. So heißt es in einem Zeitungsbeitrag, Unternehmen brauchten heutzutage den *multifunktionalen Servicemitarbeiter*. Dass man Mitarbeiter im Dienstleistungsbereich eines Unternehmens braucht, die vielseitig sind, ist leicht vorstellbar. Aber es klingt nicht fachlich genug. Der *multifunktionale Servicemitarbeiter* dagegen klingt durch seine Verknüpfung verschiedener Fremdwörter fachlich-technisch, er erweckt den Eindruck eines etablierten Berufsbilds.

Ähnlich ist es mit der Aufforderung, ein Unternehmen solle *intermodulare Potenziale realisieren*. Gemeint ist, dass ein Unternehmen die Produktion verschiedener Bauteile aufeinander abstimmen und dadurch effizienter machen soll. Diese einfache Tatsache muss sich aber in des Kaisers neue Kleider gewanden. Der technische Begriff des *Moduls* (eigentlich ein Bauteil) wird verbunden mit dem aus der Physik stammenden Begriff des *Potenzials*, um die Autorität eines Gesetzes aus den Naturwissenschaften zu entleihen. Das *inter* (= *zwischen*, das meist nicht unterschieden wird von *intra* = *innerhalb*) sorgt für weitere Bedeutsamkeitssteigerung.

Derartige Konstruktionen sind auch im politischen Sprachgebrauch beliebt. Geht es um den demographischen Wandel, so muss das *Alterspatchwork sinnvoll gemanagt* werden. Arbeitet ein Referent an einem *Strategiepapier*, so müht er sich zunächst an *vorschattierten Themenfeldern* ab, bevor er dazu aufgefordert wird, das *Eckpunktepapier zu arrondieren*. Eine geschmackvolle Neuschöpfung sind auch die *Leerungsgebiete*. So heißen seit neustem nicht etwa Bedürfnisanstalten, sondern die Regionen, aus denen Menschen fortziehen.

Das Imponierdeutsche ist zwar seiner Natur nach nicht gerade originell, es bringt gleichwohl Kuriosa hervor. Dazu gehört die Neigung, die Dinge gleich doppelt zu benennen, weil sie dann bedeutender klingen. Dagegen hat auch der Effizienzgedanke keine Chance. Einige Dopplungen aus meiner Sprachmüllsammlung:

Fachexperte
kooperative Zusammenarbeit

individueller Einzelservice
sektorieller Bereich
eingeschwungener Endzustand
intuitive Eingebung
Begriffskonzept
emotionale Betroffenheit
Entscheidungsalternative
konkreter Einzelfall
paradigmatisches Beispiel
selbstidentischer Markenkern
weltweite Internationalisierung
gefühlte Stimmung
Gegenreaktion

Beliebt ist auch das Gegenteil von Tautologie, die Verbindung sich widersprechender Begriffe, was die klassische Rhetorik als Oxymoron bezeichnet: der *negative Aktienkursgewinn*, das *wachsende Desinteresse* oder die *partielle Vollverkabelung*.

Semantischer Drahtverhau

Das Imponierdeutsch schadet unserer Sprache durch seine verkappte einseitige Wirtschaftsbezogenheit, durch seine hohe Allgemeinheit sowie schließlich durch den sozialen Abstand, den es schafft. Seine aufgeblähte, schwer verständliche Ausdrucksweise steht weitab von der Präzision einer echten Fachsprache und weitab von der Deftigkeit und Griffigkeit einer volksnahen Alltagssprache. Als Idiom der Eliten müsste es eigentlich das beste Deutsch sein: das differenzierteste, klarste, zugänglichste und zugleich stilistisch eleganteste.

Jargons sind sprachliche Besonderheiten, die eine soziale Zugehörigkeit markieren. Sie sollen und wollen sich von der Alltagssprache abheben, streben keine Allgemeinverständlichkeit an. Jargons sind aus Fachwortschätzen abgeleitet. Jedes Handwerk hat seinen umfangreichen Fachwortschatz für die verschiedenen Werkzeuge, Werkstoffe, die zu bearbeitenden Gegenstände und Bearbeitungstechniken. Auch der Jargon des Imponierdeutschen führt ein solches Eigenleben, als Sprache einer sozialen Schicht. Ihm liegt eine Haltung zugrunde, die Einfachheit mit Primitivität verwechselt und Unanschaulichkeit mit geistigem Anspruch.

Ein kurzer Blick über den Zaun: Es ist interessant, dass in Frankreich, welches uns als das Mutterland einer feinen, höfisch geprägten Sprache erscheint, gerade die Einfachheit in der Sprache besonders viel gilt. Die *simplicité* ist aber nicht geistige Schlichtheit, sondern die Kunst, aus dem Wortschatz das angemessene Wort zu wählen und einzusetzen. Die französische Sprachtradition legt keinen besonderen Wert auf einen großen Wortschatz und neue Wortschöpfungen. Die Kunst verständlicher Rede liegt in der richtigen Auswahl aus einem vorgegebenen Reservoir. Gewiss gibt es auch in Frankreich eine geschraubte Sprache, die mehr verhüllt als sie preisgibt. Nicht umsonst wird die Sprache der Politik „langue de bois" genannt, hölzerne Sprache. Aber es wirkt doch eine rhetorische Tradition fort, an der sich die Redner messen lassen müssen und gemessen werden. Sie steht im Zeichen der Einfachheit, der Klarheit, der *clarté*. Das ist immer noch ein wirksames Korrektiv. Verständlich zu sprechen heißt, sich darum zu bemühen, dass man das treffende Wort findet und dass dieses Wort möglichst vielen Menschen zugänglich ist. Der Griff zum Wörterbuch, um sich eines Wortes zu vergewissern, gehört in Frankreich zum Alltag. Andere Sprachkulturen verfügen denn auch über einen Reichtum an Wörterbüchern, von denen wir nur träumen können.

Verständlich zu sprechen ist eine Kunst. Sie wird z.B.

auch in England gepflegt: Das allgemeinverständliche Sachbuch genießt dort hohes Ansehen. In Deutschland dagegen steht populärwissenschaftliche Literatur immer noch unter dem Verdacht mangelnder Seriosität. Wissenschaftler, die Bestseller schreiben, werden hierzulande in ihrer eigenen Zunft eher beargwöhnt, als dass man sie als Mittler lobte.

Imponierdeutsch lähmt das Denken, statt es zu beflügeln. Offenbar gibt es bei uns kein gesellschaftlich anerkanntes Korrektiv, das ein Stilideal wie Einfachheit und Klarheit durchsetzen könnte und das die Verständlichkeit zur Leitschnur im allgemeingesellschaftlichen Umgang machte.

In unserem Land fehlt der Kompass für richtiges und gutes Deutsch. Gesprochen und geschrieben wird in einem wilden Durcheinander verschiedener Sprachstile. Natürlich sind wir ein freies Land, und jeder soll frei sprechen und schreiben dürfen. Aber wir sollten doch wissen, was angemessen ist, so dass wir mit der Sprache unser Denken schärfen, statt es zu vernebeln. Das sollte uns wichtig sein.

Kapitel 3
Englisch im Deutschen, Englisch statt Deutsch

Greifen die Anglizismen unsere Sprache an? – Wortschöpfungen – Wortschrott – English only? – Domänenverlust und seine Folgen – Wozu verschiedene Sprachen? – Die feinen Unterschiede – Sprache und Persönlichkeit – Ist Kultur von Sprachen unabhängig?

Anglizismen sind ein Aufreger. Sie wecken die Leidenschaften wie sonst nur die Rechtschreibreform. Ein einflussreicher Verein mit inzwischen über 30.000 Mitgliedern, der „Verein Deutsche Sprache", rückt der „Sprachpanscherei" öffentlichkeitswirksam zu Leibe. Hinter der Kritik an den Anglizismen steht die Sorge, dass die deutsche Sprache nicht mehr zuerst als Quelle für neue Wörter genutzt wird und dadurch verarmt; und dass die Übernahme von Wörtern aus dem Englischen die deutsche Sprache in ihrer Substanz angreift.

Es kommt eine neue Sportart auf? Wir übernehmen die Bezeichnung aus dem Englischen: *Jogging* oder *Nordic Walking*. Es entstehen neue Formen der Zusammenarbeit von jungen Unternehmern in gemeinsamen Büros? Wir nennen sie *Co-Working*. Die Medien verbreiten das Wort, und schon ist es in der Welt, und wer Professionalität ausstrahlen will, wird gar nicht erst ein deutsches Wort suchen. Es soll einen Vegetarier-Tag pro Woche geben? Die Grünen nennen ihn *Veggie-Day*, wobei die Aussprache unklar ist. Sicher, sie orientieren sich am Vorhandenen: *girl's day, social day*. Hieß es früher „gleicher Lohn für gleiche Arbeit", so heißt es heute abgewandelt *Equal Pay Day*. Man nennt das ein Paradigma: Die sprachliche Form ist bereits da. Und so wird das Neue eingepasst.

Einen ähnlichen Weg nimmt das *Haus*, mit dem nur noch das biedere deutsche Eigenheim bezeichnet wird, während das *House* der neusten Kreation der Wissenschafts- und Wirtschaftspolitik vorbehalten ist: hochkarätigen *Wissenspools* wie dem *House of Law and Finance*, dem ein *House of Logistics and Mobility* auf dem Fuße folgte. Auf weitere *Houses* darf man gespannt sein. Muss da nicht das *Hohe Haus* auch aufgewertet werden?

Eine Landesmusikakademie will zeigen, dass sie auf der Höhe der Zeit ist? Schon heißt ihr Musikförderprojekt *Youth Classics in Concert*, und die gute alte *Meisterklasse* ist sowieso längst in *Master Class* umbenannt.[1] Der Hautarzt lädt zur Behandlung ein? *Willkommen in der Derma lounge*. Wie sagt ein Finanzdienstleister, der mit etwas einverstanden war? „Für mich ist es fein, am Ende des Tages."

Was sind die Motive für diese Übernahmen im Blindflug? Eine Spur Eitelkeit, etwas Angeberei, aber auch Beschönigung, Verbrämung: „Controlling klingt besser als Disziplinierung und Verbesserung der Anpassungsfähigkeit, Monitoring besser als Überwachung, Flexibility besser als verordnete Rückgratlosigkeit, Wissensmanagement besser als schrankenlose Aneignung aller Qualifikationen und Fähigkeiten", schreibt der Österreicher Hubert Christian Ehalt bissig.[2] Besser klingen als die Wirklichkeit, mehr scheinen als sein: Das steckt offenbar hinter vielen Anglizismen.

---

[1] *Frankfurter Allgemeine Zeitung*.
[2] In: Kastberger (o.J.): Vorwort.

Ein weiteres Beispiel ist der *Facility Manager*. Er hat den schlichten *Hausmeister* abgelöst. Der Hausmeister nervte durch ständige Anwesenheit und Kontrolle. Der *Facility Manager* ist nur über Handy zu erreichen, und das ist gewöhnlich besetzt. Das Zauberwort *Manager* macht auch vor dem Jenseits nicht halt. Der *Bestatter* seligen Angedenkens erhält Konkurrenz durch den *Funeral Manager*.

Mittlerweile sind auch Ortsbezeichnungen nicht mehr sicher vor einer Anglisierung. Am 19. März 2014 vermeldete die *Frankfurter Allgemeine Zeitung*: „Offiziell gefeiert werden soll am 3. Juni. Doch bezogen worden ist das Gebäude an der *Bessie-Coleman-Straße* im Frankfurter Stadtteil *Gateway Gardens* unweit des Flughafens schon am vergangenen Wochenende. So wird das *House of Logistics and Mobility* nun seinem Namen gerecht."[3] Wenn da bei den Frankfurtern keine Heimatgefühle aufkommen!

Ein Kuriosum ist der halb englische, halb französische Begriff *Entrepreneurship*, wobei man *Entrepreneur* (also Unternehmer) halb französisch, halb englisch aussprechen muss, also mit Nasal, aber englischem „r". Trotz dieser Unaussprechlichkeit geht das Wort hierzulande seinen Weg, gern auch im gemeinnützigen Bereich als *Social Entrepreneurship*. Was gegen *soziales Unternehmertum* spricht oder gegen *unternehmerisches gemeinnütziges Engagement*, ist mir unerfindlich. Aber *Engagement* ist als Gallizismus ohnehin auf dem Rückzug. Das *gesellschaftliche Engagement von Unternehmen* heißt jetzt *Corporate Social Responsibility*, für Eingeweihte abgekürzt *CSR*.

Doch wie häufig sind Anglizismen überhaupt? Das Institut für Deutsche Sprache in Mannheim beobachtet die Entwicklung des deutschen Wortschatzes mit Blick

---

[3] Hervorhebungen von mir, RK.

auf Neuschöpfungen. Unter den Neuwörtern (dazu zählen nur Wörter mit einem allgemeinen Bekanntheitsgrad, also keine reinen Fachtermini) der Neunzigerjahre machten die Anglizismen immerhin 40 Prozent aus.[4] „Es ist eine Tatsache, dass die Zahl der Anglizismen, die ins Deutsche eindringen, stetig gestiegen ist und dass das Deutsche die europäische Sprache ist, die den größten Zuwachs aufweist", schreibt Doris Steffen vom Institut für Deutsche Sprache.[5] Auslöser dieser Übernahmen war die digitale Revolution mit neuen Erfindungen, maßgeblich aus den USA. Weitere Herkunftsbereiche waren Erlebnisgesellschaft, Medien und Sport. Ein paar allgemein bekannte Beispiele: *chat group, cyber sex, burn out*. 20 Prozent der Neuwörter waren Mischformen aus Deutsch und Englisch, zum Beispiel: *Sound-Karte, wegzappen, Kuschel-Rock, Push-up-BH*. Nur 60 Prozent der Neuschöpfungen hatten einen deutschsprachigen Ursprung, zum Beispiel: *Elchtest, Hüpfburg, Drohkulisse, Quengelware, Datenautobahn, Zickenalarm*.

Allerdings sanken die Anglizismen in den Nullerjahren im Vergleich zu den Neunzigerjahren. Im letzten Jahrzehnt, so die Erklärung des Instituts für Deutsche Sprache, wurden Neuwörter vor allem in Bereichen geschaffen, die weniger international, sondern national geprägt sind: zum Beispiel *Arbeitslosengeld II, Eineurojob, Praxisgebühr, Riesterrente*. Englische Neologismen sind zum Beispiel *Anti-Aging, Best-Ager, ups, yep*.[6] Über die Zehnerjahre liegen noch keine gesicherten Daten vor. Jedoch zeigt ein Blick auf die in der Datenbank des Instituts für Deutsche Sprache erfassten aktuellen Neuschöpfungen einen erheblichen Anteil an Anglizismen,

---

[4] Prozentangaben und Beispiele nach Zifonun (2002) und Steffens (2003).
[5] Steffens (2003), S. 5.
[6] Steffens (2010).

nämlich 13 von 18 Einträgen.⁷ Es sind Begriffe aus der Technik wie *Fracking*, vor allem aber wieder aus dem Computerbereich wie *Shitstorm, Crowdfunding, leaken* (nach Wikileaks) oder *Glancing* (Betrugskontakte auf Partnerbörsen). Es dürfte noch *liken* hinzukommen. Auch Mischformen mit deutschsprachigem Anteil sind dabei, z. B. *Bestellbutton* oder *Button-Lösung* (gesetzliche Regelung zur Information über die Auslösung einer zahlungspflichtigen Bestellung). Deutsche Neuprägungen sind *Netzpartei, Schlagwortwolke* (bildliche Darstellung gewichteter Schlagwortlisten im Netz) und *vertrauliche Geburt* (Gegenstand eines Gesetzes, nach dem eine werdende Mutter ihr Kind in einem Krankenhaus zur Welt bringen kann, ohne ihre Identität preiszugeben).

Der „Erste Bericht zur Lage der deutschen Sprache" hat interessante Zahlen zutage gefördert. Einige seien genannt: Die Anglizismen sind von rund 1.000 zu Beginn des 20. Jahrhunderts auf 11.000 zu Beginn des 21. Jahrhunderts gestiegen. In derselben Zeit sei der Wortschatz der deutschen Sprache von 3,7 auf 5,3 Millionen Wörter angewachsen. 80 Prozent der Anglizismen seien Zusammensetzungen, davon überwiegend sogenannte Hybridformen, also Zusammensetzungen aus englischen und deutschen Wortbestandteilen zu einem neuen Wort (*Babystuhl, Riesenbaby*).⁸ Kernaussage des Lageberichts zu den Anglizismen ist die Feststellung, diese seien gut in die deutsche Sprache integriert, ja sogar überwiegend in ihr selbst gebildet worden.

---

⁷ IDS, Datenbank OWIS „Das Neuste im Wortschatz der Zehnerjahre", besucht am 14.8.2013.
⁸ Deutsche Akademie für Sprache und Dichtung, Union der deutschen Akademien der Wissenschaften, Hrsg. (2013) sowie Pressemitteilung der beiden Institutionen vom März 2013 (ohne Angabe des Tages).

Greifen die Anglizismen unsere Sprache an?

Es ist strittig, ob Anglizismen unsere Sprache im Kern angreifen, sie also in ihrer grammatikalisch-morphologischen und auch phonetisch-phonologischen Struktur verändern, oder ob sie flüchtige Phänome sind, die durch die Eingemeindungsfähigkeiten der deutschen Wortbildung problemlos in unsere Sprache eingepasst werden. Dieter E. Zimmer, der frühere Feuilletonchef der *ZEIT*, hat den Angriff auf die Konjugationsregeln des Deutschen zum Thema gemacht. Er fragt, wie wir es mit der Konjugation folgender Anglizismen halten:

- Sie sightseete? Sie sightsaw? Sie sightsah?
- Wir haben das Material recycled? Gerecycelt?
- Wer hat das gelayoutet? Outgelayed? Outlayed?
- Hast du das backuped? Gebackupt? Upgebackt? Aufgebacken?[9]

Wie lautet das Partizip von *downloaden*? *Downgeloaded*? *Gedownloaded*?[10] Oder wie handhaben wir es mit dem Verb *biken*? *Du bikest*? *Du bikst*? *Du beikst*? Üblich ist die Form *Du bikst*. Woher aber soll man wissen, dass hier die englische Ausspracheregel gilt? Und welche Schreibregel gilt? Diese Fragen stellen sich bei vielen Wörtern, denn „orthographische Einbürgerungsakte" finden, so Zimmer, kaum noch statt. Wenn aber einmal die deutsche und einmal die englische Aussprache- oder Schreibregel gilt, wird das Sprachgefühl verunsichert. Wie deklinieren wir *easy* oder *sexy*? Eine *easye* Klassenarbeit? Oder ana-

---

[9] Beispiele von Zimmer (1997), S. 60. Der Linguist Peter Eisenberg gibt hier allerdings zu bedenken, dass es auch deutschstämmige Verben gibt, bei denen die Konjugation ungewiss sei, wie z.B. *bausparen* (*sie bauspart*? *Sie spart bau*?). In: Stickel (Hrsg. 1999), S. 131.
[10] Dieses und die folgenden Beispiele stammen von Zifonun (2002) und von Zimmer (1997).

log zu *lila*: eine *easy* Sache? Es bleibt unklar. Eigentlich kann man solche Entlehnungen nur prädikativ gebrauchen: *Die Sache ist easy*, wodurch die Satzbildung eingeschränkt wird. Wie ist es mit der Steigerungsform? Sagen wir eine *sexyere* Werbekampagne? Oder wie seit neustem mit der deutschen Endung *-ig*, also *rockig, peacig, funnig* und, eben, *sexig*?

Um bei den Adjektiven zu bleiben: Wie passt die Form *trocken hardboiled Scheibe* in unsere Sprache hinein? Was ist das grammatische Geschlecht von *E-Mail, Event, Laptop*?[11] Wie lautet der Plural von *Modem*? Die *Modems* oder die *Modeme*? Auch Zusammensetzungen von Substantiven werden, so Zimmer, aus dem Englischen in einer Weise übertragen, die weder deutscher Wortbildung noch deutscher Schreibweise entspricht: der *Geschicktes Entfernen Abschnitt* oder die *Alle Löschvorgänge bestätigen Checkbox*.[12]

„Es gibt (...) nicht mehr die eine Folie sprachlicher Richtigkeit, sondern mehrere", schreibt Zimmer weiter. Seine Schlussfolgerung: „Langsam wird zweifelhaft, welcher Tiefencode eigentlich gilt. Dann ist die Sprache tatsächlich irreparabel beschädigt."[13]

Der Linguist Peter Eisenberg gibt hingegen in einer Kurzfassung des Berichts zur Lage der deutschen Sprache Entwarnung: „Die weitaus meisten Anglizismen sind nicht entlehnt, sondern im Deutschen gebildet.", schreibt er und fährt fort: „Ihre interne Struktur ist zu einem guten Teil unabhängig vom Englischen und den Verhältnissen im Deutschen angepasst."[14] In diesem Sinne äußert sich auch Gisela Zifonun vom Institut für Deutsche

---

[11] Beispiele von Zifonun (2002).
[12] Zimmer (1997), S. 79, 81.
[13] Zimmer (1997), S. 70f.
[14] Kurzfassung des „Berichts zur Lage der deutschen Sprache", veröffentlicht im März 2013.

Sprache.[15] Und der Kölner Linguist Karl-Heinz Göttert verweist darauf, dass es sich bei 80 Prozent der Anglizismen in Wirklichkeit um „Eurolatein" handele.[16] Gleichwohl ist nicht von der Hand zu weisen, dass die vielen Beispiele von Zimmer in unsere Sprache nicht eingepasst sind. Sprachwissenschaft, Sprachkritik und Schule stehen hier in der Pflicht, die Aufmerksamkeit für solche Entwicklungen zu schärfen und gegebenenfalls Alternativen anzubieten.

Auch in früheren Zeiten hat es massiven Wortimport aus anderen Sprachen gegeben. Nicht umsonst haben Sprachschöpfer seit dem 17. Jahrhundert mit eigenen Vorschlägen, von denen sich eine ganze Reihe durchgesetzt hat, der massenhaften Übernahme von französischen Wörtern entgegengewirkt. Die *Leidenschaft* für *Passion* oder die *Wehmut* und die *Sehnsucht* für *Nostalgie* und *Melancholie* waren schon recht gelungen.

Deshalb ist es zu begrüßen, wenn die „Aktion lebendiges Deutsch" des Vereins Deutsche Sprache sich um Vorschläge zur Eindeutschung bemüht. Es geht nicht um eine sprachliche „Säuberung" – schon der Begriff ist grauenerregend und unsinnig, denn eine Sprache muss offen für Einflüsse von außen sein. Wohl aber geht es um die Fähigkeit einer Sprachgemeinschaft, für neue Sachen oder Begriffe sprachkonforme Bezeichnungen zu finden.

Wortschöpfungen

Gebräuchliche Neuprägungen wie *Rechner*, *herunterladen*, *Schnittstelle* oder *Datenautobahn*, die gerade von Profis verwendet werden, zeigen, dass es im Prinzip möglich ist. Sogar *Bezahlfernsehen* für das viel kürzere *Pay-TV*

---

[15] Zifonun (2002), S. 8.
[16] Göttert (2010), S. 359.

findet Eingang in den Sprachgebrauch. Populäre Neuprägungen sind allerdings selten. Sie müssen die Idee und den Ton des Ausgangsbegriffs treffen, und bei neuen Modeströmungen müssen sie das Lebensgefühl übersetzen, das mitschwingt. Am besten haben sie die Qualität eines Gassenhauers: in Klang und Schreibweise eingängig, in der Bedeutung genau, manchmal auch mit ironischem Unterton, wie die Untertreibung, die in *Rechner* steckt. Und gewiss in der Geschwindigkeit, in der sie sich verbreiten müssen: nämlich bevor der Importbegriff sich festgesetzt hat. Manchmal aber erobert sich ein deutsches Wort sogar den Platz wieder zurück, den es schon geräumt hatte. Während der *Song* gegenüber dem *Lied* bereits eine eigene Bedeutung als Musikstück aus der Rock-, Pop-, Rapp- und Hiphop-Szene angenommen hatte, ist derzeit bei Jugendlichen zu beobachten, dass sie ganz natürlich davon sprechen, sich „*Lieder* runterzuladen". Damit meinen sie nicht Schubert-Lieder. – Eindeutschen ist heikel und immer strittig, dennoch ist es den Versuch wert. Es mögen ja nicht alle Anglizismen, die der „Verein Deutsche Sprache" in seiner Wortliste als überflüssig bezeichnet, eins zu eins übersetzbar sein. Aber z. B. Anglizismen wie *checken* durch *prüfen* oder *klären* zu ersetzen oder auch durch *verstehen*, jugendsprachlich *raffen* und *schnallen*,[17] neuerdings auch *blicken*, ist in der Sache richtig. Es geht nicht darum, Anglizismen zu verbieten, wohl aber darum, zu zeigen, dass man eigene Wörter erfinden kann oder dass es sogar Wörter dafür gibt. Warum Berater von *Milestones* sprechen anstatt von *Meilensteinen* oder *Wegmarken*, ist sachlich nicht zu begründen. Es fehlt ihnen schlicht der Reflex, es einmal in der eigenen Sprache zu versuchen.

Wenn wir die englischsprachigen Importe in den meisten Fällen in die deutsche Grammatik einpassen und sie

---

[17] Die VDS-Anglizismenliste 2004.

mit deutschen Wörtern kombinieren können, so spricht das für die Integrationsfähigkeit und Elastizität der deutschen Wortbildung. Aber sprechen die Importe für die Sprecher? Sind sie nicht Zeichen für Bequemlichkeit, Gedankenlosigkeit und auch übertriebene Anpassung an alles Englischsprachige?

Sehr zurückhaltend formuliert der Linguist Wolfgang Klein im Kurzbericht zur Lage der deutschen Sprache den Unterschied zwischen Sprachsystem und dessen Nutzung durch die Sprecher: „Wenn uns bisweilen so scheint, als würde unsere Sprache verarmen, dann liegt das nicht an der deutschen Sprache der Gegenwart, deren Reichtum schier unerschöpflich ist. Es liegt an jenen, die diesen Reichtum nicht ausnutzen. Es reicht natürlich nicht, einen Bösendorfer in der Stube stehen zu haben; man muss ihn auch spielen können."[18] Ziemlich grantig kommentiert der Journalist Dankwart Guratzsch daher die Entwarnung der Autoren des Berichts zur Lage der deutschen Sprache: „Für den Sprachwissenschaftler ist ja das Faszinosum an seinem Orchideenfach gerade der Wandel, ein „Richtig" oder „Falsch", ein „Gut" oder „Böse", ein „Schön" oder „Unschön" gibt es für ihn nicht. Für den Normalbürger aber geht es um Fülle, Farbigkeit, Feinheit im Ausdruck. Sein Leiden am Sprachwandel ist ein Leiden am Verlust."[19] Aber leidet er denn wirklich?

Wortschrott

Zu den Anglizismen gehört ein sprachliches Phänomen, das man mit Wortschrott bezeichnen kann. Der Schriftsteller Eckhart Nickel hat Wortschrott in der Werbung und in Produktbezeichnungen der Schönheitsindustrie

---

[18] Präsentiert in einer Pressekonferenz im März 2013.
[19] *Die Welt*, 22.3.2013.

gesammelt. Was bedeutet *Advanced Night Repair Synchrozed Recovery Complex Serum*? Das Englische eignet sich nicht besonders zur Wortverknüpfung, weil es die Wörter nur nebeneinander stellt, ohne sie miteinander verfugen zu können. Trotzdem werden in unserem Beispiel sieben Wörter in eine Reihe gestellt. Dass es sich um ein *Serum* handelt (welches man eher in der Medizin vermuten würde), erfährt man erst am Ende. Die Wörter *advanced* und *complex* bergen keine Informationen. Es bleibt eine vage Idee davon, dass es bei dem Produkt um eine Art Nachtcreme geht, die vermutlich unserer Haut guttut. Aber welches Wort sich genau auf welches andere und welches sich auf die ganze Wortgruppe bezieht, ist nicht zu erkennen. Entweder wurde es nicht bedacht, oder diese Bezüge sollten im Ungefähren bleiben. Was kann der Grund für eine solche sprachliche Unschärfe sein? Wollen die Werbetexter nicht verstanden werden? Als Botschaft genügt ihnen offenbar die Suggestion von Weltläufigkeit und der pharmazeutisch-wissenschaftliche Eindruck.

Wortschrott missachtet das Informationsbedürfnis des Kunden. Wer versteht folgende Information eines Autoherstellers: „Das Blue&Me System wurde auf der Telematics Detroit mit dem Best Telematics Solution Award ausgezeichnet und ist damit die ideale Automotive-Plattform für In-Car-Kommunikations- und Infotainment-Lösungen."[20] Verständlichkeit war eines der Ziele des französischen Sprachgesetzes, die Loi Toubon aus dem Jahre 1994: Der Kunde sollte die Produktinformation in der Sprache seines Landes verstehen können.

Wortschrott lässt mangelndes Sprachgefühl erkennen. Sprachliche Regeln der Wortbildung spielen keine Rolle. Vorzüge der einzelnen Sprachen werden nicht genutzt.

---

[20] Appel (2011).

Sprache ist wertloses Material, das bedenkenlos verarbeitet wird. Der mehrfach zitierte Dieter E. Zimmer hat einen ganzen Wortschrottplatz gefunden.[21] Einige Beispiele aus seiner Sammlung: *Sick Building Syndrom, Prêt-à-porter Showdown, Moisture On-Call*. Tatsächlich finden sich auch englisch-deutsche Kombinationen, was den Wortschrott nicht edler macht: *Bike Fit Aktion, EasyFit-Zuschlag, Summer Oldies Gala, OsterIntensivWorkshop*. Auch Regeln der Rechtschreibung sind hier außer Kraft gesetzt. In unzähligen Werbeanzeigen, Werbetexten, Werbesendungen, Unternehmensbezeichnungen, Produktbezeichnungen, Produktbeschreibungen, Gebrauchsanweisungen springt der überwiegend aus dem Englischen genommene und zusammengezimmerte Wortschrott ins Auge. Gewiss sind diese Wortschöpfungen nicht von Dauer. Ihre Masse aber und ihre öffentliche Präsenz sind der Sprachkultur nicht förderlich.

English only?

Die deutsche Sprache als System können die Anglizismen zwar stören, aber nicht zerstören. Riskanter ist ein anderes Phänomen, nämlich die Einführung des Englischen als vollständige Sprache vor der eigenen Haustür, und nicht mehr nur die Verwendung des Englischen als Steinbruch für Entlehnungen. Eine ganze Reihe von wissenschaftlichen Disziplinen hat diesen Weg bereits beschritten, und ein weiterer Kernbereich unserer Gesellschaft ist ein Vorreiter bei der Einführung des Englischen als allgemeiner Verkehrssprache: die Wirtschaft. Noch gibt es zwar keinen vollständigen Überblick über die Sprachregimes in deutschen Unternehmen; verschiedene

[21] Zimmer (1997), S. 22, 23.

English only? 61

Erhebungen erlauben gleichwohl eine Trendaussage.[22] Es sind vor allem die international operierenden deutschen Unternehmen, darunter Banken und Anwaltskanzleien, die Englisch als Geschäftssprache eingeführt haben. Die meisten Unternehmen wenden in Deutschland selbst zwar noch Deutsch in unterschiedlichem Umfang an, im Kundengeschäft sowie betriebsintern, sofern kein ausländischer Mitarbeiter anwesend ist, aber in ausländischen Niederlassungen und in grenzüberschreitenden Geschäften wird grundsätzlich in Englisch kommuniziert. Im Allgemeinen werden also Deutsch und Englisch in unterschiedlicher Rangfolge verwendet, wobei das Großunternehmen Siemens das Englische als erste Unternehmenssprache gewählt hat, Deutsch hat nur noch den zweiten Platz. Zwei Unternehmen stechen dabei heraus: die Lufthansa kommuniziert ausschließlich in Englisch, auch in Deutschland.[23] Der Autohersteller Porsche hat hingegen als Konzernsprache Deutsch beibehalten, wobei Englisch im internationalen Geschäft verwendet wird, nicht aber in Deutschland.[24] Viele Traditionsunternehmen haben auch ihren alten Namen anglisiert, beispielsweise *BMW Group*, *Munich Re*, *Linde Group*, *Deutsche Bahn Mobility Network Logistics* oder *BASF The Chemical Company*.[25] Das Gesamtbild zeigt bei großen Unternehmen eine starke Stellung der englischen Sprache auf den Führungsebenen, im wichtigen Bereich Forschung und Entwicklung[26], im grenzüberschreitenden Handel, in ausländischen Niederlassungen oder ausländischen Tochterfirmen, aber auch, bis auf wenige Ausnahmen, in den Betrieben in Deutschland selbst, sobald ausländische Mitarbeiter ein-

---

[22] Stickel (2012); ELAN (2006).
[23] Angaben nach Stickel (2012).
[24] Gentner (2010).
[25] In den mittelständischen Unternehmen wird dagegen überwiegend Deutsch gesprochen, so Stickel (2012), S. 294.
[26] Ammon (2009), S. 18.

bezogen sind oder sofern es um grenzüberschreitende Arbeits- oder Kundenbeziehungen geht. Deutsch ist oft nur noch Standortsprache. „Das Gros der Firmen folgt der Verenglischung", schreibt die Süddeutsche Zeitung,[27] auch wenn die Erfahrungen von Porsche mit Deutsch als Konzernsprache positiv sind, weil „der Einfallsreichtum der Ingenieure in ihrer Muttersprache am größten ist".[28] Der Trend zum Englischen als dominanter Sprache in Großunternehmen wird auch von der ELAN-Studie der Europäischen Kommission bestätigt.[29]

Im Bildungswesen ist das Englische ebenfalls auf dem Vormarsch. Englischsprachige Bildungsverläufe sind inzwischen in Deutschland ohne weiteres möglich. Mehrere Hundert englischsprachige Kindergärten sind erste Vorboten einer starken Neigung von Teilen der Elite, Englisch von Anfang an als Zweitsprache ihres Nachwuchses zu verankern, und in Ballungsräumen florieren englischsprachige Privatschulen. Private Business Schools, aber auch internationale Studiengänge an öffentlich-rechtlichen Hochschulen ermöglichen eine bruchlose Fortsetzung des englischsprachigen Bildungswegs. Englisch ist die am meisten gelernte Fremdsprache in Deutschland, Österreich, Liechtenstein, der Schweiz, Luxemburg, Ostbelgien, Südtirol. „Englisch gewinnt auch innerhalb der deutschsprachigen Staaten an Boden", so Ulrich Ammon.[30]

Ich sitze am Tisch mit mehreren Paaren in einer offiziellen Runde. Die ausländische Gattin eines hohen Beamten spricht nur Englisch mit mir. Seit wann sie in Deutschland wohne? Seit acht Jahren; aber es sei fantastisch, dass man in Deutschland problemlos mit Englisch überall durchkomme; sie habe Deutsch immer noch nicht lernen müssen; die

---

[27] Gentner (2010).
[28] Ebenda.
[29] ELAN (2006).
[30] Ammon (2009), S. 16.

Kinder gingen in einen englischsprachigen Kindergarten, der älteste sei auf einem englischsprachigen Gymnasium. So sprechen wir also Englisch und auch etwas Französisch miteinander. Ich muss länger über das Gespräch nachdenken, und so kommen mir Fragen: Was sie wohl zu den afghanischen, pakistanischen und türkischen Zuwandererkindern in unseren öffentlichen Schulen sagen würde, in Schulen, vor denen sie ihre Kinder bewahren zu müssen meinte? Sollen sie auch kein Deutsch lernen?

Domänenverlust und seine Folgen

Dass sich das Englische weltweit als Verkehrssprache immer stärker verankert, steht jedem vor Augen. Im internationalen Austausch, im Handel, in den politischen Organisationen, in der Diplomatie, im Tourismus, in den Wissenschaften, in der Populärkultur – überall verdrängt das Englische die wenigen Konkurrenzsprachen, die noch grenzüberschreitend gesprochen werden. Unter den international verbreiteten Sprachen nimmt das Englische nach der Zahl der Sprecher den dritten Platz ein, hinter Mandarin und Spanisch – wenn man die 320 Millionen Muttersprachler zugrundelegt. Hinzu kommen aber noch 600 Millionen Menschen, die Englisch als Fremdsprache sprechen, sowie eine Milliarde Englischlerner.[31]

Uns interessiert hier vor allem, wie sich diese weltweite Dominanz des Englischen als *lingua franca* auf die deutsche Sprache in ihrem Gebrauchswert im eigenen Land auswirkt. Die Sogkraft der *lingua franca* ist nicht nur in den internationalen Beziehungen, sondern auch in „innerdeutschen" Angelegenheiten spürbar. Ist sie eine echte Gefahr für die deutsche Sprache?

---

[31] Wagener (2012), S. 9.

Der Wert einer Sprache bemisst sich rein praktisch nach ihren Verwendungsmöglichkeiten. Je mehr man an Inhalten in ihr ausdrücken kann, desto nützlicher ist sie. Wenn eine Sprache nicht für alle wichtigen Gegenstandsbereiche taugt, weil ihr die Worte dafür fehlen, spricht man von Gebrauchseinschränkung oder Domänenverlust. Dieser kann sich auf unterschiedliche Weise zeigen. Er tritt ein, wenn ein Gegenstandsbereich gar nicht erst in der Muttersprache vorhanden ist. Oder er tritt ein, wenn die Muttersprache im betreffenden Bereich verdrängt wird, weil eine andere Sprache sich dort durchsetzt. Domänenverlust, Pidginisierung bis hin zum „Sprachentod", der vor allem viele kleine der rund 6.000 Sprachen bedroht – das sind mögliche Phasen der Veränderung bis hin zum potentiellen Untergang einer Sprache. Das mag übertrieben klingen. Aber durchschnittlich sterben jährlich 25 Sprachen aus.[32] Einer Studie der Volkswagen-Stiftung zufolge existiert in hundert Jahren schätzungsweise nur noch die Hälfte der derzeit gesprochenen Sprachen, der Rest wird von den großen Sprachen verdrängt werden.[33] Florian Coulmas, der sich als Linguist mit ökonomischen Aspekten der Sprachen befasst hat, beschreibt den Sprachenrückgang ganz nüchtern: „Es geht um Situationen, in denen der Gebrauchswert einer Sprache abnimmt, sodass ihre Sprecher für die Erfüllung ihrer Kommunikationbedürfnisse zusätzlich eine andere, ihnen ursprünglich fremde Sprache heranziehen, deren Verwendungsbereich sie sukzessive auf immer mehr Kommunikationsdomänen ausdehnen, um schließlich ihre ursprüngliche Sprache durch sie zu ersetzen."[34] Historische Beispiele verschiedener Phasen eines solchen Prozesses sind zahlreich, von den

---

[32] Hagège (2000), S. 9.
[33] Volkswagen Stiftung (2013), S. 4.; so auch die Prognose von Evans (2014), S. 11.
[34] Coulmas (1992), S. 213.

Kreolsprachen der karibischen Inseln, die die Kolonialsprachen mit afrikanischen Herkunftssprachen mischen und daraus eine neue Sprache formen, über die der allmählichen Verdrängung der Herkunftssprachen durch die Sprache des Aufnahmelandes bei Auswanderern bis hin zum Sprachentod beispielsweise infolge der „Entdeckung" Amerikas. In Deutschland selbst, das beispielsweise das Sorbische als Minderheitensprache schützt, haben gleichwohl „viele junge Sorben ohne Zwang, ja gegen die Zweisprachigkeitspolitik, den Wechsel zum Deutschen (…) vollzogen."[35] Andererseits gibt es auch das Gegenteil, nämlich die Revitalisierung einer alten Kultsprache, wie dies beim Hebräischen der Fall war.

Der Begriff des Sprachverfalls hat in der Sprachwissenschaft keinen guten Klang, weil in der öffentlichen Wahrnehmung allzu leicht Sprachwandel mit Sprachverfall gleichgesetzt wird. Wenn also die Konjunktion *weil* im mündlichen Gebrauch nicht mehr die Endstellung des Verbs nach sich zieht, fürchtet der eine oder andere, das sei das Ende des deutschen Nebensatzes. In offiziellen Texten wird aber nach wie vor die Endstellung des Verbs nach *weil* verlangt, und in der Schule wird sie auch so gelehrt. Insofern ist die Regel nach der unterordnenden Konjunktion noch in Kraft.

Sprachverfall als Prozess des Niedergangs einer Sprache ist aber nicht grundsätzlich eine Schimäre sprachkritischer Eiferer, sondern Sprachverfall kommt vor. Nüchtern formuliert tritt Sprachverfall erfahrungsgemäß dann ein, wenn die Sprache in immer weniger Bereichen gebraucht wird. Dann kommt es zu „systematischem Verfall von Grammatik und Lexikon."[36] In großen Schriftsprachen, die in Regelwerken festgeschrieben sind, unterrichtet werden und auch überregional verbreitet sind,

[35] Ebenda, S. 223.
[36] Ebenda, S. 232.

setzt ein solcher Prozess nur sehr langsam und auch nur in gewissen Bereichen ein, und es ist ungewiss, ob sich daraus langfristig eine Dynamik zur Pidginisierung oder gar Sprachaufgabe entwickelt. Riskant wird es aber, wenn die Sprachgemeinschaft die eigene Sprache nicht mehr in den Bereichen verwenden *will*, die sie selbst für zukunftsentscheidend hält. Das zeigen die Lebenszyklen kleiner Sprachen. Die selbst herbeigeführte Gebrauchseinschränkung beschleunigt den Prozess des Wechsels zu einer anderen Sprache.

Ein weiteres Maß für den Nutzen einer Sprache ist ihre Verbreitung. Das Gesetz der Sprachverbreitung lautet nach Coulmas sinngemäß so: Je mehr Menschen eine Sprache lernen, desto nützlicher ist sie. Und je nützlicher sie ist, desto mehr Menschen wollen sie lernen. Da das Erlernen einer Sprache etwa 10.000 Stunden Einsatz erfordert, also eine echte Investition ist, sind die überregionalen Sprachen Konkurrenten auf dem Sprachenmarkt. Das Deutsche hat auf diesem Markt in den letzten Jahren bedeutende Anteile an Lernern verloren: von 20 Millionen im Jahr 2000 waren 2010 noch 14 Millionen übriggeblieben – auch wenn sich in der Folge der Staatsschuldenkrise der Trend seit 2012 wieder leicht zugunsten des Deutschen dreht, sodass die Deutsch-Lerner im Jahr 2015 bei 15,4 Millionen liegen.[37] Die Verbreitung des Deutschen bleibt also eine drängende Aufgabe, wenn die Sprache ihren Nutzen nicht verlieren soll.

---

[37] Ständige Arbeitsgruppe Deutsch als Fremdsprache: Deutsch als Fremdsprache, Erhebung 2000; Ständige Arbeitsgruppe Deutsch als Fremdsprache: Deutsch als Fremdsprache weltweit, Datenerhebung 2005. Netzwerk Deutsch: Die deutsche Sprache in der Welt, Statistische Erhebungen 2010. Auswärtiges Amt: Deutsch als Fremdsprache weltweit. Datenerhebung 2015. Zu den wieder ansteigenden Zahlen siehe Goethe Institut, Jahrbuch 2014/2015, S. 40f. und S. 191.

Wozu verschiedene Sprachen?

„Ja und?", kann man als nüchtern denkender Mensch fragen. Wiegt denn nicht der Vorteil einer *lingua franca* schwerer als die kulturellen Überlieferungen in Form vieler Sprachen, und seien es alte Hochsprachen? Eine Verkehrssprache – also eine international verwendete Sprache, die in vielen Ländern auch als Zweitsprache etabliert ist – bringt immerhin den Vorteil der schnellen, direkten, grenzüberschreitenden Kommunikation mit sich. Sie schafft eine nie dagewesene sprachliche Einheitlichkeit, die die weltweite Kommunikation erheblich erleichtert. Wissenstransfer, internationale Zusammenarbeit, freier Verkehr der Ideen – all das wird durch eine solche Sprache erleichtert. Wiegt denn nicht dieser Vorteil die Gebrauchseinschränkung und mittelfristige Gefährdung bestehender Nationalsprachen auf? Worin liegt überhaupt der Wert der Sprachenvielfalt? Hat nicht die Bibel recht, für die diese Vielfalt eine Strafe Gottes für die Anmaßung des Menschen ist?

Nach Wilhelm von Humboldt sind die Sprachen „das geistige Gesicht der Völker". Sprachen sind für Humboldt nicht einfach verschiedene Ausdruckssysteme, sondern zusätzlich zu ihrer kommunikativen Funktion kognitiv, also „die Fassung des Gedanken selbst".[38] Damit vermitteln Sprachen auch unterschiedliche Weltsichten oder Weltansichten. Grammatik und Wortschatz der Sprachen bündeln in der Sicht Humboldts die Volkscharaktere. Seine Annahme ist von vielen Sprachwissenschaftlern geteilt worden. Edward Sapir und Benjamin Lee Whorf haben sie anhand von nordamerikanischen Indianersprachen gestützt. Aus grammatischen Strukturen, in denen beispielsweise das Verb und das Substantiv nicht

---

[38] Trabant (2012), S. 25.

als eigene Wortklassen gegeben waren, schlossen sie, dass die Indianer deshalb auch nicht in gleicher Weise denken könnten wie die Europäer. Diese „Sprachrelativismus" genannte These ist aber inzwischen, so einleuchtend sie scheint, abgemildert worden. Denn auch wenn Sprachen die vorgestellte Wirklichkeit in ihren Begriffen unterschiedlich erfassen und auch wenn sie ihre grammatikalischen Bausteine unterschiedlich zurechtschneiden und kombinieren, so bauen sie damit gleichwohl kein geistiges Gefängnis. Es ist nicht so, „dass wir uns nur die Konzepte und Unterscheidungen vorstellen können, die in unserer Sprache bereits vorhanden sind", schreibt der israelische Sprachwissenschaftler Guy Deutscher. Und er erläutert: „Vielen englischsprechenden Menschen zum Beispiel ist das deutsche Lehnwort ‚Schadenfreude' nicht bekannt. Trotzdem fällt es ihnen nicht schwer, das Gefühl zu verstehen, dass man sich am Unglück eines anderen weidet."[39] Der Sprachwissenschaftler Roman Jakobson hat diese Ebene einmal so beschrieben: „Sprachen unterscheiden sich hauptsächlich durch das, was sie vermitteln müssen, und nicht durch das, was sie vermitteln können."[40] Damit ist gemeint, dass man in den verschiedenen Sprachen jeweils bestimmte Informationen einfach geben *muss*, weil die grammatikalische Beschaffenheit es verlangt. Im Französischen *muss* man angeben, ob etwas, was sich in der Vergangenheit zugetragen hat, ein Zustand oder ein Ereignis war. In dem Urlaubsbericht „wir verbrachten die Sommerferien an der Ostsee, Onkel Karl besuchte uns" zwingt das Französische den Sprecher dazu, zwei verschiedene Tempora zu verwenden. Der Besuch von Onkel Karl erzwingt aus Sicht des Französischen das Passé composé (oder in förmlichem Register: das Passé simple), die Sommerferien das Imparfait. Man

[39] Deutscher (2012), S. 15 f.
[40] Zitiert nach Deutscher (2012), S. 17.

nennt diesen Unterschied auch „Aspekt", um deutlich zu machen, dass es nicht um einen rein zeitlich-chronologischen Unterschied geht, denn beides liegt ja zurück, sondern dass sich beide Vergangenheiten durch ihren Verlauf unterscheiden. Im Deutschen sind wir sprachlich nicht trainiert, diesen Unterschied zu vollziehen, und man braucht als Deutscher viel Übung, um die richtige Verwendung des Aspekts im Französischen zu beherrschen. Und das, obgleich wir natürlich diesen Unterschied auch im Deutschen sprachlich ausdrücken können, einfach indem wir das Wort „plötzlich" oder „eines Tages" oder auch nur „da" verwenden: „Eines Tages besuchte uns Onkel Karl." Im Deutschen ist dieser Aspekt aber nicht in einer eigenen Form grammatikalisiert, also nicht automatisch mitausgedrückt. Guy Deutscher fasst zusammen, was das für das Verhältnis von Sprache und Denken bedeutet: "… schließlich können sich Sprachgewohnheiten zu geistigen Gewohnheiten verfestigen, die uns über das Sprechen hinaus beeinflussen und die Konsequenzen für unsere Denkweise und Wahrnehmung der Welt haben können."[41]

Wir sind in diesen Denkweisen aber nicht eingesperrt. Wir nehmen, wie Deutscher ausführt, z.B. Farbunterschiede stärker wahr, wenn wir die Farben Grün und Blau sprachlich unterscheiden. Die Gewohnheiten, die wir durch vertraute sprachliche Strukturen annehmen, sind also wirkungsvoll. Andere Menschen sind aber deshalb nicht farbenblind. Wenn der Franzose sagt: „Pierre court dans le jardin", dann ist nicht erklärt, was wir im Deutschen erklären müssen, nämlich ob Pierre in den Garten (hinein)läuft, oder ob er im Garten (herum)läuft. Diese Präzisierung *muss* im Deutschen gegeben werden, folglich sind wir es gewohnt, sie zu geben. Der Frankophone kann

---

[41] Deutscher (2012), S. 18f.

davon absehen. Das heißt aber nicht, dass er den Unterschied, den wir Deutschen machen, nicht verstehen kann.

Die feinen Unterschiede

In ihren Betonungen dessen, was ihnen besonders wichtig ist, sind die Sprachen so unterschiedlich – und so faszinierend. Der Franzose liebt in seiner Sprache die Verwendung des Adjektivs *petit*. Das muss man als Deutscher erst einmal verstehen – jene Neigung zur Kleinheit, wo wir Frankreich doch zuallererst mit „Grandeur", Größe, verbinden.[42] Es ist ein zärtliches, ein heimeliges Wort: „le petit coin", die Ecke oder das Eckchen? Oder der Winkel? Oder „le petit chemin", der kleine Weg, nein, es müsste stärker verschmolzen sein, das Wegchen? Haben wir nicht. Es geht dem Franzosen hier weniger um den Gegensatz von klein und groß, wobei klein ja eher ein Mangel wäre, ein Mangel an Größe. Es geht ihm um etwas Vertrautes und Harmloses. Ein harmloser, scheinbar unbedeutender Ort, mit dem er Erinnerungen verbindet und den er nicht missen möchte. Er weiß nicht viel darüber, und er will sich auch nicht unbedingt näher damit befassen – aber er will den Ort doch erwähnen, nur kurz, nur nebenhin. Im Französischen sollte man genau diese Kunst des Nebenhin, des fein Dahingeworfenen, beherrschen, und wir Deutsche brauchen lange, um das zu können, weil wir in unserer Alltagssprache anders sprechen und empfinden, viel direkter eben.

Nun, das „petit" können wir so empfinden, wenn wir Französisch lernen, wenn wir hören, wie die Franzosen dieses „petit" gebrauchen, wenn wir ihre Mimik beob-

---

[42] Meister der Verkleinerungsformen sind übrigens gar nicht die Südromanen, sondern die Holländer, die nahezu alle Wortarten verkleinern können (Hinweis von Harro Stammerjohann).

achten, ihre Stimme dabei vernehmen. Dann bildet sich eine Bedeutung für uns heraus, die ganz besonders und sehr präzise ist. Diese Bedeutung, diese Nuance können wir zwar beschreiben oder umschreiben, aber es ist etwas anderes, wenn wir sie in Französisch hören und in Kenntnis der französischen Sprache selber anwenden, mit diesem Anflug an Zärtlichkeit, an Geschmack für das Feine, Kleine, Unscheinbare, das wir im Deutschen so nicht kennen, jedenfalls nicht im Alltag. Mit „petit" lernen wir eine bestimmte Haltung kennen, die uns fremd ist. Eine Haltung, die sich in vielen Zügen des französischen Nationalcharakters, oder sagen wir in der Kultur Frankreichs, immer wieder zeigt: der Sinn für den leisen Ton, der Reiz der Anspielung, die Lust an Situationen, die in der Schwebe sind. Und die Unlust am Übergenauen, das als pedantisch und stillos, ja auch taktlos empfunden wird.

Das kann man beurteilen wie man will, aber es gehört zur französischen Sprache. Man kann es eben nicht einfach mit einer Wörterbuchgleichung übersetzen. Die Bedeutung der Wörter, gerade jener, die mit Empfindungen und starken kulturellen Prägungen verbunden sind, erschließt sich erst in einer Fülle von Situationen, Gesten, Anspielungen. „Die Bedeutung eines Wortes ist sein Gebrauch in der Sprache"[43], hat der Philosoph Ludwig Wittgenstein bündig formuliert. Das heißt auch, dass man die Wörter nicht wie Formeln oder Zahlen lernt, wenn es sich um Wörter aus dem Bereich unserer Vorstellungen und kulturellen Gewohnheiten handelt. „Wir unterscheiden dort, wo es für uns wichtig ist", schrieb Hans Hörmann in seinem Buch über Sprachpsychologie.[44] Diese teils sehr feinen Unterschiede machen die Vielfalt der Sprachen aus, und sie machen sie wertvoll.

[43] Wittgenstein, Ludwig (2003), § 43.
[44] Hörmann, Hans (1967), S. 329.

Sprache und Persönlichkeit

Wie ergeht es Menschen, die in eine andere Sprache eintauchen? Jeder, der über seine Muttersprache hinaus eine weitere Sprache gelernt hat, berichtet davon, dass er in dieser anderen Sprache teilweise anders denke und fühle als in seiner Muttersprache. Kein Wunder, wenn man die mit den Wörtern verbundenen Umgangsformen, stilistischen Feinheiten und Anspielungen assoziiert, die man in der Fremdsprache erwirbt. Dies ist vor allem dann der Fall, wenn man die Sprache bei einem Auslandsaufenthalt erlernt hat. Dann ist sie mit vielen Erfahrungen und Prägungen verbunden. In der neuen Sprache hat man Lieblingswörter, Lieblingslieder, Lieblingsbücher. Man hasst bestimmte Wörter. Man verabscheut sprachlich vermittelte Eigenheiten: die Behandlung auf einer Amtsstelle, im Postamt, bei der Alkoholkontrolle. Man hadert mit sich selbst bei den vielen Missverständnissen, Unsicherheiten, bei peinlichen Fehlern. Später genießt man das beglückende Gefühl wachsender Sicherheit. Man kann endlich telefonieren, ohne ins Schwitzen zu geraten. Man beginnt, die Anspielungen zu verstehen. Man kann über die Witze lachen. Und langsam wird man ein bisschen stolz, sich eine neue Welt erschlossen zu haben und sich souverän in ihr bewegen zu können. Wenn dann das Lob der Einheimischen hinzukommt, wächst ein neues Sprachbewusstsein, das sich dem muttersprachlichen Sprachbewusstsein hinzufügt. Man nimmt Teile der neuen *Sprache und Kultur* in sich auf, verwandelt sie sich an, entwickelt eine eigene Haltung dazu. Wer in England war, lernt, dass Jammern verpönt ist. Es gehört sich einfach nicht. Man sagt auch nicht: „Wie die wieder rumläuft!" Die englische Sprache ist eine gute Schule! Man kann die Haltung der Engländer nur bewundern. In keinem anderen Wahlspruch kommt sie so treffend zum

Ausdruck wie in jenem, der sich auf zahllosen Plakaten an Hauswänden und in Wohnhäusern findet: „Calm down and carry on", steht da in goldenen Lettern auf rotem Grund unter der Königskrone. In Frankreich wiederum gehört es sich nicht, den anderen ständig mit seiner eigenen Wahrhaftigkeit zu behelligen. Die Gefühlswelt soll zuerst durch eine Schleuse der Zivilisiertheit gehen. Das ist den Deutschen fremd. Anfangs empfindet man daher die Sozialkontakte jenseits des Rheins als gekünstelt. Man hat das Gefühl, den Menschen einfach nicht nahekommen zu können. Und erst im Laufe der Zeit lernt man, dass die Wege zur Nähe andere sind, weniger spontan, sondern vielmehr über feine Gesten und sprachliche Kodifizierungen vermittelt. Die Annäherung muss eine Art höfliche Kunstform sein, darin liegt ihr Reiz. Und diese Kunstform erschließt sich über eine differenzierte Kenntnis der Sprache.

Die Erfahrung anderer Sprachen kann die ganze Persönlichkeit verändern und bereichern.

Ist Kultur von Sprachen unabhängig?

Wenn die verschiedenen Sprachen nur austauschbare lautliche Hüllen und entbehrliche grammatische Absonderlichkeiten vorzuweisen hätten, könnte man zwar immer noch über ihre Berechtigung streiten, aber sie hätten doch einen schweren Stand gegenüber den Vorteilen, die eine einzige Verkehrssprache mit sich brächte. Anders wäre es, wenn mit den verschiedenen Sprachen tiefergehende Prägungen und Leistungen verbunden wären. Dass das so sei, bestreitet in einer erfrischend radikalen Weise der Soziologe Jürgen Gerhards. „Man kann durchaus seine eigene Kultur und Lebensweise beibehalten und zugleich die eigene Sprache nicht mehr sprechen", schreibt er. „Kultur und Sprache sind weitgehend voneinander entkoppelt."[45] Mit dieser These dreht Gerhards die These des Sprachrelativismus à la Humboldt um: Da die Unterschiede zwischen den Sprachen keine unterschiedlichen Weltsichten hervorbringen, ist die Existenz verschiedener Sprachen funktional nicht begründet. Sie seien, so Gerhards, alle übersetzbar, nur seien bei manchen die „Transaktionskosten" eben höher als bei anderen. Auf einzelne begriffliche Besonderheiten wie Heimat oder Weltschmerz könne es zutreffen, „dass man diese nicht direkt bezeichnen, vielleicht auch nicht fühlen oder denken" könne, aber das seien Ausnahmen, nicht die Regel. Die Folgerung sei, dass das Englische als europäische oder internationale Verkehrssprache im Interesse aller liege und bei allen aktiv durchgesetzt werden müsse. Eine These, die in einem den Ausführungen Gerhards ähnelnden Buch des belgischen Sozialwissenschaftlers Philippe Van Parijs unter dem moralischen Begriff der „Sprachengerechtigkeit" (die auch gleich „für Europa und die Welt" proklamiert wird) weiter zugespitzt wird. Sprachliche Unterschiede gelten hier als dysfunktional und ausgrenzend, also auch als moralisch fragwürdig angesichts des Ziels einer niedrigschwelligen und allgemeinzugänglichen Weltgesellschaft, die, so Gerhards und Van Parijs, eine globale Sprache für alle braucht.

Bleiben wir aber beim Kern dieser Argumentation, nämlich bei der These von der geringen Abhängigkeit der Kulturen von der Sprache. In dieser Sicht ist vom Einfluss der Sprachen auf die Lebenswirklichkeit der Menschen nun fast nichts mehr übriggeblieben. Ein paar besondere Ausdrücke aus der Privatsphäre oder aus der schönen Literatur – aber nichts, das das Festhalten an einzelnen Sprachen gegenüber einer dominanten Einheitssprache rechtfertigte. Die Erleichterungen, die eine einheitliche

---

[45] Gerhards (2010), S. 145.

Verkehrssprache für die Menschen oder die Bürger in einem grenzüberschreitenden Sprachraum schafft, wiegen die kaum noch kulturell prägenden Besonderheiten der Einzelsprachen nicht nur auf; sie lassen die Durchsetzung einer einheitlichen Verkehrssprache geradezu geboten erscheinen.

Aber wie soll das gehen, Kultur ohne Sprache? Sprache *ist* und *schafft* Kultur. Ist die deutsche Kultur ohne die deutsche Sprache denkbar? Unsere Philosophie? Unsere Literatur? Ohne die Wörter, die uns anrühren? Ohne unsere Dialekte, die vielen eine zweite Heimat sind? Und soll auch zum Beispiel Frankreichs Kultur ohne das Französische fortbestehen können? Das ist ein wie Widerspruch in sich. Ist die deutsche Nationalliteratur etwa nicht sprachlich gebunden? Ist unsere Literatur ohne unsere Sprache denkbar? Die Rolle der Nationalliteratur für die Idee der Kulturnation und für die Herausbildung einer nationalen Identität ist gar nicht hoch genug einzuschätzen. Das gilt im Übrigen auch für die moderne deutsche Literatur, die wie selbstverständlich die Migrantenliteratur einbezieht, aber eben gerade in der deutschen Sprache, die sich die Zuwanderer zu Eigen machen.

Dass Kulturen komplexe Zeichensysteme sind, die zu einem erheblichen Teil in Sprachen abgelagert sind, wird uns besonders an Sprachen aus anderen Kulturräumen deutlich:

Die Inuit auf Nord-Grönland messen Entfernungen nicht in Kilometern, sondern in „sinik": in Schlaf-Einheiten.[46] Die Bestimmung der Lage von Objekten oder Orten erfolgt in manchen außereuropäischen Kulturen nicht vom Standort des Sprechers aus, sondern beispielsweise durch die Richtungsangabe „meerwärts".[47] Auf

---

[46] Beispiel von Deutsche Welle Themen: Sprache ist Identität, 24.2.2008 (Internet-Beitrag).
[47] Volkswagen-Stiftung (2013), S. 6.

Teop-Island in Papua-Neuginea sind 40 verschiedene Bezeichnungen für Muscheln in Gebrauch. Kinder, die dort nur Pidgin lernen, kennen nur den Sammelbegriff für „Muscheln".[48]

Der australische Sprachwissenschaftler Nicholas Evans hat sich mit verschiedenen Sprachen der australischen und nordamerikanischen Ureinwohner befasst und dabei vor allem herausgearbeitet, wie stark die Sprachen die sozialen Beziehungen ihrer Sprecher regeln, indem sie sie auf besondere Weise zum Ausdruck bringen. Es sind, seinen Worten nach, „kognitive Modelle sozialen Denkens"[49]. Um einige Beispiele zu zitieren: „Um Kayardild sprechen zu können, muss man viele verschiedene Arten von Absichten unterscheiden. Um Dalabon sprechen zu können, muss man die Verwandtschaftsbeziehungen der eigenen sozialen Welt ständig präsent haben. (…). Um Newarin sprechen zu können, muss man wissen, ob jemand etwas willentlich tut oder nicht. Um Östliches Pomo oder Matses sprechen zu können, muss man die Informationsquelle für jede Aussage sorgfältig bestimmen und bezeichnen."[50] Die Feinheiten der sozialen Beziehungen, die ein prägender Teil dessen sind, was man als Kultur bezeichnet, sind für die Sprecher so wichtig, dass sie in diesen Sprachen fest grammtikalisiert sind. Dies macht deutlich, dass Sprachen nicht einfach eine austauschbare Oberfläche universeller Kategorien sind, sondern dass sie eigenständige Beiträge zur geistigen Kategorisierung der Welt leisten.[51] Kultur ohne Sprache oder sprachunabhängig ist also ein Widersinn.

---

[48] Volkswagen-Stiftung (2013), S. 8.
[49] Evans (2014), S. 126.
[50] Ebenda, S. 130f.
[51] „Es geht [beim Sprachenlernen, RK] nicht nur um eine Umetikettierung von Teilen der Welt in Form von vorherbestimmten Kategorien, sondern die Kinder müssen die Prinzipien für die jeweiligen Kategorien finden, weil diese ja in jeder Sprache anders sein können." (Ebenda, S. 112).

Ein anderer Aspekt: Warum befassen sich Wissenschaftler mit Stilistik? Weil man innerhalb einer Sprache verschiedene Sprachebenen wählen kann und entsprechend den Umständen auch muss, denn nur so kann Kommunikation in einem Gemeinwesen gelingen. Das richtige Register zu treffen setzt voraus, dass man die Registerunterschiede kennt. Es reicht nicht, das Sprachsystem zu kennen, um in dieser Sprache mit anderen kommunizieren zu können. Wir müssen mit der Sprachstruktur auch den Sprachgebrauch erlernen, der auf der Grundlage des Sprachsystems mit eigenen sprachlich-sozialen Verwendungsregeln operiert.

Sprache ist Teil der Kultur in einem noch weiteren Sinne. Der Wiener Universitätsprofessor Konrad Liessmann hat das so formuliert: „In und durch die Sprache ist der einzelne der Gemeinschaft genauso wie der Geschichte, dem Gegenstand genauso wie dem Inneren verbunden ..."[52] Sprache schafft Identität. Die Sprache beeinflusst nicht nur die Persönlichkeit des Einzelnen, sondern ist ein Band für Gemeinschaften. Das ist kein Wunder, denn es ist ja gerade die Funktion von Sprachen, Verständigung zwischen mehreren zu ermöglichen. Auf diese Weise bilden sich Kommunikationsgemeinschaften, die im Laufe der Ausdifferenzierung der Sprachen zu Sprachgemeinschaften geworden sind. Wenn dann eine Sprache kodifiziert und in einem Bildungssystem verbindlich vermittelt wird und dann auch in einem politisch-geographischen Rahmen verwendet wird, wächst der Einzelne in eine durch Sprachidentität gekennzeichnete Gemeinschaft hinein. Dabei bestehen hinreichend Differenzierungsmöglichkeiten durch Dia- und Soziolekte, um sich innerhalb der Sprachgemeinschaft vom Rest abzugrenzen. Es bleibt aber das mehr oder weniger ausgeprägte Bewusstsein, in

[52] Liessmann (2006), S. 63.

einer Sprachgemeinschaft zu leben. Immerhin 47 Prozent der Befragten in Deutschland – Deutschstämmige und Zuwanderer – äußern in einer repräsentativen Umfrage „Liebe" zur der deutschen Sprache, 56 Prozent äußern „Stolz".[53] Mehr oder weniger gleichgültig gegenüber der Landessprache sind allerdings 34 Prozent. Dazu passt die Tatsache, dass Deutschland bei der Frage nach der Identifikation mit der eigenen Nation nach einer Studie der Bertelsmann Stiftung auf dem letzten Platz liegt.[54] In den Resten des schwach ausgeprägten Nationalgefühls spielt aber dann doch die Sprache die wichtigste Rolle.

Die Sprache bündelt auch Geschichte. Sie ist Teil der Geschichte von Völkern und Nationen. Eine alte Sprache wie das Deutsche fasst in ihrem Wortschatz, ihren Schriften, ihren Redensarten die im Laufe ihrer Geschichte gesammelten sprachlich geformten Erfahrungen der Sprachgemeinschaft zusammen. Wer einen Blick in das von Jacob und Wilhelm Grimm verfasste und bis in die heutige Zeit fortgeschriebene Deutsche Wörterbuch mit 350.000 Einträgen auf der Grundlage von über 5 Millionen gesammelten Textstellen wirft, dem vermittelt sich das Empfinden, in ein historisches Erbe eingebunden zu sein, das man nicht einfach ad acta legen kann. Nach der Sprache ist die Geschichte für 35 Prozent der Befragten laut einer Emnid-Umfrage das wichtigste Merkmal ihrer Identität.[55] In der Sprache kommt aber beides zusammen, Sprache und Geschichte. Das sollte man nicht unterschätzen, wenn man den Umstieg auf eine andere Sprache fordert.

Sprache ist im Unterschied zu Jürgen Gerhards These nicht nur ein austauschbares Kommunikationsmittel. Sie dient nicht nur „der Kommunikation des sprachlos

[53] Projektgruppe Spracheinstellungen (2009), S. 9.
[54] Bertelsmann Stiftung (2013), S. 6.
[55] Sprachnachrichten Nr. 49, März 2011, S. 2.

Gedachten".⁵⁶ Sie ist Teil der Persönlichkeitsbildung des Einzelnen, prägt Gewohnheiten der Wahrnehmung und des Ausdrucks, bringt unterschiedliche Formen sprachlich vermittelter sozialer Beziehungen hervor und ist das verbindende Element von Sprachgemeinschaften. Sprache ist in die Kultur verwoben. Die Gerhardssche These, man könne „durchaus seine eigene Kultur und Lebensweise beibehalten und zugleich die eigene Sprache nicht mehr sprechen" ist unzutreffend.⁵⁷ Das kann man nicht. Vor diesem Hintergrund sind die Wunschvorstellungen des belgischen Sozialwissenschaftlers Philippe Van Parijs, der für die Durchsetzung einer Weltsprache für alle eintritt, eher erschreckend: „Ließe eine mächtige Sprache alle anderen aussterben, kämen wir nicht nur in die komfortable Lage, in allen Tagungsräumen und allen Hotelhallen dieser Welt [das scheint das Wichtigste zu sein!, RK] unsere Muttersprache verwenden zu können, sondern [...] selbst auf den entlegendsten Bazaren, Bauernhöfen oder Spielplätzen wären wir imstande, unmittelbar zu verstehen, was die Einheimischen miteinander reden."⁵⁸ Dass ausgerechnet ein Sozialwissenschaftler nicht die kulturellen Verluste einer solchen Monolingualisierung mitbedenkt, kann schon erstaunen.

Eben weil sie in bestehende sprachlich geprägte Kulturen eingreifen, stoßen übergreifende Verkehrssprachen oft auf erheblichen Widerstand. Mit Blick auf den europäischen Einigungsprozess wäre zu erwarten, dass eine bewusste Entscheidung für das Englische als Verkehrssprache bei vielen Bürgern Ablehnung hervorriefe und die Identifikation mit der Europäischen Union erschwerte, statt sie zu befördern. Auf eine bewusste Entscheidung wird man es deshalb wohl auch nicht ankommen lassen.

56 Trabant (2002), S. 253.
57 Gerhards (2010), S. 145.
58 Van Parijs (2013), S. 162.

Kommen wir zur Ausgangsfrage zurück, ob die Vorteile einer Verkehrssprache die Verdrängung der Sprachen (darunter auch der großen Kultursprachen) rechtfertigen oder ob die Nachteile überwiegen: Die kulturprägende und identitätsstiftende Kraft der Sprachen legt nahe, soviel Sprachenvielfalt wie möglich zu erhalten. Das kann allerdings nur aus dem Willen der Sprachgemeinschaften heraus geschehen. Diese müssen wissen, was auf dem Spiel steht.

Dass das Englische derzeit die Spitzenposition unter den grenzüberschreitend verwendeten Sprachen einnimmt, ist kein Naturgesetz. Auch andere Sprachen sind weit verbreitet: das Spanische, das Portugiesische, das Französische und auch noch das Deutsche, nicht zuletzt als Zweitsprache und als Fremdsprache. Mehrsprachigkeit muss zur Normalität werden, wenn uns an der Sprachenvielfalt und an der Bewahrung der eigenen Sprache etwas liegt. Und warum sollte uns daran eigentlich nicht genauso viel liegen wie an der Vielfalt der Arten?

Kapitel 4
Abgehoben und schwer verständlich –
Wissenschaftsdeutsch

Der steinige Weg zur deutschen Wissenschaftssprache –
Tradition der schweren Verständlichkeit –
Internationalisierung – Nowhere Island – Exzellenz –
Sprachlich verflochten – Bologna-Jargon – Was verloren
geht – Gegenwind und Nachbesserung

Eigentlich müsste man heute das Deutsch der Wissenschaften – dort, wo es das noch gibt – *Forscherdeutsch* nennen. Denn die Tendenz des Wissenschaftsbetriebs geht dahin, den *Wissenschaftler* durch den *Forscher* zu ersetzen. Forscher, das sind im allgemeinen Verständnis zwar eher Naturwissenschaftler: Physiker, Chemiker, Biologen, Pharmazeuten; Wissenschaftler also, die in Laboren experimentieren oder in freier Wildbahn den Rätseln der Natur nachspüren. Doch Forscher wollen nun auch andere sein, so z.B. Geisteswissenschaftler. Man spricht von *Bildungsforschung*, und Menschen, die Bildungsforschung betreiben, sind *Bildungsforscher*. Damit dürfte der Tag näherrücken, an dem sich die Erziehungswissenschaften vollständig in Bildungsforschung umbenennen. Wer das für unwahrscheinlich hält, hätte wohl auch vor einigen Jahren ungläubig den Kopf geschüttelt, wenn er erfahren hätte, dass pädagogische Fakultäten sich inzwi-

Der steinige Weg zur Wissenschaftssprache

Doch wenden wir uns zunächst jener Zeit zu, in der das Deutsche überhaupt als Sprache für die Wissenschaften entwickelt wurde. Der Weg, den unsere Sprache nehmen musste, um wissenschaftstauglich zu werden, war lang und voller Hindernisse, die im eigenen Land errichtet wurden.[1] Die Sprache der Wissenschaften war traditionell das Lateinische. Der Sprachwissenschaftler Peter von Polenz schrieb, dass „noch 1570 etwa 70 %, um 1680 etwa 50 %, 1740 etwa 28 %, 1770 immer noch über 14 % der in Deutschland gedruckten Bücher lateinisch waren".[2] Die erste deutschsprachige wissenschaftliche Fachzeitschrift erschien erst 1688 in Leipzig.[3] Ihr Herausgeber war der Sprachkämpfer Thomasius. Latein war neben dem Deutschen offizielle Reichssprache. Es konnte in Rechtsangelegenheiten des Reichs verwandt werden, auch wenn die Reichs- und Landesgesetze seit dem Ausgang des 15. Jahrhunderts auf Deutsch abgefasst wurden. Aus Gründen der Exklusivität beharrten die Juristen auf Latein als juristischer Fachsprache bis ins 18. Jahrhundert hinein. Die Entwicklung einer deutschen Rechtssprache wurde „in ständischem Konservatismus bewusst versäumt", wie von Polenz rügt.

Erst unter dem Einfluss des französischen Aufklärers Montesquieu, der die Allgemeinverständlichkeit des Rechts forderte, bewegten sich die Dinge im Reich, und

---

[1] Peter von Polenz (1994) hat diesen Weg in allen Einzelheiten beschrieben.
[2] Ebenda, S. 20.
[3] Ebenda, S. 32.

gegen den Widerstand der Juristen ordnete der preußische König Friedrich II. an, „daß alle Gesetze für Unsere Staaten und Unterthanen in ihrer eigenen Sprache abgefaßt, genau bestimmt und vollständig gesammelt werden".[4]

Seit dem 17. Jahrhundert wurde das Deutsche durch eine weitere Sprache aus den Wissenschaften herausgehalten: durch das Französische. Frankreich – in seiner Machtpolitik damals nicht gerade zimperlich – übte nicht einmal einen aktiven sprachpolitischen Einfluss aus. Es war vielmehr der in Deutschland herrschende Adel, der sich im Zuge des sogenannten Alamode-Wesens dem Französischen zu- und sich vom Deutschen abwandte. Salons, Briefkultur waren französisch geprägt, auch wissenschaftliche Traktate wurden vermehrt auf Französisch verfasst. Rhetorik und Konversation wurden an den Fürstenhöfen auf Französisch unterrichtet, und Leibniz, eigentlich ein Verfechter des Deutschen als Sprache der Wissenschaften, der meinte, man müsse „unsere Sprache in den Wissenschaften und Hauptmaterien selbst üben, welches das einzige Mittel ist, sie bei den Ausländern in hohen Wert zu bringen"[5], selbst Leibniz verfasste seine Traktate und seine Briefe überwiegend auf Französisch.

„Anders als in Frankreich oder England in dieser Zeit" schrieb von Polenz, „haben wir es in Deutschland mit nicht nur einer, sondern zwei der Bevölkerung fast unverständlichen Kultur- und Oberschichtsprachen zu tun": Lateinisch und Französisch.[6] Dabei ging es den herrschenden Kreisen vor allem darum, einen besonderen Bildungsstatus – und damit auch soziale Privilegien – durch Abgrenzung gegenüber der Volkssprache zu sichern. Die Sprache als Ausweis von Bildung und wissenschaftlicher

---

[4] Ebenda, S. 53.
[5] Ammon (1991), S. 279.
[6] Von Polenz (1994), S. 50.

Fachkenntnis sollte eben gerade nicht allgemein zugänglich sein, sondern exklusiv bleiben.

Erst im 18. Jahrhundert wurden die deutschen Fachsprachen ausgebaut – manche früher, wie die der Naturwissenschaften, manche später, wie die der Rechtswissenschaften, die sich der Kodifikationsbewegung des 18. Jahrhunderts verdankt, einer aus der Aufklärung gespeisten Bewegung zur verständlichen Fassung der Gesetze in der Volkssprache. Die deutschen Wissenschaftssprachen brauchten aber noch bis ins 19. Jahrhundert, um sich durchzusetzen; und selbst noch im Jahr 1830 war ausgerechnet ein Jacob Grimm gezwungen, seine Heidelberger Antrittsvorlesung auf Latein zu halten.[7]

Mit der Ausdifferenzierung der wissenschaftlichen Fächer an den Universitäten ging ein massiver Ausbau deutscher Wissenschaftssprachen einher. Die Verbindung von Gelehrsamkeit, Unternehmertum und Sprachschöpfung machte das Deutsche binnen weniger Jahrzehnte zu einer Weltsprache der Wissenschaft.[8] Lesekenntnisse in Deutsch waren zu Beginn des 20. Jahrhunderts weltweit Voraussetzung für die Fächer Medizin, Pharmazie, Chemie, Biologie, Physik und Mathematik. Die deutsche und damit deutschsprachige Rechtswissenschaft genoss weltweit Anerkennung. Trotz des deutschen Größenwahns und des durch ihn mitverursachten Ersten Weltkriegs konnte sich das Deutsche noch bis in die Zwanzigerjahre des letzten Jahrhunderts an der Spitze der Wissenschaftssprachen halten, wobei es durch die Ächtung von Seiten der Kriegsgegner in Wissenschaftsgesellschaften und Kongressen bereits eine erste entscheidende Schwächung erfuhr,[9] die von der Nazi-Gewaltherrschaft durch Vertreibung und Ermordung führender jüdischer und demo-

---

7 Frühwald (2010), S. 106.
8 Die Formulierung stammt von Ulrich Ammon (2000), S. 59.
9 Siehe Ammon (2000), S. 68 ff.

kratisch gesinnter Wissenschaftler sowie durch politische Instrumentalisierung und Provinzialisierung der Wissenschaften in Deutschland vollendet wurde.

Weitere Schwächungen der deutschen Wissenschaftssprachen kamen in der Nachkriegszeit von außen und innen: „Erst die experimentalistische Wende in den Naturwissenschaften, seit etwa 1953, das heißt seit der Entdeckung und der Beschreibung der Doppelhelix-Struktur des DNA-Moleküls, hat die Verdrängung des Deutschen aus den Naturwissenschaften vollendet", schreibt Wolfgang Frühwald.[10] Der in den Sechziger- und Siebzigerjahren in Deutschland betriebene Rückzug aus der eigenen Sprache in den Naturwissenschaften setzte sich bis hin in die Gesellschaftswissenschaften so massiv fort, dass selbst der nüchterne, über lange Jahre zurückhaltende und streng deskriptive Sprachwissenschaftler Ulrich Ammon, unerschütterlicher Chronist des Rückgangs in Zahlen, Daten und Fakten, schließlich zu der Aussage kam, das Deutsche sei in den Wissenschaften so weit zurückgefallen, dass man einen „Ausbaurückstand" verzeichnen müsse.[11]

Tradition der schweren Verständlichkeit

Man kann beklagen, dass sich heute eine immer stärker englischsprachige Wissenschaft von der deutschen Allgemeinsprache abkoppelt und daher immer weniger verstanden wird. Aber das Verstandenwerden war schon früher kein durchgängig vordringliches Anliegen. Vielmehr gab es in der Geschichte der deutschen Wissenschaftssprachen immer wieder die Neigung, Verständlichkeit, Stil und Rhetorik geringzuschätzen, weil sie vom wahren Gehalt

[10] Frühwald (2010), S. 117.
[11] Ammon (1991), S. 277.

ablenken könnten. „Es trägt Verstand und rechter Sinn mit wenig Kunst sich selber vor", schrieb Goethe, obgleich sein eigener Vortrag alles andere als kunstlos ist. „Nirgendwo sonst grassierte der ‚Jargongreuel' (Karl Kraus) so heftig wie in Deutschland", wettert Norbert Rehmann über „schlechten Stil" in den Wissenschaften. „Die Form, wie sperrig und ungelenkig sie auch sein mochte, spielte, wenn überhaupt, nur eine Nebenrolle. Damit erhielt die große Mehrheit der universitären Stildilettanten nicht nur eine Generalabsolution. Die akademische Verhunzung der Sprache trug in Deutschland sogar das Gütesiegel ernsthafter Wissenschaft."[12] Insbesondere in der Philosophie entstanden schwer verständliche Werke mit eigenen Nomenklaturen, deren Inhalt nur mühselig erschlossen werden kann. „Mit dem Anschluss an Kant bildete sich in Deutschland eine neue Form von ‚Schule', die anders als die alte Schulphilosophie Allgemeinverständlichkeit geradezu verachtete", schreibt Karl-Heinz Göttert.[13] Er ergänzt: „Und bald sollte Schule auf Schule mit gleichem Anspruch folgen, ja Unverständlichkeit zu einem Markenzeichen werden [...]. Was das europäische Ausland so nicht kannte, gehört ebenfalls zum ‚deutschen Sonderweg': eine Sprache der ‚Tiefe', bei der schon Kant selbst die Gefahr des ‚Unsinns' angemahnt hatte."[14] Von Polenz sah in diesem Stilzug eine „antirationalistische Tradition" am Werk.[15]

Als durchaus wohlwollende Stimme von außen monierte Madame de Staël in ihrem 1810 erschienenen Buch *De l'Allemagne* – welches das Deutschlandbild der Franzosen bis heute prägt –, bei den Deutschen gebe es keinen Raum zwischen dem Sublimen und dem Vulgären, son-

[12] Rehmann (2011), S. 14.
[13] Göttert (2010), S. 287.
[14] Ebenda.
[15] Von Polenz (1994), S. 367.

dern nur das eine oder das andere. Und nicht umsonst war der leserabgewandte Stil vieler philosophischer Abhandlungen der damaligen Zeit Auslöser für Scherze über die Länge, Komplexität und Unzugänglichkeit deutscher wissenschaftlicher Werke – ein schädliches Klischee.

Gleichwohl wurde auch geharnischte Kritik an derartigen Abschottungstendenzen geübt, denn die deutsche Wissenschaftssprache verdankte sich ja eigentlich dem Bedürfnis nach besserer Verständlichkeit als Latein und Französisch. Der deutschbaltische Schriftsteller und Sprachbeobachter Carl Gustav Jochmann ließ es in seiner Schrift *Über die Sprache* (1828) denn auch nicht an Deutlichkeit fehlen: „Anderswo erforderte ein philosophisches Werk die angestrengtere Aufmerksamkeit seiner Leser doch nur für den Gegenstand; in Deutschland gibt es fast keines, dessen Verfasser nicht unverschämt genug wäre, ihnen auch noch die Mühe des Erlernens einer neuen Sprache zuzumuten, seiner eigenen nemlich (…).“[16] Zu nennen sind hier auch Schopenhauers Polemiken gegen philosophische Unverständlichkeit. Doch selbstbewusst wird über ein Jahrhundert später der deutsche Philosoph Martin Heidegger sagen: „Das Sichverständlichmachen ist der Selbstmord der Philosophie."[17] So entwickelte sich in den Geisteswissenschaften eine auf die Ergründung des wissenschaftlichen Gegenstands gerichtete Sprachanstrengung, die den Bezug zum Leser für zweitrangig hielt. Die Naturwissenschaften hatten im Zuge ihrer theoretischen Modellierung ohnehin neuartige Terminologien ausgebildet. Sie schufen Fachsprachen, deren Verständnis immer voraussetzungsvoller wurde, nämlich gebunden an in Fachbegriffen zusammengefasstes Wissen.

Um einem möglichen Missverständnis vorzubeugen: Niemand kann erwarten, dass jede wissenschaftliche Er-

---

[16] Von Polenz (1994), S. 367 (unter Verweis auf Jürgen Schiewe).
[17] Heidegger (1989), S. 435.

kenntnis leicht zu verstehen sei, wenn sie nur einfach dargestellt werde. In jedem wissenschaftlichen Fach ist Vorarbeit erforderlich, um seine Gegenstände, Methoden und Darstellungsformen zu erfassen. Die Fachsprachen *müssen* ihren Inhalt präzise fassen. Und doch kann auch ein wissenschaftlicher Fachbeitrag elegant und anschaulich geschrieben werden, sodass erkennbar wird, dass sich der Verfasser nicht nur um die Ergründung seines Gegenstands, sondern auch um die Vermittlung seiner Erkenntnisse bemüht. Hier geht es letztlich um eine Frage der Einstellung: Ist es Verschwendung kostbarer Forscherzeit, neben dem Gegenstand auch den Leser im Blick zu haben? Die Verantwortung für Verständlichkeit liegt beim Autor, nicht beim Leser.

Die Neigung zur Schwerverständlichkeit der Wissenschaften hat sich kurioserweise bis in den Sprachgebrauch der linksorientierten Siebzigerjahre des 20. Jahrhunderts fortgesetzt. Obgleich sie dem Anspruch nach den Kontakt zu allen Schichten suchten, verschanzten sich die linksorientierten Studenten und Wissenschaftler damals hinter einem geschraubten Jargon, der schließlich in Karl Markus Michels *Grundwortschatz des wissenschaftlichen Gesamtarbeiters seit der szientifischen Wende* der Heiterkeit preisgegeben wurde. Das 1979 in dem von Jürgen Habermas herausgegebenen Band *Stichworte zur geistigen Situation der Zeit* erschienene Glossar ist ein sarkastisches Meisterwerk der Sprachkritik, das die Abgehobenheit des linken Wissenschaftsdiskurses geißelt. Viele Vokabeln sind nach wie vor in geistes- und sozialwissenschaftlichen sowie linksgrün orientierten Milieus in Gebrauch: *auf etwas abheben* oder *abstellen* (= auf etwas zielen); *über etwas arbeiten*; *beinhalten*; *sich einbringen*; *hinterfragen* (haben es in den allgemeinen Sprachgebrauch geschafft); *Fragestellung* (statt Frage); *geschuldet sein*; *sich gründen auf*; *Paradigma* (der Begriff aus Thomas Kuhns Buch

Die Struktur wissenschaftlicher Revolutionen ist inzwischen auch im Jargon des Managements angekommen); *ein Stück weit*; *Zielfestlegung* (ebenfalls im Management gebräuchlich); *zwischenzeitlich* (statt *inzwischen*). Bemerkenswert immerhin, dass die Sprachkritik aus dem eigenen Lager kam.

Wissenschaftlichkeit um jeden Preis nachzuweisen, ist das Motiv für umständliche Texte wie jenen, den der Sprachwissenschaftler und Sprachkritiker Uwe Pörksen aufgespießt hat: „Gemäß der vorgegebenen Struktur seiner Sprachfähigkeit und den durch erfahrungsgesicherte Rekurrenz in Lernprozessen stabilisierten Verfahrensnormen realisiert der Sprecher intentionserfüllende syntaktische Matrizen (deren Erfolg wie: Aussage, Frage, Befehl etc. er kennt) als Aktualisierungsrahmen für Nennwertkombinationen."[18]

Das Erlernen eines Jargons gehört zu den unverzichtbaren sprachlichen Initiationsritualen, seine Beherrschung zeichnet den wahren Forscher aus. Ich erinnere mich gut daran, wie wir als Studenten als erstes die Fachbegriffe lernten und dann auch in alltäglichen Gesprächen damit um uns warfen. Es galt, das zu tun, was alle taten: die Zugehörigkeit zu einer Kaste, hier zu jener der Wissenschaftler, durch Unverständlichkeit nach außen und Fachlichkeit nach innen unter Beweis zu stellen. Besonders beliebt, weil schwer verständlich, war bei uns Jung-Philologen der Begriff der *pejorativen Konnotation*. Erst als mir eine resolute ältere Oberschullehrerin in einem Gespräch entgegenhielt, das sei doch nichts anderes als „negativer Beigeschmack", warum wir denn so geschraubt sprächen, setzte ein heilsamer Ernüchterungsprozess ein. Ein ähnliches Erweckungserlebnis hatte ich als Student in Frankreich. Der Eingewöhnungsprozess in den Pari-

---

[18] Pörksen (1994), S. 266.

ser Wissenschaftsbetrieb verlief zu meiner Überraschung nicht über Bekenntnisse zu bestimmten „Schulen" mit ihrem besonderen Vokabular, sondern zunächst über das eiserne Training der Verständlichkeit: Wir lernten als Allererstes in mühevoller Kleinarbeit, kompliziert geschriebene Texte in allgemeinverständliches Französisch zu übertragen, unter strenger Einhaltung einer geringen Wortanzahl. Eine sinnvolle und prägende Übung, zur Nachahmung an deutschen Hochschulen empfohlen! Wer die Folgen umständlicher Sprache einmal selbst ausbaden muss, bringt sprachlicher Klarheit anschließend größeren Respekt entgegen.[19]

Internationalisierung

Die Sorgen der Sprachkritik des 19. und 20. Jahrhunderts um Verständlichkeit der deutschen Wissenschaftssprache braucht man sich allerdings heutzutage kaum mehr zu machen. Gegenwärtig geht es vordringlich um die Frage, bis wann überhaupt noch Wissenschaft in deutscher Sprache betrieben werden wird und ab wann selbst Germanisten überwiegend auf Englisch publizieren. Man kann die Anglisierung der akademischen Fächer in Deutschland so zusammenfassen: Es gibt Fächer, die bereits jetzt vollends auf Englisch als Lehr- und Publikationssprache umgestellt haben, wie die reinen Naturwissenschaften. Es gibt Fächer, in denen das Englische dominiert, aber noch nicht exklusiv verwandt wird, wie die Sozialwissenschaften. Und es gibt Fächer, in denen das Deutsche noch verwandt wird, wie die Philologien.[20] Auf dem Rückzug

---

[19] Der Journalist und Sprachexperte Wolf Schneider hat sich in seinen Büchern als strenger Lehrer der Verständlichkeit große Verdienste errungen.
[20] Skudlik (1988), S. 104; Gauger (2000), S. 23.

ist aber bereits die Linguistik; beispielsweise wird an der Universität Bamberg ein Studiengang Sprachwissenschaft ausschließlich auf Englisch angeboten.

Der Ausstieg aus der deutschen Sprache vollzieht sich rasch und umfassend, vorangetrieben vor allem vom deutschen Wissenschaftsbetrieb selbst. Ulrich Ammon zeichnet folgendes Bild: In den Naturwissenschaften lag schon damals das Deutsche in der wissenschaftlichen Kommunikation weltweit noch bei einem Prozent, in den Sozialwissenschaften bei sieben Prozent. In folgenden geisteswissenschaftlichen Fächern wird noch in nennenswertem Umfang auf Deutsch publiziert und wird Deutsch gelesen: Archäologie, Religionsgeschichte, Klassische Altertumswissenschaft, Kunstgeschichte, Judaistik, Ägyptologie, Indogermanistik, Orientalistik, Slawistik, Philosophie, Musikwissenschaft, Germanistik.[21] Es gibt Hinweise, so Ammon, dass auch in diesen Fächern die internationale Stellung des Deutschen schwindet.[22] In seiner jüngsten, umfassenden Bestandsaufnahme zur Stellung der deutschen Sprache in der Welt kommt Ammon zu alarmierenden Ergebnissen hinsichtlich der deutschen Wissenschaftssprachen. Selbst in den ehemaligen Bastionen-Fächern Geschichte und Philosophie sei Deutsch inzwischen abgeschlagen. Das Deutsche beschränke sich zunehmend auf eine „sprachgemeinschaftsinterne Kommunikation"[23]. Nur in den angewandten Wissenschaften sei das Deutsche wegen des dort unverzichtbaren Praxisbezuges „weniger konsequent" auf Englisch umgestellt.[24]

Welche Sprache(n) die Hochschulen in Forschung und Lehre verwenden, ist nicht vorgeschrieben. Die entscheidend neue Situation ist die freiwillige Anglisierung gan-

---

[21] So Ammon (2011, 2), S. 318.
[22] Ammon (2000), S. 76.
[23] Ammon (2015), S. 603.
[24] Ebenda, S. 569.

zer Studiengänge in Deutschland. Sie verläuft unter dem Begriff „Internationalisierung der Hochschulen". Zum einen wird sie angetrieben durch die mit dem Bologna-Prozess angestrebte Vereinheitlichung des europäischen Hochschulraums. Zum andern besteht die Auffassung, dass Wissenschaft von einer weltweiten Sprache durch mühelose Kommunikation und Schnelligkeit des Austauschs wissenschaftlicher Erkenntnisse profitierte. Schließlich soll die bundesdeutsche Wissenschaftslandschaft begabte junge Menschen aus aller Welt anziehen, ohne dass mangelnde Deutschkenntnisse ein Hindernis sind, denn man will am weltweiten Wettbewerb um kluge Köpfe teilnehmen.

Ausgangspunkt dieser Bestrebungen war ein „Aktionsrahmen" von Politik, Wirtschaft und Wissenschaft aus dem Jahre 2000.[25] Ziel ist die Internationalisierung von Studiengängen. Um andere Sprachen als Englisch geht es dabei allerdings praktisch nicht. Mehrsprachigkeit wäre in der Tat ein auch für die Europa-Idee interessantes Experiment. Aber international heißt in steter Monotonie englisch, also die Einführung englischsprachiger oder überwiegend englischsprachiger Studiengänge. So setzt sich der Deutsche Akademische Austauschdienst in einem Aktionsprogramm das Ziel, „die Zahl der fremdsprachigen Studiengänge an den deutschen Hochschulen mindestens zu verdoppeln."[26] Der Stifterverband für die deutsche Wissenschaft zielt dabei auch auf deutsche Studenten. Es gehe darum, „deutsche Studierende fit zu machen für den internationalen Arbeitsmarkt – sei es durch Auslandssemester, englischsprachige Studiengänge oder internationale Doppelabschlüsse."[27] 1.300 englischsprachige Studiengänge gibt es bereits.[28] Allein in den

[25] Wagener (2012), S. 80.
[26] Ebenda, S. 81.
[27] Stifterverband für die deutsche Wissenschaft, Bericht 12/13.
[28] Mocikat/Dieter (2012), S. 7.

Wirtschaftswissenschaften sind es 200.[29] In nur einem Viertel von ihnen müssen die ausländischen Studenten Deutschkurse belegen.[30] Masterstudenten können diese Studiengänge ohne Kenntnis der deutschen Sprache absolvieren. Stattdessen werden die deutschen Kontaktpersonen der ausländischen Masterstudenten mit Englischkenntnissen ausgerüstet.[31] Kein Wunder, dass 95 Prozent der sogenannten Bildungsausländer nicht das niedrige Sprachniveau B1 erreichen.[32] Wenig erstaunlich ist auch, dass viele ausländische Masterstudenten später in Deutschland nicht vermittelbar sind, weil ihnen die für eine Tätigkeit notwendigen Deutschkenntnisse fehlen, sodass fast die Hälfte wieder weiterwandern will.[33] Statt in die Englischkenntnisse ausländischer Studenten und ihrer Betreuer zu investieren, was einer Förderung der englischen Wissenschaftssprachen mit deutschen Geldern gleichkommt, wäre es wohl eher angemessen, dafür zu sorgen, dass mehr als nur 45 Prozent der ausländischen Masterstudenten regelmäßig Kontakt zu ihren deutschen Kommilitonen haben.[34] Auffällig sind übrigens auch die hohen Abbruchzahlen ausländischer und zugewanderter Studenten: 41 Prozent.

Eine Umfrage unter den Hochschulen über den Anteil der englischen Sprache an Forschung und Lehre zeigt, dass bereits 20 Prozent aller Dissertationen in Deutschland auf Englisch verfasst werden; allein in den Sozialwissenschaften wird der Anteil an englischsprachigen Dissertationen auf 40 bis 50 Prozent geschätzt.[35]

[29] Krämer (2012), S. 5.
[30] Kraus/Mocikat (2008), S. 69.
[31] Ammon (2015), S. 638.
[32] Ebenda, S. 635 f.
[33] Ebenda, S. 637, ferner Angabe des Stifterverbandes für die Deutsche Wissenschaft im Begleitbrief zum Jahresbericht 2015.
[34] Heike Schmoll in der *Frankfurter Allgemeine Zeitung*, 23.7.2015.
[35] Stickel (2012).

Nowhere Island

Eine Verpflichtung zum Erlernen der deutschen Sprache während ihres Aufenthaltes gibt es für Teilnehmer an sogenannten internationalen Studiengängen nicht, ebenso wenig für ausländische Gastwissenschaftler, immerhin 35.000 Personen mit einem Wachstum von 60 Prozent seit 2006.[36] Ulrich Ammon berichtet, dass ihm bei der Einführung der internationalen Studiengänge im Jahr 1999 von Leitern der neuen Studiengänge bedeutet worden sei, das Erlernen des Deutschen sei in ihrem Bereich abwegig und kontraproduktiv. Da ist es folgerichtig, dass über 70 Prozent der Teilnehmer im ganzen Studium noch keinerlei Deutschkenntnisse nachweisen mussten.[37] Es ist kurios: Ein Sprachlehrer berichtet mir, dass er jetzt Englischkurse für ausländische Studenten gibt. Was daran so besonders sei, frage ich ihn. Nun, diese Studenten seien an eine deutsche Universität gekommen, um hier zu studieren. Weil aber ihr Studiengang vollständig auf Englisch stattfinde und ihre Englischkenntnisse nicht ausreichten, rüste die deutsche Universität die Englischkenntnisse der Studenten nach. „Deutsch lernen sie erst einmal nicht, dafür reicht die Zeit nicht", sagt er mir. An einer privaten Hochschule frage ich deutsche Studenten, ob ihre ausländischen Kommilitonen denn auch Deutsch lernen. „Die Hälfte nicht", antworten die Studenten achselzuckend. „Das braucht man hier nicht. Die kommen auch ohne durch."

Zuerst bin ich einfach nur verblüfft. Später kommen mir Fragen: Was werden sie wohl von Deutschland kennenlernen, was werden sie später von ihrem Aufenthalt mit nach Hause nehmen? Viele ausländische Teilnehmer klagen denn auch darüber, dass sie nur ein unzureichendes

[36] Ammon (2015), S. 697.
[37] Ammon (2011), S. 320.

Angebot in Deutsch haben.[38] Welche Bindungen werden sie zu Deutschland entwickeln? 43 Prozent dieser Studienteilnehmer nennen als Zielland für den Beruf ein englischsprachiges Land, und nur 19 Prozent Deutschland selbst.[39] Kein Wunder, denn ihre Chancen auf dem deutschen Arbeitsmarkt dürften begrenzt sein. Allerdings ist das auch keine sehr intelligente „Kundenbindung", um es in der Sprache des Vertriebs zu sagen. Deutsche Universitäten und staatliche Wissenschaftsorganisationen werben im Ausland damit, dass man an deutschen Hochschulen ohne Deutsch studieren könne. Dürfen wir dann noch erwarten, dass die Neuankömmlinge das Deutschlernen für wichtig halten?

Neben den privaten Hochschulen hat nun auch die Technische Universität München (TUM) beschlossen, dass bis zum Jahr 2020 alle Master-Studiengänge auf Englisch umgestellt werden sollen.[40] Sie wird gewiss nicht die einzige öffentliche Hochschule bleiben. Was das für die Attraktivität der deutschen Sprache und des deutschsprachigen Kultur- und Wissenschaftsraums, im Falle der TUM auch für die deutsche Ingenieurskunst, bedeutet, scheint nicht zu interessieren. – Immer mehr ausländische Teilnehmer an internationalen Studiengängen leben schon jetzt „in isolierten internationalen Blasen" auf einem „Nowhere Island", zitiert der frühere Präsident der Deutschen Forschungsgemeinschaft, Wolfgang Frühwald, aus einer Evaluation des Fachbüros für internationales Bildungsmanagement (FiB). „Deutsche Universitäten", so Frühwald, „halten ihre ausländischen Studierenden in solchen Studiengängen wie in einem englischsprachigen Sprachkäfig gefangen, schotten sie ab von allen Möglichkeiten, im täglichen Umgang Deutsch zu üben und

[38] Ammon (2001, 2), S.321.
[39] Ammon (2011, 2), S. 320.
[40] *Süddeutsche Zeitung*, 23.7.2014.

Deutsch zu lernen und verbreiten damit Frustration und Oberflächlichkeit."[41] Offenbar bedauern viele ausländische Studenten und Wissenschaftler, wie wenig Gelegenheit sie zum Deutschlernen haben.[42]

Aber auch deutsche Studenten können sich ihre Wissensbestände immer weniger in ihrer Muttersprache aneignen. Sie müssen sich den Stoff von deutschen Professoren auf Englisch anhören, die es selber oft mehr schlecht als recht können. Seit der wissenschaftlichen „Exzellenzinitiative" der rot-grünen Regierung ist das Englische nun auch über die Naturwissenschaften hinaus in Geistes- und Gesellschaftswissenschaften massiv eingedrungen.[43]

Exzellenz

Der renommierte Kunsthistoriker Horst Bredekamp beschreibt die Auswirkungen dieser Politik am Beispiel eines Antrags auf ein sogenanntes Exzellenzcluster (dabei handelt es sich um große Forschungsvorhaben, die massiv aus Bundesmitteln gefördert werden): „Wir sind im Begriff, einen Excellenzcluster-Antrag zu formulieren, der den Begriff „Gestaltung" im Titel führt. Wir müssen den Antrag auf Englisch vorlegen. Der Begriff der Gestaltung kann nur mit „Design" übersetzt werden. Wir laufen nun unter diesem Begriff, der aber nur einen kleinen Teil dessen ausmacht, was „Gestaltung" meint. Der englische Text hat mit dem Sinn des in Deutsch

---

[41] Frühwald, Wolfgang: Problemaufriss zur Vielsprachigkeit in Europa (der Aktion Gemeinsinn übermittelt am 6.3.2010).
[42] Kraus/Mocikat (2008) zitieren ein entsprechendes Ergebnis einer Umfrage der Alexander-von-Humboldt-Stiftung, S. 71.
[43] Die Anträge mussten bislang in englischer Sprache gestellt werden, damit „internationale" Gutachter bestellt werden konnten.

Gedachten und Formulierten die entscheidende Komponente verloren."[44] Bredekamp beschreibt ferner, wie das traditionell mehrsprachige Fach der Kunstgeschichte einsprachig, also englisch, zugerichtet wird. Gegen den Widerstand bedeutender Kunsthistoriker, die selbstverständlich die Sprachen Deutsch, Französisch, Englisch, Spanisch und Italienisch jedenfalls lesen und verstehen, wenn nicht sprechen können, wird aus angelsächsischen Ländern, insbesondere aus den USA, welche das Erlernen von Fremdsprachen nicht mehr zur Studienvoraussetzung machen, die ausschließliche Verwendung der englischen Sprache betrieben. Damit koppelten sich, so sinngemäß Bredekamp, die amerikanischen Wissenschaftler von der erstklassigen Forschung im deutschsprachigen Raum ab und seien nicht auf dem weltweit geltenden Stand – was sie aber offenbar nicht stört, solange sie ihren Erkenntnisstand durchsetzen können. Und hier fängt die Sache an, politisch zu werden, wenn nämlich sich solche Bevorzugungen des Eigenen in die Auswahl des fachlich für wichtig Gehaltenen übersetzen. So beklagt Bredekamp, dass in den neuen englischsprachigen Handbüchern zur Kunstgeschichte der Dom zu Speyer einfach nicht mehr auftaucht. Er beklagt, dass in einem amerikanischen Buch über die Forschungen zum Vakuum der bedeutende deutsche Wissenschaftler, der die Vakuumtechnik begründete, Otto von Guericke, nicht erwähnt wird. Er berichtet, dass im Aufsatz einer Nachwuchsgruppe im Fach Biologie in der Fachzeitschrift *Nature* „die in den Anmerkungen angegebenen deutschsprachigen Titel gekürzt worden seien". Bredekamps Warnung: „Die Ausblendung alternativer Sprachen ist zugleich ein Angriff auf die Territorien ihrer Kulturgeschichte." Sein Resümee: „Ganze Kontinente der Erinnerung werden gegenwärtig getilgt."

---

[44] Bredekamp (2011), S. 51.

Sprachlich verflochten

Die Geisteswissenschaften sind erheblich stärker auf die Sprache der Kultur angewiesen, aus der sie kommen, als die Naturwissenschaften. Letztere bedienen sich infolge ihrer Mathematisierung überwiegend einer Kunstsprache in Formeln. Naturwissenschaftliche Versuche oder mathematische Berechnungen sind weniger auf die Allgemeinsprache angewiesen, weil sie sich bereits in ihrer Fachsprache davon entfernt haben. Man kann Mathematik daher weniger sprachbezogen betreiben als Philologie oder Philosophie. Umgekehrt bedürfen die Geisteswissenschaften des Bezugs zur Allgemeinsprache: „Wissenschaftliche Arbeiten in den sogenannten Geisteswissenschaften kommen nicht so zustande, dass der Forscher sich zuerst die Ergebnisse denkt und diese dann nur noch bezeichnen und verlautbaren muss. Er schafft mit der Sprache einen völlig aus Sprache bestehenden Gegenstand."[45] Die Sprachwissenschaftlerin Sabine Skudlik hat die Sprachgebundenheit der Geisteswissenschaften so beschrieben: "Gegenstände und Themen der geisteswissenschaftlichen Disziplinen setzen Erfahrungen voraus, die in der natürlichen Sprache ihren Niederschlag gefunden haben. Es sind die Wechselbeziehungen zwischen Kulturgemeinschaft und Sprachgemeinschaft [...], die es unmöglich machen, dass jegliche „Kulturarbeit" von sprachlichen Erfahrungen abstrahiert. Die Geisteswissenschaften, die, ganz allgemein, historische oder gegenwärtige kulturelle Größen zum Gegenstand haben, müssen die sprachliche Gebundenheit dieser kulturellen Größen mit in Betracht ziehen und können dies nur, indem sie sich selbst auf diese sprachliche Bedingtheit einlassen."[46] Eine wissenschaftliche Einheitssprache würde in diesem

---

[45] Greiner (2010).
[46] Skudlik et alii (1988), S. 114.

Verständnis sprachlich gefasste Unterschiede und Nuancen einebnen. Auch wenn der Kölner Germanist Karl-Heinz Göttert schreibt: „Ich möchte einmal ein einziges Beispiel vorgeführt bekommen, aus dem hervorgeht, dass ein englischer und ein deutscher Satz (jenseits stilistisch-ästhetischer Gesichtspunkte) etwas anderes *bedeuten*",[47] bleibt immer noch ein stilistisch-ästhetischer Unterschied, der in den Geisteswissenschaften eine so wichtige Rolle spielt. Göttert hat insoweit recht, als Wissenschaften in ihren Aussagen rational, überprüfbar, also auch übersetzbar sein müssen. Sich als Wissenschaftler auf die Unübersetzbarkeit von Begriffen zu berufen, würde Erstaunen hervorrufen. Wissenschaftliche Fachsprachen oder fachsprachliche Ausdrücke aus den Geisteswissenschaften sind also nicht sprachgebunden im Sinne ihrer Unübersetzbarkeit. Sie sind aber mit den jeweiligen Allgemeinsprachen *verflochten*, deren Gegenstände sie ja behandeln. Sie sind nicht davon abhängig, aber doch darauf bezogen. Und auch dass sie im Prinzip übersetzbar sind, muss und soll nicht bedeuten, dass sie deshalb entbehrlich wären. Wer sich in kulturwissenschaftliche Themen einarbeiten will und dabei nicht nur Originaltexte in anderer Sprache bearbeitet, sondern auch wissenschaftliche Forschung in ebendieser Sprache vorfindet und sich erschließt, hat überdies einen direkteren, genaueren und nuancierteren Einblick, als wenn er dies nur in einer Einheitssprache unternimmt.

Der Präsident der Deutschen Akademie für Sprache und Dichtung, Heinrich Detering, berichtet davon, dass die Konferenzsprache bei Tagungen über den norwegischen Dichter Henrik Ibsen in Norwegen Englisch sei und dass dabei Ibsen selbst auch auf Englisch zitiert werde.[48] Romanisten berichten davon, dass sie angehalten

[47] Göttert (2010) in der *Welt*.
[48] Nach Greiner (2010).

werden, doch auch einige Veranstaltungen in englischer Sprache anzubieten. Da wundert es nicht, wenn ein romanistisches Doktorandenkolloquium an einer deutschen Hochschule auf Englisch abgehalten wird. Sprachwissenschaftliche Kongresse finden zunehmend auf Englisch statt. Der Fachzeitschriftenmarkt folgt diesem Trend.

Vielleicht kann man jeden Gedanken in eine andere Sprache übersetzen, aber nicht jeden Satz und schon gar nicht jedes Wort. Es bleibt eine Übersetzung aus einem anderen sprachlichen System mit seinen eigenen Feinheiten, mit seinen grammatischen Besonderheiten, seinen besonderen Stilebenen. Die wissenschaftliche Behandlung kultureller Gegenstände muss verständlich formuliert, methodisch nachvollziehbar und daher auch übersetzbar sein, aber sie soll doch auch selbst den Ausdrucksreichtum nutzen können, aus dem ihr Gegenstand stammt.

Wenn das Argument, die Übersetzbarkeit einer Sprache in eine andere rechtfertige die Tatsache, dass man nur noch eine Sprache verwendet, stichhaltig wäre, dann brauchte man keine Nationalliteratur mehr. Denn Gedanken, Empfindungen, Überzeugungen sind vermutlich in jede Sprache zu übersetzen. Wer aber übersetzt, weiß um den Reiz und die Last des ständigen Umdenkens von einer Sprachwelt in die andere. Es sind zwei verschiedene Ausdruckssysteme. Gerade deren Besonderheit ist eines der zentralen Themen der Geisteswissenschaften. „Um von der Sprachen- und Kulturvielfalt wirklich profitieren zu können, muss ich Zugang zu diesen anderen Sprach- und Kulturgemeinschaften gewinnen", schreibt Sabine Skudlik als Antwort auf eine Preisfrage der deutschen Akademie für Sprache und Dichtung, ob eine internationale Gemeinsprache auch in den Geisteswissenschaften möglich und wünschenswert wäre. Und sie fügt treffend hinzu: „Wenn es in den Geisteswissenschaften eine einzige etablierte Gemeinsprache gäbe, so hätte diese bereits alle sprachlich und kulturell bedingten Unterschiede aufgesogen und in sich nivelliert."[49] Nationalsprachlich geprägte Fachsprachen der Geisteswissenschaften trifft deshalb auch nicht der Vorwurf der Provinzialisierung. Ihre Gegenstände entstammen verschiedenen Kulturräumen, und es kann deshalb die Bereitschaft erwartet werden, sich mit ihnen auch sprachlich zu befassen. Die immer wieder beschworene Mehrsprachigkeit – hier hat sie ihren Sinn.

Und wenn es bei einer sprachlichen Vereinheitlichung genau darum ginge, die kulturellen Unterschiede selbst zu „clustern", zu evaluieren, planieren? Nicht direkt beabsichtigt, aber doch in der langfristigen Wirkung? „Die Wissenschaft konstituiert ihr Objekt", hat der französische Sozialwissenschaftler und Philosoph Tzvetan Todorov einmal gesagt. Die Wissenschaftssprache ist aber die Form, wie die Wissenschaft „ihr Objekt" beschreibt und damit auch schafft. Wenn nun die Geisteswissenschaften denselben Weg nähmen wie die Naturwissenschaften? Wenn eine immer stärker formalisierte, modellierte und quantifizierende Wissenschaft von den kulturellen Dingen dabei herauskäme? Dann würde auch dieses „Objekt" einer Vereinheitlichung näher rücken, indem es sich selbst wandelte. „Höchste Zeit", würde der eine oder andere sagen. Der Begriff „Kulturwissenschaften" oder auch die herablassende Bezeichnung „Diskussionswissenschaften" deuten auf solche Tendenzen hin.

Eine sprachliche Monokultur wäre für die Geisteswissenschaften das Aus. Sie würde ihnen den Gegenstand ihrer Betrachtung nehmen. Deshalb wiegt die sich anbahnende Vereinheitlichung so schwer. Unzählig sind die Beispiele, die von einem Rückzug des Deutschen auch aus den Geisteswissenschaften zeugen. Dabei kommt es

[49] Skudlik (1988), S. 119.

zu grotesken Situationen. In manchen Exzellenzclustern wird auf Englisch kommuniziert, sobald auch nur ein ausländischer Teilnehmer des Deutschen nicht mächtig ist. „Wir Deutschen sprachen dann alle mehr oder weniger gut Englisch", berichtete mir eine Teilnehmerin eines Clusters im Bereich der Geisteswissenschaften, in dem auf eine Studentin aus Asien Rücksicht genommen wurde. „Allerdings konnten wir ihr Englisch leider nicht verstehen", fügt sie lachend hinzu. Der Schriftsteller Martin Mosebach berichtete mir von der Sitzung einer wissenschaftlichen Arbeitsgruppe zum Thema Barock-Lyrik. Alle Teilnehmer, darunter auch mehrere Ausländer, seien der deutschen Sprache mächtig gewesen. Nicht zuletzt spielte Deutsch beim behandelten Gegenstand eine vordringliche Rolle. Eine Wissenschaftlerin habe aber für Englisch plädiert – und sogleich seien die deutschen Teilnehmer umgeschwenkt. Die Verärgerung der osteuropäischen Experten über diese Wahl habe man in Kauf genommen.

Einem Artikel der *Welt* zufolge berichtet der frühere Vorsitzende des Wissenschaftsrats, Dieter Simon, er habe einmal mit fünf Philosophen über Hegel diskutiert. Weil ein Amerikaner dabei gewesen sei, hätten die Deutschen Englisch gesprochen, „bis uns der Amerikaner bat, ob wir nicht Deutsch reden könnten. Er würde Hegel in dessen Muttersprache einfach besser verstehen."[50]

In die Gemeinsprache verflochten sind aber nicht nur die Geisteswissenschaften, sondern auch die Rechtswissenschaften. Die deutsche Rechtssprache ist aus der Allgemeinsprache entwickelt worden. Rechtswissenschaftliche Fachbegriffe wie Besitz oder Eigentum, Schuldner oder Gläubiger haben einen Doppelcharakter als Fachwort und als allgemeinsprachliches Wort. Der Rechtsbe-

---

[50] Artikel von Thomas Viltzthum in der *Welt*, 1.6.2013.

griff ist eindeutig gefasst, aber in dieser Bedeutung auch für den Sprecher der Allgemeinsprache verständlich und zugänglich. Das war ein Grund für die Ablösung vom Latein. Die Rechtstradition führt dazu, dass längst nicht jeder Fachbegriff aus der deutschen Rechtssprache in eine andere Sprache mit anderer Rechtstradition übersetzbar ist. Insofern sind auch die Rechtswissenschaften nicht einfach zu anglisieren.

Schließlich sind auch die naturwissenschaftlichen Fachsprachen nicht ganz ohne allgemeinsprachlichen Einfluss. Hans Magnus Enzensberger hat in einem Aufsatz über die „Poesie der Wissenschaft" die geradezu literarischen Anleihen der Physik bei der Allgemeinsprache beschrieben. Ich zitiere einige seiner Beispiele: *Schwarze Löcher, Dunkelwolken, Rote Riesen, Weiße Zwerge, Kugelhaufen, Spiralnebel, Wurmlöcher, Weißes Rauschen, aufgewickelte Dimensionen, Quantentunnel, Quantenschaum*. Oder aus der Mathematik: *Wurzeln, Fasern, Keime, Büschel, Garben, Hüllen, Knoten, Schlingen, Schleifen, Fahnen, Flaggen, Ringe, Einsiedler, Monster, Irrfahrten, Fluchtgeraden, Zopfgruppen* ...[51] Der Physiker Carl Friedrich von Weizsäcker hat diesen fruchtbaren Sprachkontakt auf den Punkt gebracht: „Die sogenannte exakte Wissenschaft kann niemals und unter keinen Umständen die Anknüpfung an das, was man die natürliche Sprache oder die Umgangssprache nennt, entbehren."[52]

Diese These wird durch eine ganz gegen den Zeitgeist argumentierende linguistische Arbeit des an der Universität Gießen lehrenden Sprachwissenschaftlers Winfried Thielmann untermauert. Die Verbindung von Fachlichkeit und Sprachen zu Wissenschaftssprachen ist seinen Ergebnissen zufolge mitnichten neutral. Sowohl sprachliche Strukturen der Ausgangssprache als auch überlie-

---

[51] Enzensberger, Hans Magnus, in: Rehrmann, Norbert (2011), 161f.
[52] Zitiert nach Oksaar et alii (1988), S. 111f.

ferte Traditionen des jeweiligen Sprachraums in Stil und Argumentation haben Thielmann zufolge einen tiefergehenden Einfluss auf die Art und Form wissenschaftlicher Darstellung als gemeinhin vermutet, sodass die These von der Sprachunabhängigkeit und grundlegenden Übersetzbarkeit wissenschaftlicher Texte in Frage stünde, sollte Thielmann recht haben. Anhand wissenschaftlicher Artikel im Deutschen und Englischen zeigt Thielmann, dass zum Beispiel englische Einleitungen häufig quasi-dialogisch formuliert werden, unkompliziert und unmittelbar zur Sache kommen, dabei aber wenig argumentativ sind, sondern den Common Sense und die Zugehörigkeit zu einer Gemeinschaft bedienen, sodass „keine Verstehensprobleme zu erwarten" sind.[53] „Wegen der grundsätzlichen Kontraintuitivität wissenschaftlicher Erkenntnis ist dies ein durchaus prekärer Balanceakt" kommentiert Thielmann mahnend diese Art akademischer Rhetorik. Deutsche Einleitungen strebten demgegenüber eine „diskursiv-argumentative Wissensbearbeitung" an, indem sie ein „Musterwissen" aufrufen, aus dem sich die neuen Erkenntnisse ableiten.[54] „Während im Englischen ein Konsens im begrifflichen Wissen immer schon vorausgesetzt ist [...], wird ein solcher Konsens in den nichtlinearen deutschen Texten erst hergestellt [...]."[55] Thielmanns Untersuchungen gehen auch tief in das Verhältnis von Sprachstruktur und Wissenschaft hinein, indem sie den durchaus unterschiedlichen Bedeutungen von *weil* und *because* nachspüren, jenen „Spuren des Denkens"[56], die gerade in der wissenschaftlichen Argumentation von Belang sind. Auch hier herrscht keine Äquivalenz vor, sondern nur Ähnlichkeit. Schließlich geht Thielmann auf

---

[53] Thielmann (2009), S. 81 ff.
[54] Ebenda, S. 87 f.
[55] Ebenda, S. 311.
[56] Ebenda, S. 89.

die sprachtypologischen Unterschiede zwischen Deutsch und Englisch und auf deren Folgen für die Textorganisation ein. Die im Deutschen so leichte Wortbildung durch Ableitung ganzer Wortfelder von einem Verb oder Substantiv ist im Englischen so nicht möglich, weshalb es zu jeweils besonderen Ausdrücken mit „metaphorischer Schlagkraft" neigt.[57]

Thielmann warnt deshalb auch davor, die nationalen Wissenschaftssprachen aufzugeben, zumal diese seiner Analyse nach überhaupt erst durch ihre Emanzipation vom Lateinischen die Innovationskraft der Wissenschaften befördert hätten, sodass der derzeitige Drang zu einer Einheitssprache gerade jene für die Wissenschaften elementare Differenzierungen wieder infrage zu stellen drohe, die die Nationalsprachen und deren muttersprachliche Beherrschung erst zustande gebracht hätten.[58]

Bologna-Jargon

In der Sprache des Hochschulmanagements zeigt sich die Konvergenz von Wirtschaft und Wissenschaft. Ein Zentralinstitut für Lehrerbildung der Humboldt-Universität, also zur Ausbildung von künftigen Lehrern in der Bundesrepublik Deutschland, nennt sich „Professional School of Education (PSE)". Vorbild ist die „School of Education" an der Technischen Universität München. Man will offenbar zu den *Business Schools* aufschließen; es wird in großem Stil umbenannt. Den Anfang machten die Fachhochschulen. Die Bezeichnung *University of Applied Sciences* gab ihnen endlich die Gelegenheit, neben den scheinbar zweitrangigen Begriff *Fachhochschule* die Bezeichnung *University* zu stellen. Einen Schritt weiter

[57] Ebenda, S. 315 f.
[58] Ebenda, S. 21 f.

ging die Fachhochschule Frankfurt. Im Rahmen eines Festakts verabschiedete sie sich vollständig von ihrer deutschen Bezeichnung, um sich künftig *Frankfurt University of Applied Sciences* zu nennen. Zwar strömen seit Jahrzehnten ausländische Studenten nach Deutschland zum angesehenen Fachhochschulstudium mit seiner praktischen Ausrichtung, aber das Selbstvertrauen reicht wieder einmal nicht. Was ist schon eine *Fachhochschule*, wenn man auch *University* sein kann?

Da wollen auch die Akademischen Auslandsämter nicht hintanstehen. Sie sind nun zum *International Office* avanciert. Im Zuge des Bologna-Prozesses wurden Diplom und Magister durch *Bachelor* und *Master* abgelöst. Doktoranden tummeln sich in *Graduate Schools,* anstatt altmodisch an Doktorandenkolloquien teilzunehmen oder gar in „Einsamkeit und Freiheit" (Humboldt) zu forschen. Selbst die Besten unter den Studenten, die den Namen Deutschland-Stipendiaten tragen dürfen, erhalten *lectures* als Begleitprogramm. Für das nicht mehr so lustige Studentenleben sind *Credit Points* und *Workload* entscheidende Größen geworden. Sie lassen an betriebswirtschaftliche Messmethoden denken. Hochschullehrer werden zu *Wissensmanagern*. Sie sind mit *Assessments*, *Rankings*, *Peer Reviews*, Zertifizierungen und *Akkreditierungen* befasst. *Transparenz* und *Effizienz* sind Schlüsselwörter des akademischen Betriebs geworden. Der betriebswirtschaftliche Jargon hat sich auch über das Hochschulwesen gelegt.

Was verloren geht

Nicht dass gegen sorgfältige Planung von Forschung und Lehre etwas einzuwenden wäre. Aber die rasante Ausbreitung des Management-Jargons im Hochschulwesen ist nicht folgenlos. Dass wir in dieser Diskurswelt nicht etwa den Ausstieg aus der Industriegesellschaft hin zur Wissensgesellschaft erleben, sondern die Industrialisierung des Wissens auf Kosten der Bildung, hat Konrad Liessmann beschrieben.[59] Er ruft in Erinnerung, dass Bildung nicht nach Effizienz fragt, sondern nach Erkenntnis. Das Diktat der Mess- und Verwertbarkeit deutet Liessmann als Programmpunkt einer „Gegenaufklärung"[60], die die „Grundlagen unserer europäischen Kultur angreift."[61] Seine These lautet zusammengefasst: Bildung sei als Selbstbildung ein individueller Prozess und nicht standardisiert. Nicht-Standardisierbares werde aber aus den Hochschulen ausgetrieben. Die Ziele der Aufklärung – „Autonomie, Selbstbewusstsein und geistige Durchdringung der Welt"[62] – würden durch Quantifizierung und Vergleichbarkeit ersetzt: durch Instrumente der Vereinheitlichung aus der Welt der Industrie. Dass wir eine Industrialisierung des Wissens und damit die Austreibung der Bildung erleben, ist zwar zunächst eine radikale Formulierung, dann aber doch eine begründete Befürchtung. Die Quantifizierung des Wissens und seine produktförmige Zurichtung als Voraussetzung für weltweite Marktbeziehungen können als Vorbereitungen für eine Ökonomisierung aller Lebensbereiche verstanden werden. Das Vereinheitlichungsdenken erreicht auch die Sprachdiskussion. Denn genau aus dieser Welt stammen die Argumente, die sich gegen die sprachliche Vielfalt richten. Die Denkfigur ist immer dieselbe: Die Globalisierung bietet die Chance zu weltumspannendem direktem Austausch und Wettbewerb. Daraus resultieren größere Freiheit, bessere Produkte für alle und größerer

---

[59] Liessmann (2006) S. 42.
[60] Ebenda, S. 142.
[61] Ebenda, S. 39.
[62] Ebenda, S. 75.

Gewinn. Man erkennt den Wettbewerbsdiskurs der späten Neunzigerjahre.

Was aber geht dabei sprachlich verloren? Die Fähigkeit einer Sprache, wissenschaftliche Erkenntnisse in Worte zu fassen, ist für die Vollständigkeit einer Sprache unerlässlich, gerade in wissenschaftsbasierter Zeit. Denn die wissenschaftlichen Fachsprachen bündeln die Erkenntnisse der Wissenschaften und schaffen damit die Voraussetzungen zur Vermittlung fachlicher Inhalte; außerdem bringen sie diese Erkenntnisse durch ihre Fachbegriffe selbst mit hervor; und schließlich sorgen sie dafür, dass die Allgemeinsprache, die Ausgangspunkt für die Fachsprachen ist, am Nabel der Zeit bleibt. Denn viele wissenschaftliche Fachbegriffe schaffen den Sprung in die Allgemeinsprache. Sie sind Quelle der Weiterentwicklung der Nationalsprachen. Zwischen beiden Sprachebenen gibt es fruchtbare Verbindungen, die derzeit gekappt werden. Aus der Biologie wird berichtet, dass es bereits jetzt nicht einmal mehr einen deutschen Fachwortschatz gebe. „In der Biologie gibt es keine deutsche Wissenschaftssprache", so ein Experte.[63]

Mit der Anglisierung der Wissenschaftssprachen entsteht ein neuartiges Kauderwelsch in den Hochschulen. Der Physiker Peter Költzsch, emeritierter Professor der Technischen Universität Dresden, berichtet von seinen Erfahrungen mit einem deutsch-englischen „Sprachbrei": „Ich erlebe Fachvorträge in meiner Disziplin „Akustik", gehalten von jungen Leuten, die schon im Vortragstitel und dann erst im Vortragstext eine solche Mischung von deutschen Sätzen mit englischen Ausdrücken und englischen Fachabkürzungen verwendeten, dass ich selbst in meinem Fachgebiet kaum noch etwas von den Details des Vortrages verstanden habe." Die Kritik des Professors am

---

[63] Artikel von Thomas Viltzthum in der *Welt*, 1.6.2013

Sprachstil der Vorträge stieß übrigens bei seinem Fach-Auditorium auf „völliges Unverständnis", gepaart mit der Unterstellung „fachlicher Inkompetenz".[64]

Verloren geht schließlich auch die Erinnerung daran, dass es für manchen wissenschaftlichen Gegenstand einmal ein deutsches Wort gegeben hat: „Wer beobachtet, wie ein Experte verzweifelt nach dem muttersprachlichen Wort für jenen Begriff sucht, der ihm nur mehr als englischer Terminus geläufig ist, ahnt, welche Entwicklung sich hier abzeichnet. Zuerst findet man das Wort nicht mehr, dann weiß man nicht mehr, dass es dafür ein deutsches Wort gegeben hat, dann gibt es dieses Wort nicht mehr."[65]

Das schadet nicht nur der Sprache, sondern auch den Wissenschaften. Der Neurobiologe Frank Rösler benennt den Preis der Verwendung einer fremden zweiten Sprache ganz nüchtern so: „Man schätzt den Verlust je nach Fertigkeit auf 10 bis 20 IQ-Punkte."[66] Wissenschaftler, die sich das Englische als Wissenschaftssprache aneignen müssen, verwenden unendlich viel Zeit auf Präsentationen und das Abfassen von Artikeln. Viele fühlen sich auch nach Jahren nicht sicher in der englischsprachigen Kommunikation, können aber das Argumentationsreservoir, das ihnen in ihrer Muttersprache zu Gebot steht, nicht einsetzen.[67] Die absehbare Konsequenz wird sein, dass man von ihnen perfekte Englischkenntnisse verlangt, nicht, dass sie in ihrer Muttersprache vortragen können.

[64] Költzsch (2011), S. 122.
[65] Liessmann (2006), S. 132f.
[66] Rösler (2011), S. 135. Gemeint ist die *Sprach*fertigkeit in der Zweitsprache im Vergleich zur muttersprachlichen Fertigkeit. „Im Mittel ist der Wortschatz schmaler und geringer vernetzt, die Kompetenz ist bei komplizierten grammatischen Konstruktionen eingeschränkt, und der Gebrauch der fremden Sprache ist aufwendiger" (S. 141). Um einem möglichen Missverständnis vorzubeugen: Das heißt mitnichten, dass sich Rösler – ebenso wenig wie ich – gegen das Erlernen einer Fremdsprache ausspricht
[67] Dazu La Madeleine (2007).

Gegenwind und Nachbesserung

Doch es gibt etwas Gegenwind. Im Jahr 2005 bildete sich eine Gruppe von Wissenschaftlern (Arbeitskreis Deutsch als Wissenschaftssprache, ADAWIS), die vor dem ausschließlichen Gebrauch der englischen Sprache innerhalb des deutschen Wissenschaftsbetriebs warnt. Die Muttersprache dürfe nicht leichtfertig aufgegeben werden, andernfalls sei die Weiterentwicklung fächerspezifischer Terminologien nicht mehr möglich. Die Abkopplung der Wissenschaft von der Gesellschaft sei gegenüber dem Steuerzahler nicht verantwortbar. Einige Vorschläge der Wissenschaftler: Vor deutschsprachigem Publikum soll Deutsch gesprochen werden; internationale Kongresse in Deutschland sollen zweisprachig abgehalten werden; die Fachgesellschaften sollen sich um die Weiterentwicklung deutscher Terminologien kümmern; ein europäischer Zitierindex soll entwickelt werden; Lehrveranstaltungen deutschsprachiger Wissenschaftler sollen auf Deutsch abgehalten werden; ausländische Studenten sollen Deutschkenntnisse nachweisen. Unter den Initiatoren sind auch Naturwissenschaftler.

Der Unmut über die hastig vorangetriebene Internationalisierung und über die Unbedenklichkeit, mit der das Deutsche als Wissenschaftssprache geschädigt wird, ist in den Wissenschaftsorganisationen angekommen. In einem *Memorandum zur Förderung des Deutschen als Wissenschaftssprache* aus dem Jahre 2009 bekennt sich der Deutsche Akademische Auslandsdienst (DAAD) dazu, sowohl die Internationalisierung der deutschen Hochschulen voranzutreiben wie auch das Deutsche zu fördern. Die Kompromissformel für beide Ziele lautet: „akademische Mehrsprachigkeit". In internationalen Studiengängen müsse ein studienbegleitender Unterricht in deutscher Sprache „integraler" Bestandteil (allerdings nicht obligatorischer, wie Ammon anmerkt) sein. Deutschsprachige Wissenschaftler werden aus Gründen der „kulturellen Selbstachtung sowie der Höflichkeit" aufgefordert, auf „deutschlandbezogenen Veranstaltungen" mit „deutschsprachigen ausländischen Gästen" Deutsch zu sprechen. (Nur ja sonst nicht, ist man bei so viel Präzisierung versucht hinzuzufügen). Der Erwerb der deutschen Sprache müsse als Zugang zu einem renommierten Wissenschafts- und Kulturstandort erkannt werden können. Ferner bietet der DAAD mehrere Maßnahmen zur Förderung von Deutschkenntnissen ausländischer Wissenschaftler an. Ähnlich äußert sich die Hochschulrektorenkonferenz (HRK) in einem Memorandum vom 22. November 2011 zur *Sprachenpolitik an Hochschulen*. Das Ziel lautet, einerseits Deutsch als Wissenschaftssprache zu erhalten und andererseits „Erwerb und Einsatz anderer Sprachen" zu fördern. Offen wird eingeräumt: „Die Hinwendung zu ausschließlich englischsprachiger Kommunikation in Forschung, Lehre und Lernen geht zu Lasten anderer Sprachen und gefährdet damit die Sprachenvielfalt. Sie konterkariert die Bemühungen der auswärtigen Kulturpolitik, der deutschen Sprache weltweit mehr Ansehen zu verschaffen [...]." Wohl wahr! Hier wird der Widerspruch zwischen Internationalisierung und der Förderung der deutschen Sprache klar formuliert. Die HRK-Empfehlung spricht auch klar die „Wettbewerbsverzerrung" an, die durch „unzureichende Berücksichtigung von nicht-englischsprachigen Veröffentlichungen" entstehe, und mahnt den Aufbau bibliometrischer Instrumente für nicht-englische Publikationen an. Insgesamt lautet die Kompromissformel auch hier „Mehrsprachigkeit". Grundständige Studiengänge (also Bachelor-Niveau) sollten auf Deutsch angeboten werden. Andererseits sollten Hochschullehrer exzellent Englisch beherrschen. Auch das Verwaltungspersonal müsse Grundkenntnisse in Englisch haben. Zu diesem Zweck seien „internationale Mitarbeiterinnen und Mitarbeiter" zu gewinnen.

In den zitierten Papieren ist die Bemühung erkennbar, den Konflikt zwischen Internationalisierung und Deutsch als Wissenschafts- und Verkehrssprache an deutschen Hochschulen zu benennen und Lösungen zu finden, die einerseits die Internationalisierung weiter voranbringen und andererseits dem Deutschen einen gewissen Platz einräumen. Im Ergebnis wird eine internationale, mehrsprachige Universität mit deutschem Zusatz skizziert.

Europäischer würde die Universität nur dann, wenn den großen Sprachen Europas mehr Raum gegeben würde, z. B. deutlich über die erfolgreichen deutsch-französischen Studiengänge hinaus. Das würde eine beherzte europäische Ausrichtung der Hochschulen voraussetzen. Aber wo Mehrsprachigkeit draufsteht, steckt meist englische Einsprachigkeit drin. Der Zug der Hochschulen geht nicht in Richtung einer europäischen Mehrsprachigkeit, sondern in Richtung englischer Einsprachigkeit mit zusätzlicher deutscher Lokalsprache. Ähnliches ist auch in den anderen europäischen Ländern zu erwarten. Sehr europäisch wird die „europäische Hochschullandschaft" dadurch nicht. Es ist abzusehen, dass der Hochschulraum insgesamt auf Englisch umsteigt, mit einer mehr oder weniger starken Beimischung der jeweiligen Nationalsprachen. Dass man im Auslandsstudium selbstverständlich die Landessprache lernen muss, wie das bislang der Fall war, wird so selbstverständlich nicht mehr sein. Berichte über das Sprachenlernen im Rahmen des Erasmus-Stipendiums an ausländischen Hochschulen deuten darauf hin, dass die Auslandsaufenthalte in vielen Fällen nur in Englisch absolviert werden, weil man bequem englischsprachige Seminare besuchen kann. Das war bei der Einführung des Programms so nicht gedacht! Die Wissenschaften sind aber selbst im Begriff, einen weltweiten einsprachigen Sprachraum zu schaffen, unter aktiver Mitwirkung des deutschen Wissenschaftsbetriebs. Auf kulturelle Vielfalt kommt es eben gerade nicht an.

Das mag für die Naturwissenschaften von Vorteil sein. Für die deutsche Sprache und die anderen Sprachen ist es das nicht, auch nicht für die sprachbasierten Fächer. Die wissenschaftlichen Fachsprachen, gerade jene aus den Bereichen Naturwissenschaften und Technik, beliefern wie gesagt die Allgemeinsprache mit neuen Begriffen und bringen sie dadurch auf den neusten Stand. Wenn aber gesellschaftlich wichtige Erkenntnisse, die unser Alltagsleben bestimmen, nicht mehr in der eigenen Sprache ausgedrückt werden können, tritt das ein, was man „Domänenverlust" nennt: Eine Sprache ist dann nicht mehr vollständig einsetzbar; man muss auf andere Begriffe, möglicherweise gar auf andere Sprachen ausweichen. Die Gebrauchseinschränkung einer Sprache macht diese weniger nützlich für die Kommunikation. Domänenverlust ist daher langfristig ein Risiko für Deutsch und auch für die anderen nichtenglischen Sprachen Europas.

Die vorgeschlagenen Maßnahmen allein werden daher Deutsch als Wissenschaftssprache nicht retten. Die Durchsetzung der deutschen Sprache in allen grundständigen Lehrveranstaltungen an deutschen Hochschulen, wie sie die HRK vorschlug, wäre zwar ein echter Fortschritt, zumal dadurch das Deutsche „in allen Disziplinen präsent" bliebe, wie der Germanist Peter Eisenberg zutreffend schreibt.[68] Aber das ist in vielen Fächern und Seminarveranstaltungen schon jetzt nicht mehr der Fall, und es ist zu bezweifeln, dass diese Forderung angesichts der gleichzeitig verlaufenden und proklamierten Internationalisierung der Hochschulen verwirklicht wird. Die Hochschulmanager und die Wissenschaftler haben es

---

[68] Eisenberg (2012), S. 54.

letztlich in der Hand, die Wissenschaft von der Kultur zu trennen oder als Teil der Kultur zu verstehen.

Darüber hinaus wäre es schließlich erforderlich, dass es auch in allen sogenannten internationalen Studiengängen in Deutschland deutschsprachige Lehrveranstaltungen gibt; dass das Erlernen des Deutschen verpflichtend gemacht wird, schon um nicht die Deutschförderung im Ausland zu untergraben; dass, wie Ulrich Ammon vorschlägt, die Terminologie-Entwicklung in Form einer „konsequenten Dublierung" vorangetrieben wird, „sodass jedem englischen Terminus eine deutsche Entsprechung beigefügt wird";[69] dass Lehrbücher für die akademische Ausbildung auch in Deutsch verfasst werden; und dass die Übersetzung wissenschaftlicher Erkenntnisse in ein verständliches Deutsch für den Dialog mit Laien gepflegt wird, damit die Kluft zwischen Wissenschaft und Gesellschaft verringert wird.[70] Harald Weinrich hat daraus eine Maxime gemacht: „Wenn du deine Forschungsergebnisse in englischer Sprache veröffentlichst, so bist du für die Folgeveröffentlichungen in deutscher Sprache – bis hin zu den Gymnasialfächern – mitverantwortlich!"[71]

Doch der Hochschulbetrieb treibt muntere Blüten: Im Gebäude einer Universitätsverwaltung hat man versucht, die Zweisprachigkeit konsequent umzusetzen. Alle Räume tragen eine englische und eine deutsche Bezeichnung. Die Kommunikationsabteilung ist mit „Corporate Communication" und „Corporate Communication" beschriftet. Der Raum für das Direktorium trägt die Bezeichnungen „Board Room" und ... „Board Room". Absurdistan ...

---

[69] Ammon (2000), S. 80.
[70] Sehr zu begrüßen sind Initiativen wie die Bürgeruniversität der Frankfurter Goethe-Universität oder auch Preise für ausgezeichnete Lehre, weil sie die Bemühung um Verständlichkeit und Vermittelbarkeit honorieren, so z.B. der Communicator-Preis des Stifterverbands für die Deutsche Wissenschaft.
[71] Weinrich (1985), S. 58.

Kapitel 5
Im Dienste der Moral – Sprachregulierung

Geschlechtergerechte Sprache: Lehrer/-innen und SuS –
Das Geschlecht neutralisieren: von Studierenden und
Kursteilnehmenden – Das Gott und die Apostelinnen –
Die Sprache regulieren: Die Menschen bevormunden

Dass wir Menschen unsere Wörter selbst bilden, ist Ausdruck unseres Erfindungsreichtums und unserer Freiheit. Unsere Wörter sind allerdings nicht dasselbe wie die Dinge, Gedanken und Gefühle, die wir mit ihnen ausdrücken wollen. Es gibt keinen direkten materiellen Zusammenhang zwischen Wörtern und Sachen. Einer meiner wissenschaftlichen Lehrer, Dietz Bering, sagte uns Studenten im Proseminar Germanistik als Erstes: „Nie hat jemand je einen *Baum* gesehen." Damit meinte er, dass der *Baum* als sprachlicher Ausdruck eine Abstraktion ist. Er umfasst alle Bäume, die wir je gesehen haben in ihrer Gesamtheit. Der Baum also, den wir in der Wirklichkeit als solchen bezeichnen, gehört zu einer inneren Vorstellung, die wir uns machen, wenn wir die Wörter lernen. Es gibt zwischen dem Gegenstand unserer Wahrnehmung und dem Lautkörper, mit dem wir ihn bezeichnen, eine Zwischenwelt. Erst in der Kommunikation mit anderen Menschen lernen wir, was die Wörter vollumfänglich bedeuten und wie wir sie einsetzen müssen. Dabei können sie auch Korrekturen erfahren oder durch Ergänzungen präzisiert werden, so wie der *Baum* zum *Tannenbaum*. Damit wir uns unserer Wörter sicher fühlen, können wir uns über sie austauschen. Wir können nicht nur sprechen; wir können auch darüber sprechen, wie wir sprechen, und über das, was wir tun, wenn wir sprechen. Dass das notwendig ist, zeigen uns die vielen Missverständnisse, die wir ausräumen müssen – aber eben auch können. Wichtig ist hierbei der Gedanke, dass die Wörter nicht gleich den Sachen sind.

Mit unserer Sprachschöpfung bewegen wir uns in einem bestimmten System, dessen Regeln unseren Erfindergeist einhegen: grammatische Regeln, Regeln der Wortbildung, Rechtschreibregeln. Und schließlich stehen wir in einer Tradition: Unsere Sprache ist von vielen Generationen ausgebaut worden. Wir ererben mehrere Millionen Wörter, eine in Jahrhunderten verfestigte Grammatik, Regeln des Sprachgebrauchs, Soziolekte, Dialekte, Fachsprachen, und unmerklich tragen wir selbst zur weiteren Entwicklung unserer Sprache bei. Gewiss nimmt sich jede Zeit das Recht, der Sprache ihren Stempel aufzudrücken. Dabei kommt es immer wieder auch zum Streit darüber, ob der Sprache Gewalt angetan oder ob sie organisch weiterentwickelt wird. Das erleben wir auch gegenwärtig, vor allem dort, wo es um Themen geht, die vielen Menschen wichtig sind: Gerechtigkeit, oder sagen wir genauer: Gleichberechtigung.

Interessanterweise entwickelt sich parallel zum Imponierdeutsch, das die Ökonomisierung vieler Lebensbereiche begleitet und mit hervorbringt, eine Art Moraldeutsch, das die Sprache mit dem Anspruch der Gerechtigkeit konfrontiert. Die dahinterstehende Einstellung ist, dass es über den rechtlichen Schutz vor Beleidigungen hinaus eine gesellschaftliche Ächtung sprachlicher Benachteiligungen geben soll. Die Gesellschaft soll sich reinigen von sprachlichen Formen, die andere Menschen herabzusetzen drohen oder von denen sich Teile der Gesellschaft herabgesetzt fühlen könnten – durch Nichterwähnung, durch interpretierende Nebenbedeutungen oder gar durch abstoßende Schimpfwörter. In der Sprache sollen die Menschen grundsätzlich sensibel, rücksichtsvoll, behutsam, fair und eben gerecht miteinander umgehen. Sprachliche Formen, die dieser Maxime widersprechen, werden daher abgelehnt. Sie sollen durch angemessene Formen ersetzt werden, nötigenfalls durch Zwang. „Neue Grenzen des Sagbaren" werden gezogen.[1]

Es geht also durchaus um Sprachreinigung, nur diesmal in einem sich gesellschaftspolitisch als fortschrittlich verstehenden Diskurs. Diskriminierend ist im Verständnis der gerechten Sprachreinigung die Nichtgleichbehandlung gleichberechtigter Individuen, insbesondere die von Männern und Frauen. Die Vorstellung, dass nicht jede Nichtgleichbehandlung gleich eine Diskriminierung ist, ist diesem Denken fremd. Was nicht exakt gleich ist, erfüllt den Tatbestand der Diskriminierung. Die Sprache soll moralisch einwandfrei sein. Die Moralität der Menschen soll an ihrem Sprachgebrauch erkennbar sein. Nicht nur die gesellschaftlichen Verhältnisse sind zu verändern, sondern auch die Begriffe dafür. Wenn es nötig ist, müssen die Begriffe und die grammatikalischen Formen noch vor den Verhältnissen verändert werden, müssen der zähen Veränderung vorausgehen und das Bewusstsein schaffen, das dann die entsprechende Veränderung einfordert und einlöst. Die Begriffe müssen ebenso gerecht sein wie die zu erreichenden gesellschaftlichen Verhältnisse. Zwischen diesen beiden Welten muss in diesem Verständnis eine direkte Beziehung bestehen.

Dass sich Sprache nicht nur wandelt, sondern auch eine

[1] Formulierung von Andreas Rödder in der *Frankfurter Allgemeinen Zeitung*, 7.7.2014.

Vergangenheit hat, die ihre Daseinsberechtigung auch dann nicht verliert, wenn sie andere Bewusstseinszustände als die gegenwärtigen widerspiegelt, ist in diesem Denken allerhöchstens sekundär, zumal das kulturelle Erbe in puncto Gerechtigkeit eher als problematisch gilt. Zweitrangig ist diesem Denken auch, dass die formalen Regeln der Sprache bei Neuschöpfungen berücksichtigt werden sollte. Drittes Charakteristikum der gerechten Sprachzurichtung: die Sachen entsprechen den Wörtern. So ist es konsequent, wenn das grammatische Geschlecht mit dem biologischen verwechselt wird.[2]

Diese politische Aufladung des grammatischen Geschlechts ist allerdings voller Tücken. Die Artikel verlieren ihre Unschuld und werden nun alle misstrauisch beäugt werden. Die Sprache kommt in die Werkstatt der Gerechtigkeitssemantik. Es ist wie bei allen politischen Zurichtungen der Sprache: Nichts ist zu schräg, wenn es nur die richtige Einstellung erkennen lässt. Die kurze Geschichte der geschlechtergerechten Umarbeitung des Deutschen zeigt, dass die Sprache dabei allerdings recht widerborstig ist. Sie scheint sich gegen die geschlechtliche Aufladung, die sie derzeit bewusst durchlebt, zu sträu-

---

[2] Dass Sexus und Genus in der deutschen Sprache nicht viel miteinander zu tun haben, hat auf kurzweilige Weise Mark Twain in seinem Essay *Die schreckliche deutsche Sprache* gegeißelt (S. 35 ff.). Das umstrittene Sprachphänomen gibt es aber nicht nur im Deutschen. Vielzitiert ist eine Stelle aus Casanovas *Geschichte meines Lebens*. Ein Engländer fordert den elfjährigen Casanova bei einer Tischgesellschaft mit einem alten Distichon heraus: „Discite grammatici cur mascula nomina cunnus / Et cur femineum mentula nomen habet." – „Sagt mir, Grammatiker, warum „cunnus" (weibliche Scham) männlichen Geschlechts, während „mentula" (männliches Glied) weiblich ist." Casanova beantwortet die Frage schriftlich: „Disce quod a domino nomina servus habet." – „Wisse, dass immer der Sklave von seinem Herrn den Namen hat." Der Beifall, den ihm die Gesellschaft zollt, versetzt ihn in einen wahren Glückstaumel; er schreibt, „dass in diesem Augenblick in meinem Herzen die Saat der Liebe zu schriftstellerischem Ruhm zu keimen begann."

ben. Zeichen dafür sind allerhand Komplikationen bei der Ummünzung der Wörter.

Geschlechtergerechte Sprache – Lehrer/-innen und SuS

Begonnen wurde die geschlechtergerechte Sprache mit einer sprachlichen Neuerung: der Mittelinitiale, dem großen I, das zunächst in die Pluralbildung vordrang (*StudentInnen*). Nachteil war allerdings, dass in der gesprochenen Sprache nicht deutlich wurde, dass damit beide Geschlechter gemeint waren. Weil nun der sogenannte männliche Artikel seine eigentlich generische, also geschlechterübergreifende Funktion einzubüßen begann, kam einiges durcheinander. Denn jetzt wurde der männliche Artikel erst richtig *männlich*, das heißt als ausschließlich männlicher im biologischen Sinne wahrgenommen. Der Artikel büßte in *der Amerikaner* oder auch *der Kölner* seine generische Bedeutung ein. Aber was war nun mit der Mittelinitiale? Sollte sie sich an die Stelle der ehemals generischen „männlichen" Form setzen, also *die AmerikanerIn* oder *die KölnerIn*?

Die Mittelinitiale ist nach wie vor ungewöhnlich und der deutschen Rechtschreibung nicht angepasst. Trotzdem hat sie sich verbreitet. Ein Beispiel: Eine Agentur präsentiert einen Internet-Auftritt. Die beiden Herren, die den Vorschlag machen, haben konsequent alle Plurale mit dem Binnen-I gekennzeichnet. So lese ich von *SpenderInnen, StifterInnen, VermögensverwalterInnen, TestamentsvollstreckerInnen, WirtschaftsprüferInnen*. Und so wird es von den beiden Herren in mündlicher Rede auch vorgetragen. Männliche Plurale gibt es da nicht mehr. Ich frage die beiden, ob sich denn der Internet-Auftritt nur an *Adressatinnen* richten soll. Die beiden Herren schauen mich entgeistert an. Ich empfinde etwas wie ein schlechtes Gewissen, als hätte ich etwas Verworfenes gefragt und als stellte ich mich außerhalb des gesellschaftlichen Konsenses. Die Antwort der beiden Herren lautet: „Wir kommen aus dem Kulturbetrieb. Da ist das normal." Ich schwanke zwischen Unglauben und Verunsicherung. Ja ist das jetzt so? Ist das überall so? Mache ich mich der Diskriminierung schuldig, wenn ich anders spreche? Muss die Internet-Seite jetzt so formuliert werden, damit sie noch ankommt? Oder ist das alles völliger Unsinn und eine Kopfgeburt aus einem besonderen politischen Biotop? Wie können wir in zwei so völlig unterschiedlichen Welten leben? Wobei meine Welt mir noch fraglicher erschien, auch eher zum Fragen bereit, während die beiden Herren eine beneidenswerte Selbstverständlichkeit in ihrem – immerhin doch auffälligen – Sprachgebrauch auszeichnete. Nun, normal ist das Binnen-I eben nicht in allen gesellschaftlichen Bereichen. Und so entsteht eine neue sprachliche Dimension: die Verwendung des Plurals wird zu einer ideologischen Aussage.

Wenn die männliche Pluralbildung umgangen werden soll, weil sie nicht als geschlechtsübergreifend akzeptiert wird, so muss man, um in der regulären Deklination zu bleiben, den männlichen und den weiblichen Plural verwenden. So wird es inzwischen in der Sprache der politischen Verwaltung durchgängig praktiziert. Allerdings zeigt sich an den dabei entstehenden Wortungetümen, warum unsere Vorfahren einst die Möglichkeit einer einzigen Pluralform eingeführt hatten. Von *Stuttgarterinnen und Stuttgartern* ist da die Rede, oder von *Hessinnen und Hessen*. Diese Form der Anrede hat nach wie vor etwas Gekünsteltes. Man merkt ihr die Bemühtheit an. Die Umständlichkeit und Länge dieser Anrede mit ihren noch längeren Pluralen führt denn auch dazu, dass die Redner durcheinanderkommen. So hört man immer wieder Anreden wie „liebe Mitarbeiterinnen und Mitarbeiterinnen!" oder auch „liebe Mitarbeiter und Mitarbeiter!". Bei derartigen Längen greift das Prinzip der Sprachökonomie, jene Neigung, die Dinge kürzer, schneller und einfacher zu sagen. Dieses Prinzip, in geschlechtergerechter Korrektheit angewandt, führt beispielsweise zu Abkürzungen. Eine Neuerung von dieser Art sind die *SuS*. Die *SuS* sind die *Schülerinnen und Schüler*. Im schriftlichen Ausdruck versucht man sich sprachökonomisch mit der Form *Lehrer/-innen* zu behelfen, allerdings ist auch sie dem üblichen Schriftbild nicht angepasst und taugt wegen mangelnder Eindeutigkeit auch nicht zur mündlichen Kommunikation. Wie schön, wenn dann *Lehrer/-innen* und *SuS* einen Schulausflug machen.

Deshalb haben Gerechtigkeitssemantiker eine sprachökonomischere Version erfunden. Sie schlagen vor, dass nun die weibliche Form die generische sein, also geschlechterübergreifend verwandt werden soll, während die männliche Form entfallen kann. So sieht die Hochschulverfassung der Universität Leipzig aus dem Jahre 2013 nur noch weibliche Funktionsbezeichnungen für die Professorinnen und Professoren vor. Die Universität Potsdam zieht nach.[3] Mit der angestrebten sprachlichen Gerechtigkeit hat diese Umkehrung nichts mehr zu tun. Es sei denn, man verstünde Gerechtigkeit als eine Art sprachlicher Vergeltung.

Das Geschlecht neutralisieren – von Studierenden und Kursteilnehmenden

In der gegenwärtigen Diskussion um sprachliche Geschlechtergerechtigkeit ist jedoch das Leipziger Kuriosum ohnehin auf dem falschen Pfad. Denn die Karawane zieht in die Richtung der geschlechtsneutralen Sprache. Hier bietet sich das Partizip Präsens als substantivierte Form an, das seit seiner geschlechtergerechten Indienst-

[3] *Der Spiegel*, 13/2014, S. 124.

nahme neue sprachliche Weihen erfährt. Dabei beweist das Deutsche übrigens wieder einmal, dass es erstaunlich geschmeidig ist. Allerdings klingen die neuen Substantive so, als hätte sich ein des Deutschen Unkundiger an die Schaffung eines Neusprechs der verwalteten Welt gemacht: *Studierendenparlament, Studierendenausweis, Studierendenhaus, StudierendensprecherIn* lauten in der Hochschulwelt inzwischen gängige Kreationen. Das hier verwendete Partizip Präsens ist im Deutschen eigentlich ein Zwischenschritt zu einem eigenständigen Substantiv, vergl. *teilnehmen, Teilnehmender* und *Teilnehmer*. In ihrer Bedeutung unterscheiden sich die beiden Formen voneinander. Genau genommen sind nicht alle Studierenden auch Studentinnen und Studenten, und natürlich sind umgekehrt leider nicht alle Studentinnen und Studenten auch Studierende. Denn das Partizip Präsens bezeichnet eine gerade im Vollzug befindliche Tätigkeit – im Unterschied zu der abstrakteren konventionellen Substantivierung. Deshalb trugen bislang *Studentinnen* und *Studenten* eben diese Status-Bezeichnung. Da nun im Universitätsjargon die *Studierenden* nicht nur im Plural eingeführt wurden, sondern auch im Singular, als *die Studierende* und *der Studierende*, stellt sich allerdings die Frage, warum im Singular nicht einfach die Form *die Studentin* und *der Student* belassen wurde.

Inzwischen werden alle möglichen Plurale auf das substantivierte Partizip Präsens geeicht: Schulen sprechen von *Lehrenden*. In Volkshochschulen gibt es *Kursteilnehmende*. Unternehmen laden zum *Mitarbeitendenjahresgespräch*. „Ich freue mich auf die Zusammenarbeit mit Ihren Mitarbeitenden", schreibt ein Geschäftspartner. Aus *Fußgängern* werden *Zu Fuß Gehende*, der *Fahrer* wird zum *Wagenlenkenden*.[4]

---

[4] Ebenda.

Eine andere Art, die Sprache geschlechtlich zu neutralisieren, besteht darin, als Autor einmal die weibliche und ein anderes Mal die männliche Form zu verwenden und damit stets beide zu meinen. Bei dieser Verrenkung ist der Schritt zur Abschaffung der drei definiten Artikel nicht mehr weit. Warum nicht gleich nur den sächlichen Artikel übriglassen und auf diese Weise lästige Zuordnungsprobleme ausräumen? Es gibt wohl bereits derartige Pläne. In Schweden wurden bereits das männliche Pronomen han und das weibliche Pronomen hon durch ein geschlechterunabhängiges neues Pronomen ergänzt, hen.[5]

Kompliziert ist wiederum die Unterstrich-Variante, die deutlich machen soll, dass wir zuallererst Menschen sind, bevor wir Geschlechtern zugehören, dann allerdings bevorzugt dem weiblichen: *Polizist_innen* lautet hier die korrekte Schreibung. Aus der Sicht der „Transgenderidentität" ist aber kurioserweise offenbar auch ein Rückweg zum generischen männlichen Artikel nicht ausgeschlossen. Neulich las ich die Anmerkung einer Autorin über die grammatischen Geschlechter, in welcher sich diese dazu bekannte, nur die männlichen Formen zu verwenden, weil sie rein grammatisch seien. Der Grund: Die weibliche Form bedeute ein Ignorieren von Transgenderidentitäten. Da ist das geschlechtlose grammatische „Geschlecht" aus gesellschaftlich fortschrittlicher Sicht überraschenderweise dann doch wieder die sogar politisch-korrektere Alternative.[6] Einen anderen Weg zur Geschlechtsneutralität nimmt jene Neuerung, die darin besteht, sich nicht mit *Herr* und *Frau* anzusprechen, sondern mit *Mensch*.[7] Eine völlig geschlechtslose Endung schlägt Lann Hornscheidt von der Humboldt-Universität

---

[5] *Frankfurter Allgemeine Zeitung*, 18.4.2015.
[6] www.migazin.de/2013/04/18/amina-der-habitus-problem/
[7] Hier wird dem Ausruf „Mensch Meier!" unversehens eine kulturpolitische Bedeutsamkeit zuteil.

vor. Statt *Professor* oder *Professorin* könnte es schlicht *Professx* heißen. Dass sich diese phonetisch ungewöhnliche Form durchsetzt, ist allerdings wenig wahrscheinlich, auch wenn es bereits in den ersten Hochschulen in Klausuren zu Punkteabzug kommt, wenn Studentinnen oder Studenten nicht die gegenderte Sprache verwenden.[8]

Das Gott und die Apostelinnen

Im Dezember 2012 erregte die damalige Bundesfamilienministerin Kristina Schröder Aufsehen, als sie auf eine Frage zweier *ZEIT*-Journalistinnen, wie sie denn ihrer kleinen Tochter erklären würde, warum es *der Gott* und nicht *die Gott* heiße, antwortete, man könne auch *das Gott* sagen. Gewiss kann man das. Es gibt zwar keine Gewissheit, welchen biologischen Geschlechts Gott ist, allerdings doch, welchen grammatischen Geschlechts. Die Überlieferung spricht von Gott, dem Herrn, Gott, dem Vater. Wer einer Religionsgemeinschaft zugehört, hat gewöhnlich ein positives Verhältnis zur Tradition. Dass die alten Texte nicht wörtlich zu verstehen sind, sondern der Auslegung bedürfen, liegt für uns Heutige auf der Hand. Aber müssen sie deshalb umgeschrieben werden? Oder stehen sie nicht außerhalb der Zeit, und wir *interpretieren* sie nur neu? In den frühen Achtzigerjahren kursierte der Spruch: „Als Gott den Mann schuf, übte sie nur." Das reizte zum Lachen, es war ein gelungener Witz. Doch mit dem Humor ist es vorbei. Vorbei die Zeit, in der man *den lieben Gott einen guten Mann* sein ließ. Nun

---

[8] Studienordnungen mancher Bildungseinrichtungen schreiben die gegenderte Sprache vor. Die *Frankfurter Allgemeine Sonntagszeitung* berichtet von mehreren Hochschulen in Österreich, an denen es zu Punkteabzug kommt, in einem Fall von bis zu 10 Prozent. (Ausgabe vom 30.11.2014).

wird es ernst. Die Gerechtigkeit greift auch ins Metaphysische korrigierend ein. Das Vergangene muss neuzeitlicher Diktion angepasst werden. Bücher müssen umgeschrieben werden, auch die Bibel bleibt nicht verschont. In Anlehnung an die aus den USA stammende Vorstellung von einer inklusiven Sprache – die also sprachliche Zurücksetzungen vermeidet – hat sich im Jahre 2007 eine Gruppe von Wissenschaftlern daran gemacht, die Bibel „in gerechter Sprache" neu zu fassen. Da ist von *Jüngerinnen und Jüngern* die Rede, von *Priesterinnen und Priestern*, von *Hirtinnen und Hirten*, von *Zöllnerinnen und Zöllnern*; der *Heilige Geist* wird als *heilige Geisteskraft* neutralisiert; Adam ist der *Mensch als Mann* oder der *Mann-Mensch*. Die berühmte Stelle aus dem Markus-Evangelium „Du bist mein Sohn, an dem ich Wohlgefallen habe" wird zu „Du bist mein geliebtes Kind, über dich freue ich mich."

Ist das Anliegen berechtigt, die Bibel umzuschreiben, um sie aus heutiger Sicht politisch korrekt zu machen? Das ist, wie meistens, eine Frage der Verhältnismäßigkeit. Die Bibel ist ein historischer Text aus einer bestimmten Zeit. Die Bibelübersetzung Luthers ist ebenfalls ein historischer Text, der über die religiöse Botschaft hinaus ein prägendes und geachtetes Zeugnis deutscher Sprachkunst ist. Die Zeit, in der die Bibel ihre überlieferte Sprachgestalt bekam, war gewiss nicht geschlechtergerecht; das Anliegen einer modernen Deutung der Bibel kann niemandem verwehrt werden. Aber die sprachliche Reinigung selbst von Bezeichnungen, die sich eindeutig nicht auf Frauen bezogen, ist eine Klitterung.

Die Sprache regulieren – die Menschen bevormunden

Hinter allen diesen sprachlichen Modellierungen steht eine Haltung, die zwar moralisch berechtigt erscheint, die aber das gesellschaftliche Leben über die Sprache regulieren will. Es geht um die alte Idee einer Erziehungs- oder, schärfer formuliert, Bevormundungsgesellschaft, in der nichts Falsches, Anrüchiges, Reaktionäres mehr seinen Platz hat; in der nichts Zotiges, Derbes, Verqueres mehr geduldet wird; in der das, was heutigen Ideologien widerspricht, geächtet wird, indem es sprachlich gelöscht wird; in der sogar Zeugnisse vergangener Sprachzustände korrigiert werden müssen, um überhaupt wahrgenommen werden zu dürfen.

Dass die Bürger ohne Ansehen von Herkunft und Geschlecht möglichst gleiche Lebenschancen haben sollen, ist ein demokratisches Anliegen, das die Gesellschaft seit den Siebzigerjahren zu Recht beherzt verfolgt. In der Welt der Tatsachen ist noch einiges zu tun, aber manche Aufregung wird von der jungen Generation als vorgestrig empfunden. Die sprachlichen Verrenkungen, die aus dem akademischen Milieu in die Öffentlichkeit gelangen, zeugen zwar von Engagement für die Sache, aber leider auch von Weltfremdheit und mangelndem Sprachgefühl. Die Weltfremdheit entspringt dabei keiner akademischen Eremitage früheren Zuschnitts mit entsprechender Zurückhaltung in der Öffentlichkeit. Wenn die Welt schon fremd ist, dann ist sie es, die sich anpassen muss. Dass die Wortschöpfungen der Gerechtigkeitssemantiker so technokratisch und gekünstelt klingen, lässt an die Erfindungen aus der Welt der Verwaltung denken, die vor allem richtig sein müssen, und die so klingen, als dürften sie deshalb nicht schön sein.

Die Sprache soll um jeden Preis gerecht sein. Nicht nur wird sie überschätzt, so als könne sie, mit entsprechenden Verboten versehen, den gewünschten Zustand über alle menschlichen Ungleichheiten und Unzulänglichkeiten hinaus herbeizwingen – die Art, wie diese Haltung ins Werk gesetzt wird, führt zudem zu einem Bruch mit der Tradition. Die Sprache soll auch hier Knetmasse politischer Gestaltung sein. Gewiss, wir haben Dolf Sternbergers *Wörterbuch des Unmenschen* noch im Kopf, und der Wille, das Böse, Schlechte und Falsche aus der Sprache herauszutreiben, ist, historisch gesehen, verständlich. Aber er läuft in der aktuellen Form selbst wieder Gefahr, in seiner Verbissenheit und in seiner Selbstgewissheit an der unberechenbaren Vielfalt der äußeren Welt und den damit verbundenen Ausdrucksanforderungen an unsere Sprache vorbeizulaufen und sich zu verrennen. Deshalb haben Versuche, eine korrekte Sprache in einer inkorrekten Welt zu schaffen, immer etwas Sektiererisches. Der sich selbst so bezeichnende „Altlinke" Reinhard Mohr beschreibt auf erfrischende Weise, was ihn an dem aus grünem Milieu kommenden „typischen Politsprech" stört: der „immer noch mächtige moralische Zeigefinger" und die „bürokratisch-professionelle Rechthaberei."[9]

Das Streben nach Gerechtigkeit ist ein hohes Anliegen, aber eines der Politik, nicht der Sprache. Die Ahndung von Beleidigungen unterliegt dem geltenden Recht. Alles andere muss frei sein. Der Vorwurf, dass sich Menschen, die sich dem konstruierten gerechten Sprachgebrauch nicht anschließen, diskriminierend verhalten, zeugt von übertriebener Selbstgewissheit. Wie sagt es Reinhard Mohr? „Fragen, Selbstzweifel, Skepsis – Fehlanzeige. Ein schlechtes Gewissen sollen immer die anderen haben."[10]

---

[9] Mohr (2013), S. 80. Mohr geht dabei nicht ausdrücklich auf die „geschlechtergerechte" Sprache ein, sondern auf grüne Forderungen wie „echte Teilhabe am Leben" oder „für wirklichen Zusammenhalt sorgen, auch mit denen, die ganz am Rand der Gesellschaft stehen."
[10] Ebenda, S. 82.

Unsere Sprache soll das vermitteln können, was wir denken, fühlen und tun. In ihr müssen wir also auch lügen, schimpfen, verunglimpfen, höhnen, loben, rühmen, ausgleichen, beschwichtigen und provozieren können. Soll sie zur Instanz des Jüngsten Gerichts auf Erden werden? Das nähme ihr den Ausdrucksreichtum, den wir ihr in unserem täglichen Leben abverlangen. Die sprachliche Bevormundung stellt das politische Anliegen über die Natur der Sprache. Dieser Geist ist dem der Wissenschaften ähnlich, die ihren Inhalt über die Sprache stellen. Es ist ein instrumentelles Denken, das unserer gewachsenen Sprache keine eigene Berechtigung zuerkennt. Letztlich auch nicht dem bunten Leben: Die vollständige Abwesenheit von Humor ist für das Gerechtigkeitsdeutsch ebenso charakteristisch wie für das Imponierdeutsch und das Wissenschaftsdeutsch. In der Alltagssprache aber geht es unablässig um Brechungen: um Anspielungen, Überzeichnungen, um versteckte Kritik und im besten Falle auch Selbstironie – stets also um kontrollierte Regelverletzungen und nicht um die verkniffene Einforderung von selbst aufgestellten Regeln um jeden Preis. – Dass die Sprachschönheit bei all diesen Erscheinungen überhaupt keine Rolle spielt, versteht sich, denn es geht nur um die richtige Gesinnung.

Kapitel 6
Zwanghafte Zwanglosigkeit – Lockerdeutsch

Abstreifen der Konventionen – Im Per-Du-Center –
Sprachliche Umgangsformen in der Defensive –
Hallo! Haalo! Aber hallo! – Norm unter Verdacht –
Ich sag mal: „Kein Thema!" – Zurück zu Sonja
ins Hauptstadtstudio – Neue Mündlichkeit im
Schriftlichen – Kiezdeutsch gerne, aber für alle?

In ihrer Künstlichkeit sind Imponierdeutsch, Wissenschaftsdeutsch bzw. -englisch und Moraldeutsch für den Sprecher durchaus anstrengend. Ihre leere Abstraktion und ihre spürbare Sprachzurichtung üben eine soziale Kontrolle aus, die der Spontaneität des natürlichen Sprechens entgegensteht. Diesen öden Diskurswelten tritt nun wie eine Art Ventil eine Welt der scheinbaren sprachlichen Lockerheit zur Seite. Als müsste der Energiehaushalt der Sprachgemeinschaft durch Unterforderung auf ein ausgeglichenes Maß gebracht werden, verbreitet sich die Lockerheit in unserer Mitte, eine demonstrative Entspanntheit. Mit allerlei sprachlichen Mitteln wird der disziplinierten, leistungsorientierten Nation zuleibe gerückt und dem Verdacht entgegengewirkt, man könne auch nur in irgendeiner Art elitär sein. Im „Lockerdeutsch" legt der Sprecher alles, was nach Verbindlichkeit und Anstrengung klingt, souverän ab. Die Gleichheit, die er sucht, ist Gleichheit auf niedrigem Niveau: Die gehobene Sprache muss abgestreift werden, damit alle unterschiedslos zueinander kommen können. Die dafür passende Umgebung bietet die Hallogesellschaft. Sie ist als Sammelbegriff für all jene Gelegenheiten zu verstehen, bei denen eine scheinbare Lockerheit mit dem Anstrich der Vertrautheit zelebriert wird.

Die Hallogesellschaft formiert sich vorzugsweise in der Tourismusbranche, im Fernsehen, jedoch zunehmend auch in der beruflichen Kommunikation. Dabei geht es nicht um den harmlosen Smalltalk in Nachbarschaft, Familie oder im privaten Kreis. Hallogesellschaft bedeutet die Übertragung des privaten und persönlichen Registers in *öffentliche Zusammenhänge*, beispielsweise in das Berufsleben und in Fernsehsendungen. Sie bedeutet eine öffentlich zelebrierte Vertraulichkeit, eine zur Schau gestellte Scheinprivatheit. Der Wechsel der Umgebung vom Privaten ins Öffentliche ist für die Hallogesellschaft grundlegend. Denn das leichte, freie Wort verliert auf dem Weg in die Institutionen und in die Öffentlichkeit seine Unschuld: es wird funktionalisiert. Andererseits wird der offizielle, öffentliche Rahmen der neuen Gesprächsumgebung entstellt. In ihm verbreitet sich die Illusion der Direktheit, der Vertrautheit und der Gleichheit: Mit jedem können wir über alles sprechen, jetzt und ohne Umschweife; mit jedem kommen wir in ein vertrauliches Gespräch, sogar in der Öffentlichkeit, wenn wir nur bereit sind, die Dinge nicht zu ernst zu nehmen; mit jedem können wir in lockerer Art reden, denn wir sind ohnehin alle gleich. Aber die Gleichheit hat einen Preis: Die Ausbreitung des Smalltalks in institutionellen und öffentlichen Bereichen ist eine Banalisierung. Denn nur, *wenn letztlich alles gleich ist* und deshalb auch *gleichgültig*, ist die Allgegenwart des Smalltalks überhaupt zu ertragen. Insofern trägt die Hallogesellschaft auf ihre Weise zu jener

Wirkung bei, die auch von den Diskursen der Effizienz und der Gerechtigkeit angestrebt werden: zur Einebnung der Unterschiede auf dem Weg zu einer individualisierten Massengesellschaft[1] mit Teilhabe am Konsum – ob nun aus Gründen der Marktgerechtigkeit (übrigens eine schöne Doppelbedeutung!), der moralischen Gerechtigkeit oder der sprachlichen Zugänglichkeit.

Abstreifen der Konventionen

Das Gespräch als sprachliche Form der Geselligkeit ist seit der Antike immer wieder Gegenstand der Betrachtung gewesen. Man denke an den sokratischen Dialog mit seiner Geburtshelferfunktion für die Erkenntnis oder an die griechischen Symposien. Man denke an die höfische Konversation mit ihren strengen Regeln, deren Ideal Raffinesse und Eleganz waren, nicht aber offene Meinungskundgabe oder der Austausch von Vertraulichkeiten; oder an die Salonkultur, die dem Scharfsinn und der Pointe huldigte. In der Tradition des bürgerlichen 19. Jahrhunderts betont der Philosoph Ludwig Feuerbach die vernunftstiftende Rolle des Gesprächs: „Nur durch Mitteilung, nur aus der Konversation des Menschen mit dem Menschen entspringen die Ideen. Nicht allein, nur selbander kommt man zu den Begriffen, zur Vernunft überhaupt."[2] Immer geht es beim Gespräch um das Heraustreten des Einzelnen aus seiner Individualität und um das Stiften von Geselligkeit, gleichwohl in einem halbwegs geschützten Raum, abseits der Öffentlichkeit. Die Hallogesellschaft aber durchbricht diesen Raum. Was private Gastfreundschaft war, findet nun in nachgestellten Wohnungen oder Wohngemeinschaften im Fernsehen statt. Was familiäres

---

[1] Siehe dazu Wirsching (2012), S. 404 ff.
[2] Zitiert nach Schmölders (1986), S. 9.

Gespräch war, wird in der scheinbaren Vertraulichkeit des *Talks* in die Wohnzimmer der Republik gespült. Die Loslösung der Hallogesellschaft von höfischer und bürgerlicher Form folgt allerdings selbst wieder einem Zwang: dem Zwang zur Zwanglosigkeit.

Im Per-Du-Center

Wie wirkt sich die Hallogesellschaft auf die Haltung zur Sprache aus? Im großen Palaver kann der Mitmensch endlich einmal überflüssige Formen ablegen; so als zeige sich unsere gesellige Natur erst jenseits der lästigen Umgangsformen und Sprachnormen in ihrer wahren Menschenfreundlichkeit und als seien Umgangsformen und Sprachnormen Hindernisse, die das menschliche Zusammenleben und die Verständigung untereinander erschweren. Nicht die Beherrschung der Form führt in dieser Sicht zu Freiheit und Geselligkeit, sondern der Abbau, die Umgehung, die Relativierung der Form. Und so dringt die bemühte Lässigkeit in unserer Gesellschaft vor, die Grundprinzipien der Höflichkeit wie rücksichtsvolle Distanz ablehnend und herablassend gegenübersteht, wenn sie denn überhaupt noch davon weiß.

Grundform der Anrede ist das *Du*. Es ersetzt zum einen das *Man* und ist insoweit übrigens eine durchaus *transgenderfähige* Sprachform. „Wenn de nich weißt, wie de den Turnaround schaffen sollst, kannstes gleich vergessen", meint vertraulich ein mir nicht näher bekannter Herr an einem Messestand. Nicht dass wir uns schon einmal gesehen hätten. Wie soll ich sein *Du* nun deuten? So, dass er mich für besonders vertrauenswürdig hält, also gewissermaßen als indirektes Kompliment? Oder so, dass er mich nicht als Erwachsenen betrachtet, also als Ausdruck von Respektlosigkeit? Oder vielmehr so, wie es wahrscheinlich ist: Der Duzer hat das Gefühl dafür verloren, dass gegenüber Fremden im Deutschen erst einmal das Pronomen *Sie* gilt, im Zweifel *man*.

Daran, dass das Gefühl für die angemessenen sprachlichen Formen für Nähe und Distanz verloren geht, werkelt eine bunte Schar. Die Grünen haben in ihrer Wahlkampagne 2013 gleich die ganze Nation in der zweiten Person Singular angesprochen: „Und du?", lautete die plakative Frage. Ebenso vergeblich versuchte es der sozialdemokratische Kanzlerkandidat mit der inklusiven ersten Person Plural: „Das Wir entscheidet", oder auch die Deutsche Postbank mit der empathiebewegten Formel „Unterm Strich zähl ich". In großen Ferienclubs werden alle, ob Oma, Opa, Eltern oder Kind per *Du* angeredet, es sind „Per-Du-Center". „Du kriegst en grünes Bändchen", eröffnet mir die junge Mitarbeiterin in einer deutschsprachigen Ferienanlage bei der Zuweisung der mir zustehenden Freizeitangebote, während sie nebenbei gelangweilt ihre neusten Mails checkt. „Willste walken, joggen, skaten oder bladen?", fragt mich ein tief gebräunter Muskelprotz, während er mich immerhin eines mitleidigen Blickes würdigt.

Sprachliche Umgangsformen in der Defensive

Wer mag da schon auf dem *Sie* bestehen? Und so breitet sich die pronominale Distanzlosigkeit aus. Ein echter Verlust an Differenzierung, denn die Freiheit besteht ja darin, dass man wählen kann, wen man duzt und wen man siezt. Durch diese Wahl schaffen wir Nähe oder Distanz. Dabei muss auch ein über Jahre beibehaltenes *Sie* eine Nähe durchaus nicht behindern; aber man behält einen Rest an Förmlichkeit bei, vielleicht weil man sich darin sicher und aufgehoben fühlt oder weil man den anderen als interessanten Gesprächspartner schätzt, als Bekannten, womöglich auch als freundschaftlich Bekannten, aber eben nicht als Kumpel. Wir können solche Überlegungen und Strategien des Umgangs sprachlich steuern – aber nur, solange das auch allgemein gilt. Sollte sich das gleichmacherische *Du* durchsetzen, rückte das *Sie* in eine fast schon brüske Distanz: Es würde dann unhöflich wirken, weil es im Kontrast zu einem sich verbreitenden *Du* übertrieben distanziert klingt. Und so steht derjenige, der Unbekannten gegenüber auf dem *Sie* besteht, nun selbst unter Rechtfertigungszwang, denn er wirkt steif, wenn nicht gerade reaktionär. Denn hier besteht jemand auf dem Unterschied: Hier lässt sich jemand nicht auf das Gesetz der Gleichheit ein, und so erhöht sich der Druck, die alte Form fallenzulassen. Dieser Druck gehorcht einem Mechanismus, der sich gegen sprachliche Differenzierungen überhaupt richtet. Er drängt überlieferte Formen in die Defensive. „Das braucht doch heute kein Mensch mehr", sagt mir ein 18-Jähriger zum Unterschied von *anscheinend* und *scheinbar*. „Das hat man vielleicht früher mal so gesagt", fügt er fast schon gnädig hinzu.

Das Ziel dieses Mechanismus ist die Niedrigschwelligkeit. Alles soll allen sogleich zugänglich sein. Sprachliche Hürden – in der 1968er-Zeit mit ihrer alles andere als volksnahen Sprache auch als „elaborierter Sprachcode" verspottet – müssen abgebaut werden. Wie überhaupt Hürden oder auch Barrieren generell von Übel sind. Ein Allgemeinplatz, dem nichts widersteht, denn wer will schon gern Barrieren aufstellen?

Hallo! Haalo! Aber hallo!

So ähnlich wie mit dem *Du* ist es mit dem *Hallo*. Das *Hallo* löst den *Guten Tag* ab, auch den *Guten Morgen* und den *Guten Abend*. Es ist die verallgemeinerte Grußform für alle Tages- und Nachtzeiten – wobei man das *Hallo* übrigens auch anders aussprechen kann, nämlich so, wie man es zum Beispiel im Supermarkt an der Kasse hört: „Haalo." Der Leser erinnert sich bestimmt, dass man vor einigen Jahren nur am Telefon „Hallo" sagte, und ich habe eine gewisse Zeit gebraucht, um den Transfer des Wortes zu einer Grußformel für alle Lebenslagen zu verinnerlichen. Inzwischen hat sich der Gebrauch des Wortes weiterentwickelt. Man kann es nämlich auch zum Ausdruck des Erstaunens, der Empörung und des Protestes verwenden, dann muss man seine Stirn in Falten legen und am Ende die Stimme heben, also: „Hallóo?" Beliebt ist auch die Verwendung von *Hallo* zur Bezeichnung einer Herausforderung, dann allerdings ergänzt um ein steigerndes *aber*: „Aber hallo!" Und so kann man sich einen ganzen modernen Dialog mit *Hallo* vorstellen.

Man nennt das Sprachökonomie. Aber es bedeutet auch den Verlust der differenzierteren Grußformen, wie etwa *Guten Morgen, Guten Tag, Guten Abend* oder gar *Grüß Gott*.

Norm unter Verdacht

Das für unsere Sprache Problematische daran ist, dass die Hallogesellschaft mit ihrem Banalisierungs-Mechanismus die Sprache selbst angreift. Normen sind immer verdächtig. Was differenziert, will möglicherweise ausgrenzen. In einem großen unverbindlichen Geplapper soll hingegen jeder ohne sprachliche Umstände seinen Platz finden. Was soll da eine kontrollierte Ansprache, eine sorgfältige Wortwahl? Im Mittelpunkt steht die Tatsache des Kommunizierens, nicht die Sprache mit ihrem reichen Formeninventar. Sprache ist hier Geräusch, phonische Versicherung des Kontakts (die sogenannte „konative Funktion" der Sprache nach Roman Jakobson). Hier wird lediglich gefragt: „Bist du noch da? Ich bin auch noch da." Mit dieser Selbstvergewisserung einer physischen Präsenz ist es denn auch genug, mehr muss nicht sein. Die scheinbare Mühelosigkeit der Konversation in den Salons setzte einen hohen Bildungsgrad und zugleich die Fähigkeit zum äußerst kontrollierten angemessenen Einsatz der Sprache in Gesellschaft voraus. Die Lockerheit der Hallogesellschaft fußt dagegen auf der Distanz zu Bildungsinhalten und auf einer zur Schau getragenen spontanen Direktheit.

Ich sag mal: „Kein Thema!"

Ein moderner Klassiker sprachlicher Banalisierung im Dienste der Hallogesellschaft ist die Formel „Ich sag mal". Dieser einführende Ausdruck macht gleich klar, was man nicht erwarten darf: Verbindlichkeit. Dass sich der Sprecher dadurch, dass er seine eigene Person als Indiz für Unverbindlichkeit nimmt, geradezu ein Armutszeugnis ausstellt, stört ihn nicht. Im Gegenteil. Denn in der Hallogesellschaft ist eines viel uncooler: der Anspruch auf Verbindlichkeit. Es gilt vielmehr der zurückgelehnte Talk, mit anderen Worten: die Abwesenheit von Inhalten. Entscheidend an der Formel *ich sag mal* ist das Dahinsagen. Man kann ja sowieso nicht wissen, was wahr und was falsch ist, warum also soll man umständliche Beweisführungen bemühen? Argumentieren passt nicht zur Hallogesellschaft mit ihren großen öffentlichen Küchenpalavern beim TV-Kochkurs oder beim Promi-Shopping. Man will auch nicht festgelegt werden auf das, was man gesagt hat, deshalb sagt man es mal, jetzt eben, womöglich „ganz ungeschützt". Und was sagen wir, wenn wir mal etwas sagen? Zum Beispiel: *Kein Thema!* Der Ausruf hat eine zur Hallogesellschaft passende Doppelbedeutung. Denn ein Thema braucht sie ja gerade nicht. Ein echtes Thema wäre ein echtes Anliegen: Da ginge es um etwas, doch es geht ja gerade um nichts. Deshalb die Anwort: *Kein Thema!* Dass der Befragte das kann oder weiß, wonach man ihn fragt, ist ohnehin klar. Andere Fragen beantwortet er gar nicht erst. Wenn es aber nicht anders geht, hat er einen ähnlichen Ausdruck zur Hand: *Keine Ahnung!* Nicht etwa, dass Ahnungslosigkeit in diesem Fall mit Zurückhaltung oder gar Scham eingestanden würde. Im Gegenteil: *Keine Ahnung!* wird durchaus selbstbewusst, oft geradezu triumphierend vorgebracht. Es geht in der Hallogesellschaft darum, dem Bildungskanon selbstbewusst auszuweichen und ihn in der demonstrativen Ahnungslosigkeit des Sprechenden als antiquiert, unnütz und eher peinlich darzustellen. Es ist denn auch der Fragende, nicht der Befragte, der sich durch eine Frage, die ein cooler Mensch heutzutage nicht beantworten können muss, unter Rechtfertigungsdruck setzt. Wer etwas fragt, was die Ebene der Banalität verlässt, begeht in der Hallogesellschaft einen Normverstoß. Er verlässt den Bereich der Lockerheit und Unverbindlichkeit und fordert höchst unpassend Voraussetzungen ein, die nicht jeder erfüllen kann.

Zurück zu Sonja ins Hauptstadtstudio

Im Nachrichtenjournalismus des öffentlich-rechtlichen Rundfunks besteht heftiger Drang nach sprachlicher Innovation im Dienste einer persönlich-kollegialen Lokkerheit. Statt wie früher in namenloser Anonymität die Nachrichten zu verlesen, dürfen die Redakteure sich persönlich in Szene setzen. Der eine Fernsehsprecher kündigt den nächsten gleich auch mit Vornamen und Nachnamen an, gern auch nur mit Vornamen, aber mit *Sie*. Man dankt dem zugeschalteten Korrespondenten, indem man ihn beim Vornamen nennt („Danke, Heinz-Dieter, nach Beirut"), und Heinz-Dieter gibt nicht einfach nach Hamburg oder Mainz zurück, was im Übrigen gar nicht nötig wäre, denn was soll er denn sonst tun, sondern er gibt „zurück zu Sonja ins Hauptstadtstudio", bevor es dann ganz nachbarschaftlich heißt: „Bis morgen, wenn Sie mögen."[3]

Um den Inhalt der Nachrichtenmagazine dem Zuschauer nahezubringen, muss der Satzbau einfach sein. Um zu sagen, dass die Kanzlerin nicht amüsiert war, begnügt man sich nicht mit der linearen Wortstellung „Die Kanzlerin war nicht amüsiert", sondern meint verdeutlichen zu müssen, wer nicht amüsiert war, und sagt: „Die Kanzlerin, sie war nicht amüsiert." Aha, jetzt haben wir verstanden, dass es um die Kanzlerin geht! Oder: „Die Konferenz, sie fand in angespannter Atmosphäre statt." „Der Gesetzesentwurf, er musste erneut verhandelt werden." „Der Schaden für die katholische Kirche, er ist jetzt schon groß."

---

[3] In einem Nachruf auf den verstorbenen früheren Chefredakteur der ARD, Martin Schulze, schreibt die *Frankfurter Allgemeine Zeitung*: „Martin Schulze folgte der Maxime, dass es beim Journalismus auch im Fernsehen zuvörderst um die Nachricht gehe und nicht um deren Überbringer." (25.3.2014).

Neue Mündlichkeit im Schriftlichen

Wir erleben derzeit einen massiven Vorstoß von mündlicher Sprache in die Schriftsprache; mündlicher und schriftlicher Sprachgebrauch ordnen sich neu in ihrem Verhältnis zueinander; Mündliches wird in einem nie gekannten Ausmaß verschriftlicht. Dabei ist noch nie so viel geschrieben worden wie in unserer Zeit. Facebook, Twitter, What's App sowie automatische Diktierprogramme sind technische Neuerungen, die die schriftliche Kommunikation begünstigen. Dieses Schreiben kennt keine verbindlichen Normen mehr. Es dient der Spontaneität, dem schnellstmöglichen Ausdruck eigentlich mündlicher Mitteilungen, ohne durch den Filter des Schriftlichen zu gehen. Am Augenfälligsten wird dies bei bestimmten Gruppensprachen. *Lolst du noch oder rolfst du schon?* ist der Titel eines Buches; daraus zwei Beispiele aus Youtube-Kommentaren[4]: „der typ hat ey alde gesagt. Und is klar das er von sonem schrank erstmal eine geklatscht bekommt oder? Ich mein der hat das auch net grundlos gemacht." „Boa hey! Ich habe fast geweind! Überall gensehaut!" Nun leiten Gruppensprachen nicht gleich den Untergang des Abendlandes ein; Gruppensprachen hat es immer gegeben. Sie haben ihren Sinn in unmittelbarer Verständlichkeit in der eigenen Gruppe und entsprechend eingeschränkter Verständlichkeit nach außen. Aber normgerechter Sprachgebrauch gilt hier nicht.

Daniel Kehlmann hat in seinem Roman *Ruhm* eine weitere Variante der neuen Mündlichkeit im Schriftlichen ins Wort gesetzt. Der Roman enthält neun Geschichten, die über bestimmte Personen lose miteinander verbunden sind. Eine dieser Geschichten erzählt ein Mittdreißiger, der in der Zentrale einer Mobiltelefongesellschaft arbeitet:

---

[4] Grebing/Scheler (2012), S. 149.

„Da muss ich erst ausholen. Sorry und: weiß ja, dass lithuania23 und icu_lop sich wieder über die Länge von diesem Posting lustig machen werden, und natürlich lordoftheflakes, der Troll, wie neulich bei seinem Flaming in movieform, aber kürzer kann ichs nun mal nicht, und wers eilig hat, soll das einfach überspringen. Treffen mit Celebrities? Na aber aufgepasst! Vorausschicken muss ich, dass ich ein riesen Hardcore-Fan von diesem Forum bin. Stahlidee. Normale Typen wie ich und du, die Prominente spotten und davon erzählen: Kalte Sache, toll überlegt, interessant für jeden, und außerdem hat das Kontrollfunktion, damit die wissen, daß sie gescannt werden und sich nicht aufführen können wie was weiß ich. Wollte schon lange hier posten, allein woher der Kontent? Dann aber letztes Wochenende, und gleich voller Container."

Dieser Text ist natürlich selbst eine Kunstform. Er übersetzt sehr getreu die Atmosphäre einer techniknahen modernen Szenensprache, die weit über den berufsspezifischen Jargon von Informatikern hinausgeht. Es mangelt diesem Text nicht an Ausrufen und Gefühlsbezeugungen. Und doch ist er – auch in seiner ganzen Länge – gnadenlos unpersönlich. Die Sprache ist bruchstückhaft, abgehackt, hektisch. In der mündlichen Rede würde sie wohl kaum so markant wirken wie in geschriebener Form. Gerade auf sie kommt es aber hier an.

Mündliches, das massenhaft ins Schriftliche vordringt, kann die Normen der Schriftsprache in Frage stellen und damit die Grenzen zwischen spontanem mündlichen Ausdruck und elaboriertem schriftlichen Sprachgebrauch verwischen. Solange das in bewusster Absicht geschieht, das heißt in Kenntnis der eigentlich bestehenden Unterschiede, also in ironischer Brechung oder künstlerischer Verdichtung, besteht zur Sorge kein Anlass. Denjenigen aber, die keine Registerunterschiede mehr kennen, drohen gesellschaftliche und berufliche Nachteile. Deshalb ist es wichtig, dass unseren jungen Leuten in den Bildungseinrichtungen des Landes die Unterschiede zwischen spontanem Sprechen und Normsprache noch intensiver vermittelt werden, damit sie wissen, bei welchen Gelegenheiten die neuen Formen spontanen Schreibens unpassend sind.

Kiezdeutsch gerne, aber für alle?

Sprachliche Abgrenzungsjargons brauchen eine wirkungsvolle Sprachkultur als Korrektiv – schon allein, damit sie überhaupt Gelegenheit zur Reibung haben. Sie wollen ja gar nicht zur vorherrschenden Sprachform werden. Daran erinnert eine Szene aus einem Band der schweizerischen Vontobel-Stiftung über die „Sprache der Jungen". Die Autorin, Angelika Overath, berichtet, wie einmal ihre Mutter bei einem Besuch eines Freundes gesagt habe: „Das ist mir zu viel Action." Sie habe sich vor ihrem Freund zu Tode geschämt, schreibt Frau Overath. „Mit zwei Silben hatte meine Mutter eine ebenso geheime wie sichere Grenze überschritten".[5] Derartige Überschreitungen sind aber heute an der Tagesordnung. „Einfach nur geil" findet ein führender Politiker das von seiner Partei erzielte Wahlergebnis, „total uncool" findet eine Enddreißigerin mit Erziehungsverantwortung den letzten Tatort, mit „dick gut" bewertet ein jung gebliebener Mittdreißiger sein neues Smartphone, „echt nice" bestätigt seine etwa gleichaltrige Begleiterin. Kaum noch ist es den Jugendlichen möglich, sich der Anbiederung von Seiten der Erwachsenen zu erwehren. Wie sollen sie sich nur wirkungsvoll von ihnen unterscheiden? Und jetzt wird auch noch Zuwandererjugendlichen ihre sprachliche Besonderheit genommen, indem das sogenannte Kiez-

---

[5] Vontobel-Stiftung (2011), S. 75.

deutsch zu einem „neuen Dialekt" aufgewertet und mit professoralen Weihen versehen wird.

Kiezdeutsch ist eine Entdeckung der Sprachwissenschaftlerin Heike Wiese. Es ist eine griffige Bezeichnung für eine Jugendsprache, in der sich das Deutsche mit Einsprengseln aus Zuwanderersprachen mischt. Für denjenigen, der korrektes Deutsch spricht, ist die Fehlerhaftigkeit dieses Jugendslangs sofort erkennbar. So fehlen Präpositionen, etwa bei „Wir gehen Wörlitzer Park" oder „Heute muss isch wieder Solarium gehen"[6] (wobei es schlimmere Verpflichtungen gibt). Das Deutsche gilt als eine stark von Präpositionen mit den zugehörigen Kasus geprägte Sprache. Auf die Präposition zu verzichten bedeutet eine grobe Regelverletzung. Heike Wiese wertet den Verzicht jedoch anders, sie verweist auf eine Analogie zur korrekten Kurzform „Da müssen Sie Jakob-Kaiser-Platz umsteigen". Hierbei handelt es sich jedoch um eine kontextabhängige Sonderform der Verkürzung im öffentlichen Nahverkehr, während die diskutierte Unterdrückung von Präpositionen vielmehr auf türkischen Einfluss zurückzuführen ist. Andere Formen dieses grammatikvermeidenden Slangs werden beschönigend als „grammatische Innovationen" bezeichnet, wie z.B. „Isch frag mein Schwester", „Lassma Kino gehen", „Machst du rote Ampel!" und „Danach ich ruf dich an." Die Autorin sieht darin Parallelen zu deutschen Dialekten, indem sie von der Sprachnorm abweichende dialektale Formen oder auch Formen des gesprochenen Deutsch mit dem Slang der Jugendlichen vergleicht.

Ausgesprochen witzig ist dabei ein belauschtes Gespräch in einem Kaufhaus, bei dem es um den Hut einer Kundin geht. Junge: „Das ist meiner Mutter sein Hut!" Kassiererin: „Meiner Mutter ihr Hut!" (zustim-

---

[6] Wiese (2012), S. 53.

mendes Gemurmel in der Warteschlange).[7] Immerhin kann man in meiner Mutter auch einen Genitiv erkennen, jedenfalls einen Kasus mit gebeugtem Personalpronomen, was in „Isch frag mein Schwester" nicht der Fall ist. Kurzformen wie „Isch mach dich Messer" sind doch nur in der Parallelität von inhaltlicher und sprachlicher Grobheit bemerkenswert. Warum muss man gleich zeigen wollen, „dass es hier nicht um einen Sprachmangel geht, sondern dass wir Zeuge einer faszinierenden neuen Entwicklung in unserer Sprache werden: der Entstehung eines neuen deutschen Dialekts."[8] Abgesehen davon ist Jugendsprache kein Dialekt, weil letzterer regional begrenzt ist, sondern ein Soziolekt. Es ist eins, sich sprachwissenschaftlich mit den Formen eines Jugendslangs zu befassen, etwas anderes ist es, aus dem Gegenstand nun ein für die ganze Sprachgemeinschaft wegweisendes Faszinosum zu machen. Zwischen dem Untergang der Sprachkultur durch Jugendsprachen und ihrer Aufwertung zu einem neuen Dialekt gibt es noch Raum für harmlosere Deutungen. Symptomatisch an der Aufwertung des Kiezdeutsch ist wieder einmal die Umwertung der Norm: Nicht die Einhaltung der Norm und der Hinweis auf zwar jugendgeprägtes, aber doch fehlerhaftes Deutsch – wenn auch vielleicht gewollt fehlerhaftes Deutsch – ist die Aussage, sondern eben gerade umgekehrt: Hier entsteht vermeintlich eine neue Sprache, und indirekt täten wir gut daran, sie rechtzeitig als solche anzuerkennen, weil wir ja sonst das Schlimmste tun, was man tun kann: ausgrenzen.

Jugendsprachen hat es immer gegeben und wird es immer geben. Dass sie sich von der Sprache der Erwachsenen unterscheiden, macht sie aus. Deshalb ist Besorgnis in diesem Falle unberechtigt. Allerdings nützt es der Jugendsprache nicht, wenn man sie mit bester Absicht

[7] Ebenda, S. 52.
[8] Ebenda, S. 9f.

aus der Erwachsenenperspektive kulturell und linguistisch erhöht, denn das will sie gar nicht. Sie will nicht als ausformulierte Sprache anerkannt werden, sondern sie kommt gut damit zurecht, wenn Erwachsene mit Naserümpfen reagieren. Sie legt keinen Wert darauf, als sprachliche Innovation hoffähig gemacht zu werden. Insofern ist es gut gemeint, wenn Frau Wiese sich dafür stark macht, das „Kiezdeutsch" als „systematische sprachliche Weiterentwicklung"[9] in den sprachlichen Olymp zu befördern – in den es überhaupt nicht hineinwill. Ob es hinein soll, darf aber doch gefragt werden. „Ich geh Arzt", oder „lassma Viktoriapark gehen" ist im Kontrast zum Hochdeutschen markant und vielleicht auch witzig, muss aber keine Anregung für eine neue Norm sein. Interessant wäre die weitergehende Frage, ob die 10 Millionen Mitbürger, die zuhause kein Deutsch sprechen, durch die Allgegenwart und Einfachheit des Kiezdeutsch dem Vorbild der Normsprache so weit entrückt werden, dass sie in einer gesellschaftlichen und beruflichen Sackgasse landen.

[9] Wiese (2009), S. 21.

Kapitel 7
Sprachliche Bildung

Deutsch als Bildungsgut – Wie viel Deutsch in der Schule? – Deutsch als Zweitsprache – Eklatante Lücken bei Studienanfängern – Sprachentwicklungsstörungen, eine Zivilisationskrankheit?

Sprachliche Bildung ist das Fundament für die Bildung insgesamt. Schüler in unserem Land sollen das Deutsche als Bildungssprache im Schulunterricht lernen. In der Schule sollen die sprachlichen Grundlagen gelegt werden. Diese Grundlagen sind entscheidend für das Erschließen weiterer Bildungsinhalte – deshalb der Begriff Bildungssprache. Die Bildungssprache unterscheidet sich vom Alltagsdeutsch durch Sprachrichtigkeit und den Grad ihres Ausbaus, durch ihre „Elaboriertheit". Sätze werden ausformuliert und nach ihrem kommunikativen Ziel variiert. Indirekte Rede im Konjunktiv I wird trainiert (er sagte, sie *müsse* die Arbeit rechtzeitig abgeben). Die verschiedenen Nebensätze stehen auf dem Programm (mit Konjunktionen wie *als, während, wenn, wenngleich, obwohl*), einschließlich Verbendstellung (weil die Schule es verlangt). Im Bedingungssatz wird der Konjunktiv II eingeübt (wenn er *käme*), auch in seinen starken Verbformen. Unpersönliche Passivkonstruktionen sind in Sachtexten, insbesondere in den Naturwissenschaften, üblich (Die Regel *wird eingehalten*). Ein über den Alltagsbedarf hinausgehender Wortschatz wird an literarischen Texten erworben. Textgliederung, Argumentation und rhetorische Figuren stehen auf dem Programm der langjährigen sprachlichen Schulbildung. Bildungsdeutsch ist normgerechtes Deutsch. Beurteilt wird immer auch die Sprachrichtigkeit: Stimmen die grammatischen Formen? Treffen die Wörter die Sache? Ist der Text verständlich? Ist auch die Zeichensetzung regelgerecht? Und ist der Stil angemessen? Die Vermittlung der Bildungssprache Deutsch ist letztlich eine Aufgabe aller Fächer, nicht nur des Deutschunterrichts. Wie wichtig ein „sprachsensibler Unterricht" insgesamt ist, wird zunehmend erkannt, auch wenn bisher von angehenden Lehrern nur an wenigen Hochschulen ein Grundmodul Deutsch verlangt wird.[1]

Seit es öffentliche Schulen gibt, haben sie den Auftrag, eine gehobene Form der Landessprache einzuüben: nämlich die in den Grammatiken und Wörterbüchern kodifizierten Sprachformen zu vermitteln, für die Angemessenheit der verschiedenen Stilebenen zu sensibilisieren und den Erfolg der Vermittlung zu überprüfen. Dazu kommt heute die angemessene Anwendung der Sprache in Erörterungen, Debatten, Präsentationen und ihre Analyse in Interpretationen. Ziel ist, die Schüler zu befähigen, ihren eigenen Bildungsweg zu gehen und zugleich am Gemeinwesen teilzuhaben. Begleitend haben die Elternhäuser die Aufgabe, nach bestem Wissen und Gewissen den Sprachschatz an die folgende Generation weiterzugeben. Nicht nur „Das tut man nicht!" lautet eine korrigierende Ansage, sondern auch „Das sagt man nicht!" oder „Das ist kein korrektes Deutsch!". In Elternhäusern soll das Lesen eingeübt werden, sollen Erzählungen, Anekdo-

---

[1] Siehe die Studie des Mercator-Instituts für Sprachförderung und Deutsch als Zweitsprache „Sprachförderung und Deutsch als Zweitsprache an deutschen Schulen: Was leistet die Lehrerbildung?" (2014).

ten, Gespräche und Debatten das Sprachgefühl und das Sprachwissen erweitern und festigen. Als Vorbilder sollen die Eltern ihren Kindern eine sprachliche Grundlage mitgeben und das schulische Bildungsdeutsch festigen helfen. Auf diese Weise soll den Kindern und Jugendlichen ein differenzierter Sprachgebrauch nahegebracht werden: angemessener Ausdruck, sowohl im spontanen Gespräch als auch im ausformulierten geschriebenen Text.

Deutsch als Bildungsgut

Wie ist es nun aber um das Deutsche als Bildungssprache bestellt? Wenden wir uns den Rechtschreibkenntnissen zu: Der Frankfurter Sprachwissenschaftler Günther Thomé berichtet über eine Studie, bei der 8.000 Neuntklässler ein Diktat mit 68 Wörtern geschrieben hätten. Thomé: „Die Schüler haben im Durchschnitt 16 Fehler gemacht […]. In den 1970er Jahren hätte man 50 oder sogar 60 Prozent dieser Kinder als „rechtschreibschwach" eingestuft. Solche Ergebnisse bekam man eigentlich in allen Untersuchungen der vergangenen Jahre."[2] Der Germanistik-Professor Wolfgang Steinig kam bei einer Langzeitstudie zu ähnlichen Ergebnissen. Bei der schriftlichen Nacherzählung eines zweiminütigen Films machten die Schüler in den 1970er Jahren bei hundert Wörtern im Durchschnitt sieben Fehler. In einem Test aus dem Jahre 2003 lag der Mittelwert schon bei 12 Fehlern. Doch 2012 wurde auch dieser Wert noch übertroffen. Nun machten die Kinder im Durchschnitt 17 Fehler.[3] Jüngste Erhebungen aus Mecklenburg-Vorpommern zeigen, dass dort 37,5 Prozent der Grundschüler nicht den Mindest-

---

[2] Thomé, Günther, in: *Psychologie heute*, Februar 2013, S. 60.
[3] Schneider/Betzel (2014), S. 362. Siehe auch den lesenswerten *SPIEGEL*-Titel „Die Rechtschreibkatastrofe", Nr. 25/17.6.13.

standard erreichen, weitere 25,9 Prozent erreichen gerade noch den Mindeststandard.[4] Auf den Zuwandereranteil wird man es im Nordosten der Republik nicht zurückführen können ...

Auch wenn die Schüler der Studie von Wolfgang Steinig im Jahr 2012 immerhin einen größeren Wortschatz aufwiesen als ihre Vorgänger, bleibt doch ein beunruhigendes Fazit: „Die Fähigkeit der Schüler, Texte orthografisch korrekt und grammatikalisch normgerecht zu schreiben, hat im Durchschnitt stark abgenommen."[5] Veränderungen gegenüber früheren Zeitabschnitten waren übrigens auch in der Textgestaltung zu sehen. Manche Texte hatten mit dem Inhalt des Films kaum etwas zu tun, es gab auch schlichte Einworttexte des Inhalts, der Film sei blöd. Die Autoren der Untersuchung kommen zu dem Schluss, dass der Anspruch an Schüler, einen Text nach einem vorgegebenen Impuls zu produzieren, für einige Kinder keine Geltung mehr hat. „Die Situation Unterricht", heißt es in einem tristen Fazit, „garantiert offenbar nicht mehr automatisch, dass [...] die normativen Erwartungen an Textsorten, die im Deutschunterricht produziert werden, erfüllt werden."

Beunruhigende Anzeichen einer abnehmenden Beherrschung der Rechtschreibung gibt es schon länger. Die Psychologinnen Claudia Zerahn-Hartung und Ute Pfüller wiesen schon Ende der 1990er Jahre nach, dass sich die Rechtschreibleistung der Deutschen verschlechterte. Zwischen 1968 und 1998 hatte sich die durchschnittliche Fehlerzahl in einem von Gymnasiasten, Berufsschülern und Studenten geschriebenen Testdiktat verdoppelt. Die *Frankfurter Allgemeine Zeitung* fasste die Ergebnisse damals wie folgt zusammen: „Im Jahr 1968 hätten fünf

---

[4] *Frankfurter Allgemeine Zeitung*, 24.2.2015.
[5] Wolfgang Krischke in *DIE ZEIT*, „Wenn Freiheit überfordert", 6. Mai 2013, Nr. 21.

Prozent der untersuchten jungen Erwachsenen die Note „ungenügend" bekommen. Bei gleichem Maßstab erhielten heute 39,1 Prozent aller untersuchten Personen diese Zensur. Zählt man die 9,1 Prozent mit „mangelhaft" bewerteten Diktate hinzu, hat nach dieser Studie jeder zweite Deutsche Rechtschreibfähigkeiten, die mit „nicht ausreichend" bewertet werden müssten."[6]

Als Mitverursacher dieser Entwicklung gilt die Methode des Schweizer Pädagogen Jürgen Reichen. Dessen Grundidee ist, dass Kinder die Rechtschreibung quasi selbst entdecken und sich nach ihren eigenen Interessengebieten erschließen sollen. Am Anfang steht das „Schreiben wie man spricht", das auch zum „Lesen durch Schreiben" führen soll. Korrekturen am Lautschreiben sollen zunächst möglichst unterbleiben, auch Eltern sollen sich berichtigender Kommentare enthalten. Zwar führt die Methode dazu, dass Kinder früh drauflosschreiben. Die Texte sind aber sehr fehlerhaft, und erst in der dritten Klasse wird korrigiert. Dann aber haben sich schon viele Fehler verfestigt. Inzwischen ist die klassische Methode des Übens mittels einer Fibel wieder en vogue.

Die Zeitschrift *Der Spiegel* ging den inzwischen erwachsen gewordenen Absolventen der libertären Schreibmethode nach und berichtete von einer Studie der Universität Duisburg, die die allgemeinen Sprach- und Rechtschreibkenntnisse von 2900 Lehramtsstudenten aus der Generation der „Rechtschreibanarchisten" prüfte. Das Ergebnis: „Dabei erwies sich jeder fünfte angehende Lehrer als stark oder sehr stark förderbedürftig".[7]

In der Oberstufe der Gymnasien wird die Beherrschung der Rechtschreibung vorausgesetzt, aber Übungszeiten sind dafür nicht mehr vorgesehen, wohl aber Punktab-

---

[6] „Doppelt so viele Fehler wie vor dreißig Jahren". *Frankfurter Allgemeine Zeitung*, 6. April 1998.
[7] *DER SPIEGEL*, 48/2013, S. 135.

zug bei mangelnder Rechtschreibung. Die Vermittlung der Rechtschreibung braucht aber mehr Zeit, als in den Lehrplänen vorgesehen. „Ich kann es überhaupt nicht verstehen, wenn in der Mittel- und Oberstufe Grammatik kaum und Orthographie gar nicht mehr unterrichtet werden", moniert daher der Rechtschreibexperte Günther Thomé.[8] Ein erfahrener Deutschlehrer an einem Frankfurter Gymnasium sagt mir, man mache sich etwas vor, wenn man meine, dass die Schüler in der Oberstufe Deutsch beherrschten und man nur noch Literatur unterrichten müsse. Man müsse heute vielmehr bis zum Abitur auch Grammatik und Wortschatz unterrichten, um die Grundlage der Sprachbildung zu festigen.

Die Vermittlung der Rechtschreibung bleibt eine schwierige Aufgabe. Die LEO-Studie von 2011 befasst sich mit den Rechtschreibkenntnissen der gesamten deutschen Bevölkerung. Das Ergebnis ist ernüchternd: 14,5 Prozent der Menschen im Alter von 18 bis 64 Jahren können trotz eines gebräuchlichen Wortschatzes nur stark fehlerhaft schreiben.

Ob es für die Sprachbeherrschung hilfreich ist, nun auch noch die fließende Schreibschrift durch eine „Grundschrift" mit Druckbuchstaben abzuschaffen, darf bezweifelt werden, denn es spricht vieles dafür, dass gerade der Fluss der verbundenen Schrift bei der Übertragung der Gedanken in die Schriftsprache der Druckschrift überlegen ist, die ja zu immer neuem Ansetzen zwingt. Noch liegen dazu keine verlässlichen Aussagen vor. Dass aber die Entscheidung über die zu unterrichtende Schrift den Schulen überlassen bleibt, anstatt durch die politisch Verantwortlichen auf der Grundlage einer wissenschaftlichen Auswertung verbindlich und für ganz Deutschland beschlossen zu werden, wirft kein gutes Licht auf die Bildungspolitik.

---

[8] *Frankfurter Allgemeine Zeitung*, 15.4.2014.

Die Lesefähigkeiten deutscher Schüler werden seit Beginn der PISA-Studien im Jahr 2001 immer wieder diskutiert. Die weit unterdurchschnittliche Leseleistung in der ersten PISA-Studie schreckte die Öffentlichkeit auf. Studien belegen, dass sich als Folge vermehrter Anstrengungen die Leseleistung verbessert habe. Das ist nicht zuletzt ein Erfolg der Stiftung Lesen, die das Thema wieder in die Elternhäuser und in das Alltagsleben bringt. So liegen die deutschen Schüler derzeit wenigstens im Durchschnitt der OECD-Länder, und der Anteil der schwachen Leser ist gesunken. Dennoch sind 14,5 Prozent sehr schwach abschneidende deutsche Schüler im Bereich Lesen (PISA-Studie 2012) kein gutes Ergebnis. Die Stiftung Lesen kommt in einer „Empfehlung für bessere Bildung" vom Sommer 2013 zu dem Ergebnis, dass „bundesweit 7,5 Millionen Erwachsene im Alter von 18 bis 64 Jahren nicht in der Lage (sind), Texte richtig zu verstehen und richtig zu schreiben." Die Stiftung zitiert einen Ländervergleich aus dem Jahr 2011, aus dem hervorgeht, dass immer noch 12 Prozent der deutschen Grundschüler nicht die Mindeststandards im Lesen erfüllen und 33 Prozent nicht die Regelstandards.[9]

Wie viel Deutsch in der Schule?

Da ist es interessant, einmal nach der Anzahl der Deutschstunden zu fragen. Der frühere Direktor des Instituts für Deutsche Sprache, Gerhard Stickel, hat das in einer im Jahr 2012 erschienenen Studie getan. Er kommt zu dem Ergebnis, dass der Umfang des Deutschunterrichts, der über das Elternhaus hinaus Garant der deutschen Sprachkenntnisse sein muss, sehr unterschiedlich ausfällt:

---

[9] Stiftung Lesen (2013): Lesen in Deutschland – politische und programmatische Empfehlungen für bessere Bildung.

„Erkennbar ist", schreibt Stickel, „dass der Umfang des Deutschunterrichts mit den Klassenjahrgängen durchweg abnimmt, von 5 bis 7 Wochenstunden in den vier Grundschuljahren bis zu einem Minimum von nur zwei Wochenstunden in den folgenden Klassen in den Schulen einzelner Bundesländer."[10] Den Rekord in der Kürzung der Deutschstunden hält demnach das Bundesland Mecklenburg-Vorpommern: Noch zwei Unterrichtsstunden in Deutsch werden ab der siebten Klasse angeboten – und offenbar für ausreichend gehalten. Dass in den Teilzeit-Berufsschulen und Berufsfachschulen noch eine Deutschstunde pro Woche gegeben[11] werden muss, kann da nicht mehr erstaunen.

Andere europäische Länder legen mehr Wert auf die Vermittlung der Landessprache. In einem Vergleich der Stundenausstattung in den Klassen eins bis zehn schneidet Deutschland mit sechzehn Prozent schlecht ab. In Polen macht die Stundenzahl zweiundzwanzig Prozent aus, in Schweden vierundzwanzig und in Frankreich sechsundzwanzig.[12]

Aber ist denn nicht durch die Lehrpläne gesichert, dass orthografische, grammatische und stilistische Kenntnisse in den Schulen vermittelt werden, und zwar mehrfach in der Bildungsbiografie? Wenn man die Untersuchung des schulischen Grammatikunterrichts von Jakob Ossner[13] zu Rate zieht, stellt sich Ernüchterung ein. Denn das Unterrichten einer Sprachnorm wird teils sogar in den Lehrplänen selbst kritisch gesehen, weil der Bildungssprache im Sinne eines herrschaftsfreien Diskurses Misstrauen entgegengebracht wird. Folgendermaßen formuliert ein Lehrplan das Bildungsziel des Sprachun-

---

[10] Stickel, Gerhard (2012), S. 263.
[11] Ebenda.
[12] Kraus/Mocikat (2008), S. 67.
[13] Ossner, Jakob (2001).

terrichts der Mittelstufe: „Normerwarten einzuschätzen, zu erfüllen, bzw. zurückzuweisen, sich der Veränderbarkeit von Normen und Konventionen bewusst zu sein und Veränderungen zu nutzen."[14] Grundlage dieses Verständnisses von Sprachunterricht sind Überlegungen zu einem „emanzipatorischen Sprachunterricht" aus den 70er Jahren des letzten Jahrhunderts im Rahmen einer sogenannten „kommunikativen Wende". Sie finden sich in vielen Empfehlungen der aktuellen Deutsch-Didaktik, die an Hochschulen unterrichtet wird. Im Kern wird der klassische Grammatikunterricht durch ein Nachdenken über Sprache, durch Sprachkritik, oder anders gesagt, durch kritisches Sprachbewusstsein nicht ergänzt, sondern abgelöst. „Sprachreflexionskompetenz" sollte an die Stelle des Paukens der klassischen Schulgrammatik treten. „Sprachliche Angemessenheit, mithin gar grammatische Korrektheit waren mit diesem Ziel allenfalls mittelbar noch verbunden."[15] Im Zentrum dieses Ansatzes schulischer Sprachbildung steht das Ziel, den Schüler dazu zu befähigen, Sprachnormen als künstliche und wandelbare Konstrukte anzusehen. Es geht darum, „laienlinguistische Sprachnormeinstellungen" zu überwinden.[16] Nicht das Regelhafte, Normgerechte soll im Zentrum stehen, sondern „das Sperrige, Andere".[17]

Gewiss, Sprachkreativität muss Teil des Sprachunterrichts sein, aber ist es klug, Regeln als „kulturelle Artefakte" oder „schriftsprachliche Konstrukte einer Bildungselite" zu vermitteln und damit das, was die Schüler lernen sollen, zu diskreditieren?[18] Darum geht es eigentlich: die Grammatik als eine Sprachform der Herrschenden zu

[14] Ebenda, S. 178.
[15] Kilian (2013), S. 62.
[16] Ebenda, S. 70.
[17] Ebenda, S. 77.
[18] Durrell (2014), S. 14.

kritisieren und die Sprache von ihr zu befreien, indem alle Sprachformen als gleichberechtigt daneben gestellt werden, die bisher „stigmatisiert" wurden. Nur: wie soll das in der Schule funktionieren? Und welchen Überforderungen setzt man die Schüler aus?

In den Schulen wird die Lage realistischer gesehen. „Trotz eines 12-jährigen Deutschunterrichts mit durchgängig hoher Stundenzahl sind selbst sehr gute Schüler nicht in der Lage, fehlerfreie, sprachlich und argumentativ qualitätvolle Texte zu schreiben", heißt es in einem Papier eines Frankfurter Gymnasiums. Und: „Das Regelwissen in Grammatik, Rechtschreibung und Zeichensetzung ist bei einem hohen Prozentsatz der Schüler nicht befriedigend". Dass viele Schüler nicht einmal den Konjunktiv beherrschen, schon gar nicht den Konjunktiv II, ist aus der Sicht der emanzipatorischen Grammatik nicht unbedingt bedauerlich, denn die Bevorzugung der gebeugten starken Form (*nähme*, *schwömme*, *sähe*) gegenüber der einfacheren Form mit *würde* kann leicht als Zumutung der gebildeten Stände und ihrer „laienlinguistischen" Sprachwächter gewertet werden.[19]

Dabei geht es doch in der Schule nicht vordringlich um die Vermittlung aller möglichen Sprachvarietäten, sondern vor allem um die Verankerung der Bildungssprache Deutsch, also einer Sprachform, die an der Schriftsprache orientiert ist. Dass es auch andere Sprachregister gibt, kann und soll Gegenstand des Unterrichts sein, aber doch alles zu seiner Zeit und auch nicht als Indienstnahme des Sprachunterrichts gegen die „Ideologien der Standardsprache"![20]

Wie stellt man sich beispielsweise in dieser superselbstkritischen Denkungsart die Vermittlung von Deutsch an Zuwandererkinder vor? Sollen Sie das Deutsche als Bildungssprache lernen und zugleich „kritisch hinter-

---

[19] Der Begriff stammt von Kilian (2013), S. 70.
[20] Davies/Langer (2014), S. 301.

fragen"? Gewiss ist Normhinterfragung ein Aspekt der Erziehung zur Mündigkeit, aber in einem ersten Schritt muss doch die Norm überhaupt erst beherrscht werden, und das setzt zunächst eine gewisse Fraglosigkeit voraus. Andernfalls besteht die Gefahr, dass die Norm als nicht wirklich verbindlich aufgenommen wird. Und dann kommt das böse Erwachen in den Klassenarbeiten mit Notenverschlechterungen bei Normverstößen. Offenbar „mag die gegenwärtige Schule ein Interesse daran haben, den normativen Zug, der jeder Institution innewohnt, zu kaschieren".[21]

Einem anregenden Grammatikunterricht muss dringend mehr Aufmerksamkeit geschenkt werden. Das Einüben der grammatischen Terminologie hat nur geringe Wirkung. Vom Auswendiglernen der Fachbegriffe bleibt wenig übrig. Die sprachphilosophischen Überlegungen, die hinter den Begriffen stehen, sie begründen und erklären, kommen oft zu kurz.[22] Leider ist gerade der sprachwissenschaftliche Teil der Lehrerausbildung alles andere als beliebt. „Das Verhältnis der Kolleginnen und Kollegen zum Sprachunterricht ist gespannt", heißt es in einer Analyse über die „Wissenschaftsferne des schulischen Sprachunterrichts". Die Lehrkräfte sähen die Notwendigkeit des Sprachunterrichts zwar ein, fühlten sich ihm aber oft nicht oder nicht genügend gewachsen.[23] Der Grund: Das Studienmotiv für Germanistikstudenten sei eher die schöne Literatur als die Sprachwissenschaft. In einer Umfrage hatten denn auch über 50 Prozent der Studienanfänger ihre Grammatikkenntnisse als nicht ausreichend bezeichnet.[24] Immerhin eine kritische Selbsteinschätzung, auf der sich aufbauen lässt.

[21] Ebenda, S. 179.
[22] Ebenda, S. 172 ff.
[23] Voigt (1999), S. 74.
[24] Ebenda.

Der Sprachwissenschaftler Konrad Ehlich, Experte für Deutsch als Fremdsprache, hat in den vergangenen dreißig Jahren einen „drastischen Verlust an sprachlichen Elementarkenntnissen" festgestellt.[25] „Viele angehende Erzieherinnen, auch Lehramtsstudenten wüssten nicht, was ein Pronomen oder eine Konjunktion sei, könnten daher auch die Sprachleistung von Kindern nicht beurteilen."[26] Geschweige denn fördern, möchte man hinzufügen. So setzt sich im Schulunterricht das fort, was schon in der Schulbildung der angehenden Lehrkräfte nicht geglückt war: neben dem Verständnis für Literatur auch dasjenige für Sprachstruktur zu schärfen.

Deutsch als Zweitsprache

Jeder dritte Schüler in Deutschland stammt aus einer Zuwandererfamilie, in manchen Großstädten sogar jeder zweite. Viele Zuwandererkinder scheitern an unzureichenden Deutschkenntnissen. Nicht dass sie nicht flüssig Deutsch sprächen, aber im Schriftdeutsch, in Aufsätzen, in der Bearbeitung von Sachtexten, ja auch im Verständnis von sprachlich abgefassten Mathematikaufgaben reichen ihre Kenntnisse in zu vielen Fällen nicht. Oft führt das bis in die Oberstufen und in die Hochschulen hinein zu schlechten Noten und Frustration. Dass die Elternhäuser in diesen Fällen nicht helfen können, liegt auf der Hand. Zwar haben sich die Sprach- und Lesefähigkeiten der zugewanderten Schüler verschiedenen Bildungsstudien zufolge in den letzten Jahren aufgrund vermehrter Anstrengungen in den Schulen und im außerschulischen

---

[25] Nach Heike Schmoll, „Unzureichend vorbereitet. Erzieherinnen und Lehrern fehlt es oft an systematischer Sprachkenntnis", *Frankfurter Allgemeine Zeitung*, 29.4.2013.
[26] Ebenda.

Bereich verbessert, dennoch bleibt die Beherrschung der deutschen Sprache ein Problem. Selbst in einer modernen Großstadt wie Frankfurt, die sich zu Recht einiges auf ihre Integrationsarbeit zugutehält, sind die Sprachentwicklungsverzögerungen bei Zuwandererkindern eklatant. Laut Kindergesundheitsbericht der Stadt Frankfurt aus dem Jahr 2012 waren bei 38 Prozent der Zuwandererkinder die Deutschkenntnisse grenzwertig, 23 Prozent sprachen sehr schlecht Deutsch oder hatten marginale bis keine Kenntnisse. Erfahrungen von privaten Bildungsstiftungen in der Stadt zeigen, dass bis zu 80 Prozent der Zuwandererkinder, die Bedarf an Feriensprachkursen haben, weil ihr Deutsch nicht hinreicht, in Frankfurt geboren sind. Zahlreiche Projekte bemühen sich um Stärkung von Deutsch als Bildungssprache bei den jungen Zuwanderern, sei es durch zusätzlichen Sprachunterricht, durch Leseförderung oder durch Grammatiktraining. Die Kinder haben viel an grammatikalischen Formen und an Wortschatz aufzuholen, weil Deutsch oft nicht in den Familien gesprochen wird oder werden kann. Dass Zuwandererkinder nicht aufgrund mangelnder Deutschkenntnisse an einem begabungsgerechten Bildungsweg gehindert werden, ist im Interesse der Zuwanderer – und unseres Landes!

Allerdings ist bei vielen Akteuren der Integration immer noch das schlechte Gewissen am Werk, so als dürften westliche – gar deutsche – Wertvorstellungen, Traditionen, Bildungsinhalte und auch das „Schuldeutsch" nur mit größter Zurückhaltung und mit ständigem Misstrauen gegen die eigene kulturelle Prägung vermittelt werden. Gegen ein feinfühliges pädagogisches Vorgehen ist wahrlich nichts einzuwenden. Im Gegenteil, eine Kenntnis der kulturellen Prägungen, auch mancher Strukturen der Herkunftssprachen, ist zu begrüßen, ja zu fördern. Dabei sollte aber nicht übersehen werden, dass die meisten Menschen wissentlich und willentlich nach Deutschland eingewandert sind, weil sie hier gute Perspektiven erhoffen. Es sollte nicht unterschätzt werden, wie viele Zugewanderte gerade das Freiheits- und Aufstiegsangebot unserer offenen Gesellschaft schätzen. Der Blick nach vorn ist das, was Integration befördert. Da ist es durchaus sinnvoll, dass wir die Freiheits- und Aufstiegsangebote nicht verschämt verstecken, sondern einladend anbieten. Kontraproduktiv ist, wenn Lehrkräfte zuallererst lernen sollen, dass sie eine „Dominanzkultur mit hegemonialen Werten" vertreten und dass im Bildungswesen Mehrsprachigkeit durchzusetzen sei. Erst einmal muss doch für den Schulerfolg die deutsche Sprache gelernt werden. „Einen Schritt nach dem anderen!", möchte man ausrufen. Kulturelle und sprachliche Sensibilität müssen in einer Einwanderungsgesellschaft selbstverständlich sein. Das heißt aber nicht, dass diese Gesellschaft sich nicht trauen soll, ihre rechtlichen und kulturellen Errungenschaften, einschließlich der Landessprache, zu vermitteln, ohne Überheblichkeit, wohl aber mit Selbstvertrauen und Konsequenz.

Auch hilft es wenig, wenn zur Relativierung des „bildungsbürgerlichen Habitus" aufgerufen wird. „Wenn einer meiner Schüler einen klugen Gedanken äußert, da aber grammatikalische Fehler einbaut, dann ist das ja keine schlechtere Leistung, nur schlechter Ausdruck", schreibt eine Lehrerin. Leistung werde oft erst dann erkannt, wenn sie „im bildungsbürgerlichen Kleid daherkomme". An den Schulen werde „Eloquenz mit Intelligenz" verwechselt.[27] Soll also Eloquenz zurückgebaut werden oder sollten nicht mehr Anstrengungen zu ihrer Vermittlung unternommen werden? Wenig hilfreich sind Forderungen nach flächendeckendem herkunftssprach-

---

[27] www.migazin.de/2013/04/18/amina-der-habitus-problem/print/

lichem Unterricht für Zuwandererkinder. Wie soll denn in einer Frankfurter Grundschulklasse mit Schülern aus 16 verschiedenen Herkunftsländern Mehrsprachigkeit praktiziert werden? Hier sollte vordringlich das Deutsche als Verkehrssprache und als Landessprache vermittelt werden, und es ist schon viel erreicht, wenn das einigermaßen gelingt.

Dazu ist es allerdings erforderlich, dass „Deutsch als Zweitsprache" verpflichtender Teil der Lehreraus- und Fortbildung wird. In einer Umfrage sagten 68 Prozent der befragten Lehrkräfte, dass „weder Sprachförderung noch Deutsch als Zweitsprache Teil ihrer universitären Lehrausbildung waren."[28] Das Mercator-Institut für Sprachförderung und Deutsch als Zweitsprache kommt in einer Analyse zu dem Ergebnis, dass die Notwendigkeit der Befassung mit dem Thema zwar erkannt sei, aber noch nicht verbindlich und flächendeckend berücksichtigt werde. „Vage Vorgaben, die Deutsch als Zweitsprache, Sprachförderung und Heterogenität nur als Studieninhalte unter vielen benennen, führen in der Hochschulpraxis zu sehr unterschiedlichen oder gar keinen Regelungen", moniert die Studie.[29] Sie fordert in der Lehrerausbildung „ein Modul für Sprachförderung und Deutsch als Zweitsprache für alle Lehramtsstudierenden".[30] Ein richtiger Ansatz, denn sprachliche Bildung ist, wie schon betont, eine Aufgabe für alle Fächer.

Deutschförderung für Zuwanderer sollte auch in den Schulen verstärkt angeboten werden. An den allgemeinbildenden Schulen, insbesondere in den Ballungsgebieten

---

[28] Nach Heike Schmoll, „Unzureichend vorbereitet. Erzieherinnen und Lehrern fehlt es oft an systemischer Sprachkenntnis", *Frankfurter Allgemeine Zeitung*, 29.4.2013.
[29] Mercator-Institut für Sprachförderung und Deutsch als Zweitsprache (2014), S. 43.
[30] Ebenda, S. 49.

mit hohem Zuwandereranteil, sollten Zentren für Deutsch als Zweitsprache eingerichtet werden.

Ein Blick nach Kanada kann hier Anregungen geben. Durch eine verbindliche und flächendeckende Sprachförderung gelingt es der Einwanderungsstadt Toronto, Zuwandererkinder noch in derselben Generation auf den sprachlichen Stand der in Kanada geborenen Kinder zu bringen. Eine intensive Sprach- und Leseförderung, zugeschnitten auf deren jeweiligen Sprachstand, ist der Schlüssel zum Erfolg. Sind die Sprachfähigkeiten der Kinder unterdurchschnittlich, wird dort von den Schulen individuell mit Zusatzkursen nachgearbeitet. Eine solch beherzte schulische Einzelförderung gibt es in Deutschland noch nicht. Abgucken bei den Kanadiern ist erlaubt! Außerdem wäre es hilfreich, wenn einige verbreitete Migrantensprachen im deutschen Schulsystem aufgewertet und als Fremdsprachen unterrichtet würden. Darüber wird seit langem debattiert, aber es passiert wenig.

Eklatante Lücken bei Studienanfängern

Die Schwächen vieler Schüler sind die Schwächen vieler Studienanfänger. In einer Umfrage der Universität Konstanz unter Studentinnen und Studenten der Jahre 2010 bis 2014 ergab sich, dass „52 Prozent der Hochschulabsolventen Kenntnisse und Techniken zum Verfassen schriftlicher und akademischer Arbeiten fehlten."[31] Die Folge unzureichender sprachlicher Bildung brachte 2012 Gerhard Wolf, der Vorsitzende des Philosophischen Fakultätentages, zur Sprache. Seinen Umfragen bei Fachkollegen von 30 Fakultäten in Deutschland zufolge gibt es eklatante Lücken bei den Studienanfängern der Philosophischen

---

[31] *Frankfurter Allgemeine Zeitung*, 30.7.2015.

Fakultäten – von denen viele Lehrer werden wollen – vor allem im sprachlichen Bereich. Zusammengefasst lauten die Ergebnisse der Umfrage folgendermaßen: Es mangelt an Kenntnissen vor allem in der Grammatik. Das betrifft die Tempora, die Kasus, die Unterscheidung von Konjunktiv und Indikativ sowie den korrekten Satzbau. Auch Rechtschreibung und korrekte Zeichensetzung können bei immer weniger Studienanfängern vorausgesetzt werden. Komplexe Sätze werden nicht mehr verstanden und können nicht konstruiert werden. Mängel sind erkennbar bei der Abfassung zusammenhängender Texte sowie bei der sachgerechten Unterscheidung verschiedener Stile. Schwierigkeiten ergeben sich auch beim Mitschreiben von Vorlesungsinhalten. Wolf führt diese Befunde vor allem auf den Einfluss moderner Medien zurück, aber auch auf die um ein Jahr verkürzte Schulzeit.[32]

Von einem „Sprachnotstand" berichtet die Politikwissenschaftlerin Hannah Bethke von der Universität Greifswald angesichts der schwachen Sprachbeherrschung, die sie bei der Korrektur von Seminararbeiten ihrer Studenten erkennen muss.[33] Die sprachlichen Mängel in den Seminararbeiten kämen einer Zumutung gleich. Satzbau, Satzlogik, grammatikalische Formen wie der Konjunktiv, Kommasetzung, all dies werde selbst von Muttersprachlern nicht beherrscht. „Man kann von Glück reden, wenn eine Hausarbeit vorliegt, die Mängel in der wissenschaftlichen Analyse aufweist", so die offensichtlich erboste Wissenschaftlerin. Viele Stimmen aus der Professorenschaft klingen ähnlich. So berichtet der Germanist Peter Eisenberg in einem Interview, er stelle „eine Abnahme der Rechtschreibfähigkeit oder auch des Willens zum richti-

---

[32] Meine Zusammenfassung gibt die Kernpunkte mehrerer Interviews wieder, die Gerhard Wolf 2012 im Rundfunk und gegenüber Zeitungen gegeben hat.
[33] *Frankfurter Allgemeine Zeitung*, 26.3.2014.

gen Schreiben fest".³⁴ Ein Umweltwissenschaftler berichtete mir, viele Studenten verstünden es gar nicht, wenn er etwas an der sprachlichen Form ihrer Arbeiten auszusetzen habe, es gehe doch schließlich um Inhalte.

Sprachentwicklungsstörungen, eine Zivilisationskrankheit?

Der Prozentsatz der sprachlich auffälligen Kinder wächst in Deutschland seit Jahren. In einer Untersuchung über Sprachentwicklungsstörungen brachte der Mediziner Patrick G. Zorowka Mitte der Neunzigerjahre überaus beunruhigende Erkenntnisse ans Tageslicht: Innerhalb eines Jahrzehnts stellte man eine Zunahme von Sprachentwicklungsstörungen je nach Standort von 25 Prozent bis 87 Prozent fest.³⁵ Zorowka fragt, ob diese hohen Zuwachsquoten von einer „neuen Zivilisationskrankheit" zeugen, und er macht auch gleich zivilisatorische Ursachen aus: Vermehrte Berufstätigkeit beider Eltern, zunehmende beruflich bedingte Mobilität, Beeinträchtigung langfristiger familiärer Kontakte, ungünstige Wohnverhältnisse in hochverdichteten Wohnbezirken, wachsende Konsumansprüche – und vor allem dominanter Einfluss der elektronischen Medien mit passivem Medienkonsum. Die Folge: „Die auditiven und taktil-kinästhetischen Informationen werden vernachlässigt, ebenso die direkte emotionale Zuwendung." Zorowka bringt den Grundwiderspruch einer Kommunikationsgesellschaft, die den aktiven Spracherwerb vernachlässigt, auf den Punkt: „Da ist auf der einen Seite ein wachsender Anspruch an die kommunikative Kompetenz der Menschen – und auf der anderen Seite nicht selten eine überraschende Sorglosigkeit, gerade was die Sprachentwicklung der Kinder

---

34 *Sprachnachrichten*, Nr. 61 (1/2014), S. 3.
35 Zorowka (1996).

anbelangt. […] Es wird immer mehr erwartet, dass Menschen sich verbal gut auszudrücken vermögen. Intensivere Kommunikation und Interaktion bestimmen heute die arbeitsweltliche Realität. Gleichzeitig aber werden die Bedingungen für eine normale Sprachentwicklung immer ungünstiger."[36] Viel spricht dafür, dass sich der von Zorowka beschriebene Widerspruch im Vergleich zu den Neunzigerjahren gerade durch die neuen sozialen Medien heute verschärft hat. So weist die AOK Hessen darauf hin, dass inzwischen in Hessen 23 Prozent der sechsjährigen Jungen in Sprachtherapie seien. Im Jahr 2007 waren es noch 19 Prozent.[37]

Ein Lehrer für Naturwissenschaften hat mir eine plausible Erklärung für die zurückgehende Sprachfähigkeit gegeben: „Die Schülerinnen und Schüler nehmen durch die leichte Verfügbarkeit von Informationen in den modernen Medien die Bildung als ein Konsumgut wahr. Sie verwechseln Informationen und deren Verarbeitung durch eigenes Denken, das allein zur Bildung führt. Die Schüler entwickeln keine Hartnäckigkeit mehr, sie verlieren rasch Lust und Motivation, an einem Inhalt dranzubleiben. Und diese Haltung hat ihre Folgen für das Verstehen von Sprache und für die Sprachproduktion."[38]

Es wäre unredlich, allein die Schule für die mangelhafte Verankerung des Deutschen als Bildungssprache verantwortlich zu machen, zumal sich in den PISA-Tests seit 2001 die Ergebnisse im Bereich der Lesefähigkeit zum Besseren entwickelt haben. Bildung, auch sprachliche Bildung, ist eine Gemeinschaftsaufgabe der ganzen Gesellschaft, die nicht vollends den öffentlichen Bildungsinstitutionen überlassen werden kann. Andererseits können die unterschiedlichen Bildungsvoraussetzungen, die die

---

[36] Ebenda, S. 948.
[37] *Frankfurter Allgemeine Zeitung*, 24.1.2014.
[38] Alexander Lotz, Lehrer am Goethe-Gymnasium Frankfurt.

Elternhäuser bieten, nur durch öffentliche Bildungseinrichtungen ansatzweise ausgeglichen werden. Das gelingt in der sprachlichen Bildung nicht hinreichend.

- Ein klares Bekenntnis zur deutschen Hochsprache als anzustrebender Bildungsnorm,
- eine verpflichtende Ausbildung in Deutsch als Zweitsprache sowie für sprachsensiblen Unterricht,
- eine hinreichende Anzahl von Deutschstunden in den Schulen sowie in den Ballungsräumen,
- eine verlässliche Sprachförderung von Zuwanderern beispielsweise nach kanadischem Muster,

das wäre ein Fortschritt.

Kapitel 8
Sprache und Norm

*Kurios: Staat und Sprachnorm in Deutschland –
Allgemeine Verunsicherung: die Rechtschreibreform –
Wer aber soll es richten? – Ebenfalls kurios: Sprache und
Gesetz – Sprachnorm in Bewegung.*

Ist eine Sprachnorm überhaupt berechtigt? Daran wird immer wieder gezweifelt. Denn die Sprache gehört allen. Jeder muss sie verwenden können und dürfen, wie es ihm beliebt. Mit der Sprache muss man alles machen können: auch lügen, lästern, höhnen, fluchen, übertreiben, verbrämen. Man möchte in ihr leben, aber auch Distanz zu ihr nehmen können, beispielsweise im Dialekt oder in Sondersprachen. Man möchte sie beherrschen, wie die Redensart sagt – aber man möchte sich nicht von ihr beherrschen lassen.

Andererseits beruht die Sprache auf Übereinkünften. Sie ist eine Konvention: Menschen, die eine Sprachgemeinschaft bilden, haben in einem jahrhundertelangen Prozess unter verschiedenen Einflüssen stehend ihre gemeinsame Sprache entwickelt, die sie in Übereinkunft verwenden. Diese Übereinkunft kann mehr oder weniger ausgeprägt sein. Die meisten der über 6.000 existierenden Sprachen werden nur gesprochen. Wenn Sprachgemeinschaften durch Religion, Staat, Dichtung und Wissenschaft den

Weg in die Schriftlichkeit nehmen, stellt sich ihnen die Aufgabe der Norm: Wie soll geschrieben werden? Wie ist das Verhältnis zwischen Lautung und Schrift? Was gilt als grammatikalisch korrekt, als „sprachrichtig"? Welche Wörter gelten als dem Wortschatz zugehörig, welche als davon abweichend? Was also entspricht der Norm und was nicht? Sprachen müssen spätestens dann normiert werden, wenn sie Gegenstand eines zertifizierenden Bildungssystems sind, wenn also die Sprache Unterrichtsgegenstand ist und sprachliche Leistungen als richtig oder falsch bewertet werden, und wenn diese Bewertungen Folgen für den Sprachbenutzer haben. Auch wenn eine Sprache zur Formulierung von Gesetzen verwendet wird, muss sie normiert sein, denn schließlich wird in ihr Recht gesprochen, werden Sachverhalte verbindlich beurteilt und geahndet. Wenn in der Sprache eine solche Macht ausgeübt wird, muss sich der Sprecher und Bürger auf eine Norm verlassen können. Eine Norm dient der Sprachgemeinschaft in dem Sinne, dass Sprecher, die dieselbe Sprache benutzen, einander bestmöglich verstehen.

Freiheit der Sprachverwendung und Sprachnorm bilden nur scheinbar einen Gegensatz. Tatsächlich bedingen sie einander: Denn ohne bestehende Norm ist die Abweichung von der Norm als bewusste Sprachhandlung nicht erkennbar. Jugendsprache, spezielle Szenesprachen oder auch Dialekte werden gerade in Bezug auf die Norm, nämlich in erkennbarer Abgrenzung von ihr, gebraucht. Die Freiheit der Sprachverwendung braucht daher die Sprachnorm als Grundlage.

Wie ist das Verhältnis von Sprachnorm und Sprachwandel? Die Norm schreibt zu einer bestimmten Zeit einen bestimmten Sprachzustand fest und sorgt mit staatlichen Mitteln für ihre Einhaltung, jedenfalls in offiziellen, formellen Zusammenhängen. Zugleich ist die Sprache immer wieder Einflüssen ausgesetzt: Neue Begriffe für neue

Sachen werden geprägt und bahnen sich ihren Weg in die Sprachöffentlichkeit. Neue Redensarten kommen auf und werden populär. Rhetorische Gewohnheiten verändern sich. Der Kontakt mit Menschen anderer Herkunft sorgt für neue Einflüsse.

Die Norm wirkt verlangsamend auf den Sprachwandel, weil sie bestehende Sprachzustände nicht ohne weiteres aufgibt. „Jede Kodifizierung sprachlicher Normen (Wörterbücher, Grammatiken) muss zwar weitgehend die Sprachwirklichkeit berücksichtigen, kann dies jedoch nie hundertprozentig tun – sowohl aus konzeptionellen als auch aus technischen Gründen nicht. Insofern hat jede Kodifizierung eine konservierende Wirkung", schrieb der ungarische Germanist János Juhàsz.[1]

Ist das ein Nachteil? Juhàsz fügte ein interessantes Argument *zugunsten* des konservierenden Charakters der Norm hinzu: Die Norm *müsse* konservativ wirken, „weil dadurch die Kontinuität der Kultur im allgemeinen und der Sprache im besonderen mehr oder weniger gesichert wird." Hier liegt eine Bruchstelle, an der kulturelle und politische Streitigkeiten über den Sinn der Sprachnorm entstehen: Ist es sinnvoll, den Sprachwandel durch eine Norm einzuhegen und die kodifizierte Hochsprache nur zurückhaltend neuen Einflüssen auszusetzen, oder soll gerade die Überwindung der durch die Norm geschaffenen Kontinuität älterer Sprachzustände ein Ziel sein?

Der Streit um diese Frage entfachte sich zum Beispiel in den Jahren nach 1968, getragen vom Veränderungswillen der Studentenbewegung. Reformer forderten einen Bruch mit der Norm oder mindestens ihre Relativierung, um unteren gesellschaftlichen Schichten den Zugang zur Bildung zu erleichtern und das durch Lockerung der „bürgerlichen" Sprachnorm zu begünstigen. Die Frage

---

[1] Deutsche Akademie für Sprache und Dichtung (1982), S. 215.

stellt sich immer wieder: Ist die Norm bürgerlich und damit nur im Interesse einer gesellschaftlichen Schicht, während sie andere Schichten benachteiligt? Oder ist sie auf positive Weise bürgerliche Norm im Sinne der Aufklärung – und damit eine Norm, zu der die Schüler und künftigen Bürger hingeführt werden sollten, weil sie eine differenzierte Ausdrucksweise ermöglicht? Ist die Norm eine sprachliche Messlatte, die uns gewissermaßen nach oben zieht, oder bedeutet sie einseitige Abwertung anderer Sprachvarietäten, deren Sprecher dadurch benachteiligt und ausgegrenzt werden? Alle erträglichen Sprachnormen seien überflüssig, „weil sie verordnen, was ohnehin jeder aus eigenem Antrieb tun würde", heißt es in einem Aufsatz aus der Kampfzeit der 70er Jahre. „Wo sie nicht überflüssig sind, sind sie unerträglich, weil sie in eine Angelegenheit eingreifen, die unser aller Angelegenheit ist."[2] Dass diese libertäre Kritik nur auf der Grundlage einer abgesicherten Norm denkbar ist, brachte der Sprachwissenschaftler Florian Coulmas mit ironischem Unterton auf den Punkt: „So etwas kann nur jemand sagen, dem von seiner eigenen sprachlichen Sozialisation die Verwendungsbedingungen einer stark normierten Sprache so selbstverständlich sind, dass er sich die Probleme und Nachteile, die mit dem Fehlen eines fest etablierten Standards für bestimmte Kommunikationszwecke einhergehen, die vor allem in modernen Gesellschaften wichtig sind, gar nicht vorstellen kann."[3] Recht hatte er, aber interessant ist das Faktum gleichwohl, weil derartige Einstellungen eben anzutreffen sind – zumal sie sich auf die sympathische These von der naturwüchsigen Entwicklung der Sprache berufen können.

Diese These ist übrigens nicht falsch, denn Grundlage einer Sprachnorm muss der tatsächliche Sprachge-

[2] Heringer (1982), S. 98.
[3] Coulmas (1985), S. 86.

brauch der Sprachgemeinschaft sein, und aus der Sprache des Volkes leiteten auch die Grammatiker und Lexikographen des 18. und 19. Jahrhunderts ihre Kompendien ab. Die Sprachnorm kann nicht unwandelbar sein, sondern muss dem Sprachwandel letzten Endes folgen. Der Sprachgebrauch entscheidet darüber, was zur Norm wird. Andererseits beeinflusst auch die im Schulunterricht vermittelte Norm den Sprachgebrauch, jedenfalls in der geschriebenen Sprache. Das Verhältnis von Norm und Sprachgebrauch muss also immer wieder austariert werden. Dazu bedarf es der fachkundigen Arbeit der Sprachwissenschaft, der Wachsamkeit der Sprachkritiker und der umsichtigen Entscheidung der Bildungspolitiker.

Kurios: Staat und Sprachnorm in Deutschland

An dem Streit über die Sprachnorm wird immerhin deutlich, dass die Norm nicht aus sich selbst heraus entsteht und dass sie eben deshalb infrage gestellt werden kann – allerdings mehr oder weniger leicht. Denn die Festigkeit der Norm beruht nicht nur auf der *volonté générale* der Sprachgemeinschaft, sondern zu einem gut Teil auf der Stützung durch den Staat mit seinen gesetzgebenden und bildenden Institutionen.

Nun ist das Verhältnis von Staat und sprachlicher Norm in der deutschen Sprachgeschichte durchaus kurios. Denn der Staat hält sich hier über weite Strecken zurück. Ja, er zeigt sich immer wieder geradezu unbeteiligt, so als sei die Sprachenfrage keine politische. Umgekehrt lässt sich sagen, dass, wenn der Staat einmal eingreift, dies meist nicht zum Vorteil der Sprache ausschlägt.

Die deutsche Hochsprache ist nicht aus staatlichem Entschluss kodifiziert worden. Das unterscheidet unsere Sprachgeschichte in einem wichtigen Punkt von der

Frankreichs. Während jenseits des Rheins die durch Kardinal Richelieu von Staats wegen errichtete Académie française bereits seit 1635 den Auftrag erhält, „über die französische Sprache zu wachen"[4], ist die deutsche Sprache noch im 18. Jahrhundert nicht als Sprache des Heiligen Römischen Reiches deutscher Nation in vollem Umfange anerkannt. Sie ist lediglich neben dem Latein offizielle Sprache des Reichs. Erst das Sprachedikt von Joseph II. aus dem Jahr 1784 legt sie als Amtssprache fest, und erst zu diesem Zeitpunkt wird das Lateinische als Reichssprache abgeschafft.[5] Noch in der Frühen Neuzeit wird in den deutschen Universitäten Latein gesprochen und geschrieben. Sogar bis in die 30er Jahre des 19. Jahrhunderts hinein werden Prüfungen in Jura und Medizin in Latein abgehalten, und Doktor- und Magisterarbeiten in lateinischer Sprache hat es noch in der zweiten Hälfte des 20. Jahrhunderts gegeben.[6] Und auch in der Religionsausübung herrscht, bis zum Erscheinen der Lutherschen Bibelübersetzung, der Gebrauch der lateinischen Sprache vor. Die Volkssprache wird bewusst von zentralen gesellschaftlichen Bereichen ferngehalten. Ein Edikt des Mainzer Erzbischofs Berthold von Henneberg aus dem Jahr 1485 verbot sogar ausdrücklich die Übersetzung von kirchlichen und wissenschaftlichen Schriften aus dem Griechischen und Lateinischen. Die Gründe: Zum einen wurde die deutsche Sprache als nicht ausgebaut genug bewertet. Zum andern war es gar nicht erwünscht, dass die Bibel allenthalben verstanden würde.[7] In dieser Begründung liegt gerade das Motiv für die Luthersche Bibelübersetzung und für die Erschließungs- und Normierungsarbeit der deutschen Sprachpfleger des

---

[4] Siehe Homepage des Institut de France.
[5] Von Polenz (1994), Band II, S. 51.
[6] Hinweis von Konrad Ehlich.
[7] Von Polenz (1991, Band I), S. 277.

17., 18. und 19. Jahrhunderts. Die Volkssprache sollte der höheren Dinge würdig und die höheren Dinge sollten dem Volk verständlich werden. Das aber war bis zur Zeit des aufgeklärten Absolutismus preußischer Prägung mit seiner Einführung des Allgemeinen Landrechts nicht im Sinne der staatlichen Ordnungen.

Staat und Sprachentwicklung stehen in Deutschland sprachgeschichtlich in einem Spannungsverhältnis. Denn in der Zeit von Späthumanismus und Aufklärung verband sich das Ringen um die Aufwertung der Volkssprache mit der Emanzipationsbewegung des Bürgertums. Im 17. Jahrhundert eroberte zugleich das Französische die Fürstenhöfe als „vornehme Verkehrssprache."[8] 1744 führte die Berliner Akademie der Wissenschaften nicht etwa das Deutsche, sondern das Französische als Verhandlungssprache ein. Im Jahre 1750 schrieb Voltaire seine berühmten Zeilen aus Potsdam: „Ich befinde mich hier in Frankreich. Man spricht ausschließlich unsere Sprache. Das Deutsche ist nur für die Soldaten und für die Pferde."[9] Latein und Französisch, zwei romanische Fremdsprachen also, waren die Sprachen der herrschenden Schichten.

Angeregt durch die 1583 gegründete italienische Accademia della Crusca und das Vorbild zahlreicher Sprachgesellschaften in den italienischen Städten machten sich seit dem 17. Jahrhundert deutsche Sprachgesellschaften und Sprachpfleger an die Arbeit. Im Zentrum ihrer Bemühung stand die Kodifizierung der Volkssprache: Rechtschreibung, Lexikographie und Grammatik, aber auch Stilistik, Briefstellerei und Beredsamkeit. Tausende Wörter wurden von fähigen Sprachschöpfern in der deutschen Sprache nachgedichtet: *Bücherei* für *Bibliothek*, *Leidenschaft* für *Passion*,

---

[8] Ebenda, S. 64.
[9] In Wien war allerdings nicht das Französische, sondern das Italienische Bildungssprache.

Anschrift für *Adresse*, *Vertrag* für *conventio*.[10] Es ist faszinierend, die massenhaft gelungenen Worterfindungen der damaligen Zeit nachzulesen und dabei festzustellen, wie völlig selbstverständlich sie uns heute sind. Die Sprachkultivierer haben offenkundig die Möglichkeiten unserer Sprache durchdrungen und klug zur Erweiterung des Wortschatzes eingesetzt. Späthumanismus und Frühaufklärung sind die Epoche einer „Wortbildungskreativität"[11], wie man sie sich heute wünschen würde. Allerdings sind heute vorzugsweise verunglückte Eindeutschungen im kollektiven Gedächtnis präsent wie der berüchtigte *Gesichtserker*, mit dem man sich an der Arbeit der früheren Sprachpfleger schadlos hält.

Ein wichtiges Detail aus jener Zeit ist die Frage des Purismus, der „Sprachreinheit". Die Eindeutschungsbemühungen der Sprachschöpfer, die heute im schlechten Ruf der Deutschtümelei stehen, waren in der damaligen Zeit durchaus fortschrittlich gemeint. Dafür steht insbesondere der Name Joachim Heinrich Campe, Erzieher der Humboldt-Brüder und Vorkämpfer der Volksbildung. Ganz im Sinne der Ideen der französischen Revolution sah er sein 1811 beendetes *Wörterbuch der deutschen Sprache* als Beitrag zu einer Sprache, die jeder versteht und anwenden kann. Es kam dem Volkspädagogen, der mehr als 3.000 neue Wörter erfand, auf „die Schaffung einer einheitlichen, allen Schichten und auch allen Regionen zugänglichen Sprache" an.[12] Auch wenn dieser Purismus dann in der Folge der Befreiungskriege eine nationalistische Färbung annimmt, so ist diese jedenfalls bei den Sprachkultivierern des 17. und 18. Jahrhunderts nicht vorgezeichnet.

In den Befreiungskriegen und danach spitzte sich die Ablehnung alles Französischen zu. In einer fatalen histori-

---

[10] Ebenda, S. 121.
[11] Ebenda, S. 122.
[12] Schiewe (1998), S. 133.

schen Konstellation bildete sich der deutsche Patriotismus gegen Frankreich heraus. „Zu einem nationalen Anliegen wurde die Besinnung auf den Wert der deutschen Sprache erst, als der Nationalismus in Deutschland durch den in den Revolutionskriegen nach außen getragenen französischen Nationalismus angefacht wurde," schreibt Florian Coulmas, Experte für das Verhältnis von Sprache und Staat.[13] Und er fährt fort: „Dieser deutsche, besser gesagt: europäische Nationalismus war ursprünglich eine emanzipatorische, antidiskriminatorische Bewegung. Emanzipation nämlich nicht nur von der Herrschaft der französischen Trupppen, sondern auch von den französisierten eigenen Eliten, gegen die (...) vor allem die geistigen Eliten polemisierten."

Die politisch-nationalistische Aufladung der „Sprachreinheit" war also nicht die Angelegenheit der Sprachaufklärer, denen wir vielmehr die Ausarbeitung des Deutschen zu einer kodifizierten Hochsprache verdanken. Auch die französische Idee einer Verbindung von Nation und Sprache („une nation, une langue") ist im Grunde eine emanzipatorische. Die Französische Revolution hatte die große Sprachtradition Frankreichs in ihre eigene Logik überführt. Abbé Grégoire ermittelte im Auftrage der Revolutionsregierung, dass von rund 25 Millionen Franzosen nur drei Millionen einwandfrei Französisch sprachen und dass Minderheitensprachen und Dialekte stark verbreitet waren. Die Bürger des jungen Staates sollten dessen Gesetze verstehen und befolgen können, und sie sollten Zugang zu allen Informationen in ihrer Volkssprache haben; es ist derselbe Geist, aus dem heraus rund 200 Jahre später die „Loi Toubon" zum Schutz der französischen Sprache erlassen wurde.

In den sich herausbildenden oder stabilisierenden Nationalstaaten des 19. Jahrhunderts spielten die Spra-

[13] Coulmas (1985), S. 43.

chen als einigendes Band eine wichtige Rolle. Sind sie deshalb in den vielen Fällen machtpolitischer Instrumentalisierungen selbst schuldig zu sprechen? Gewiss nicht. Wohl aber ist ihre ideologische Indienstnahme ein Mahnruf, ihre politische Rolle nicht zu überzeichnen und sich von Überlegenheitsphantasien und kulturellen Abwehrmechanismen fernzuhalten. Unter diesen Voraussetzungen aber ist es berechtigt, eine Verbindung von Sprache und nationaler Identität anzuerkennen, sofern sie ein historisch gewachsenes und verankertes Faktum ist.

Der Staat aber spielte im 19. Jahrhundert bemerkenswerterweise jedenfalls in Deutschland eine zurückhaltendere Rolle in der Frage der Normierung, als man annehmen könnte. Bismarck selbst waren die Bemühungen um sprachliche Vereinheitlichung offenbar suspekt. „Die Maßnahmen in dieser Richtung waren aber keineswegs so staatsautoritär und halbdiktatorisch wie die Gründung des Bismarckreiches", schreibt Peter von Polenz.[14] „Im Gegenteil, sie waren von Zögern, Zurückhaltung, Kompromissen und Halbheiten gekennzeichnet." So kam die Idee der Gründung einer Deutschen Sprachakademie nach dem Vorbild der Académie française trotz einer Eingabe an Bismarck und später auch an den Kaiser nicht voran, und das, obwohl ein Kaufmann bereit war, die enorm hohe Summe von 500.000 Reichsmark dafür zu spenden.[15] „Zu tief saß die romantische Überzeugung von der organischen Sprachentwicklung als einzig angemessener", fasst Karl-Heinz Göttert diese Episode deutscher Sprachgeschichte zusammen. Und er ergänzt: „Tatsächlich war auf natürliche Weise, ohne staatliche Eingriffe eine Hochsprache zustande gekommen, die alle Anforderungen an Perfektion offensichtlich befriedigte."[16]

---

[14] Von Polenz (1999), S. 233.
[15] Ebenda, S. 235.
[16] Göttert (2010), S. 293.

Normgeber des Deutschen waren nicht staatliche Einrichtungen, sondern einflussreiche Gelehrte wie die Brüder Grimm mit Grammatik und Wörterbuch und in der zweiten Jahrhunderthälfte der Gymnasiallehrer Konrad Duden, der zur Normierung der Rechtschreibung einen entscheidenden Beitrag leistete, indem er die berühmten Nachschlagewerke herausgab, die zu halbamtlichen Referenzwerken des deutschen Wortschatzes und der deutschen Rechtschreibung wurden. Konrad Dudens Wörterbuch von 1872 war einflussreicher als die erste offiziell einberufene Orthographiekonferenz im selben Jahr.

Auch die Hochlautung, also die Aussprachregelung für korrektes Deutsch, war keine Folge staatlichen Handelns; sie verdankte sich der Initiative des Sprachgelehrten Theodor Siebs, der 1898 ein Aussprachewörterbuch, die *Deutsche Bühnensprache*, veröffentlichte, das er mit Sprach- und Theaterfachleuten erarbeitet hatte. Ein Vierteljahrhundert später wurde es zur Grundlage für die Aussprache der ersten Rundfunksprecher. Siebs hat durch sein Werk die hochdeutsche Aussprache festgelegt. „Insgeheim sind wohl alle erleichtert, dass jemand entschieden hat und man im Zweifel nachschlagen kann", schreibt Karl-Heinz Göttert in einem Porträt des eher unbekannten Sprachnormierers.[17]

Wenn man die Anbiederungen des Allgemeinen Deutschen Sprachvereins mit seinen puristischen und sprachimperialistischen Vorstellungen an die „Kultur"politik des „Dritten Reichs" betrachtet, wenn man sich die „Entwelschungs"-Kampagne mit erniedrigenden Strafmaßnahmen gegen Elsässer vor Augen führt, die der Verein im Verbund mit staatlichen Stellen durchsetzte, dann kann einen nur grausen. Dabei kamen die sprachpuristischen

---

[17] Göttert (2012), S. 25.

Einlassungen des deutschtümelnden Vereins in der Nazi-Führungsriege gar nicht immer gut an. Denn in Wirklichkeit ging es dem Regime um die Verbrämung mithilfe scheinbar technisch-neutraler Begriffe, hinter denen sich planvolle politische Verbrechen verbargen. Der Romanist Victor Klemperer hat dieses dunkelste Kapitel in der Geschichte des politischen Missbrauchs der deutschen Sprache in einem unvergleichlichen Werk dokumentiert.[18]

Die bürokratisch erstarrte Formelsprache der zweiten deutschen Diktatur, der DDR, war ein neuer Versuch sprachlich-politischer Verordnung und Bevormundung – der aber trotz Repressionen nicht vor entblößenden Verballhornungen durch den Volksmund gefeit war. Ziemlich künstlich anmutende Versuche, das DDR-Deutsche zu einer eigenen Sprachvariante aufzurüsten, erledigten sich mit der Wiedervereinigung.

Allgemeine Verunsicherung: die Rechtschreibreform

Verständlicherweise blieb der bundesdeutsche Staat zunächst auf Distanz zur Sprachnormierung. Zwar wurden weiterhin Lehrpläne erlassen; auch wurde der Duden von der Kultusministerkonferenz als Referenzwörterbuch für den Schulgebrauch anerkannt. Allerdings wurde erst in den Neunzigerjahren des letzten Jahrhunderts eine substanzielle Rechtschreibreform in die Wege geleitet, fast 100 Jahre nach der letzten großen „Orthographischen Konferenz" von 1901. In der langen Zwischenzeit war das Werk von Konrad Duden fortgeschrieben worden. Dabei war es zu zahlreichen Einzelnormierungen gekommen, die bei Bildungspolitikern und Sprachexperten zu dem Urteil führten, eine Vereinfachung und Systematisie-

---

[18] Klemperer (1991).

rung sei an der Zeit. Denn warum schrieb man *zugrundeliegend* zusammen, *zugrunde liegen* aber auseinander? Warum schrieb man *der einzelne* klein? Und warum musste man *im allgemeinen* klein schreiben, wo es doch eines der substantivierten Adjektive war, die sonst großgeschrieben wurden? Warum schrieb man *in bezug auf* klein, *mit Bezug auf* groß? Warum schrieb man *Fluß* mit dem *ß*, das ansonsten einen langen Vokal markierte? Kurzum, viele Besonderheiten in der Schreibung gerade auch häufig gebrauchter Wörter verlangten eine besondere Gedächtnisleistung, die funktional nicht begründet werden konnte.

Die 1996 von den deutschen Kultusministern, von Österreich, der Schweiz, Liechtenstein sowie weiteren Staaten verabschiedete Reform, deren Grundzüge bereits seit einigen Jahren in Fachkreisen bekannt waren, rief bei der Veröffentlichung der neuen Wörterbücher zuerst vereinzelte Proteste, dann aber einen richtiggehenden Proteststurm hervor. Die Streitigkeiten in der Folge der Rechtschreibreform von 1996 und auch in der Folge der „Reform der Reform", des sogenannten „Rechtschreibkompromisses" von 2006, der viele Neuerungen wieder zurücknahm, kann man durchaus zwiespältig sehen: Einerseits könnte man sich freuen, dass plötzlich und überraschend (nämlich erst lange nach Bekanntwerden der geplanten Änderungen) eine durch einen Lehrer in Gang gebrachte Gegenbewegung einsetzte, die dann von vielen Seiten aufgegriffen wurde, bis hin zur Deutschen Akademie für Sprache und Dichtung, gewissermaßen der Stimme der deutschsprachigen Schriftsteller. Man könnte diese Bewegung als positives Zeichen eines großen Interesses der Bevölkerung an der Bewahrung der deutschen Sprache deuten, hätte es nicht zugleich bei vielen Bürgern Unkenntnis über die tatsächlichen Unterschiede der alten und der neuen Schreibung gegeben und müsste man nicht gleichzeitig bei einem erstaunlich hohen Anteil der Deutschen ein Desinteresse an der Reform verzeichnen: Das Ergebnis einer Umfrage des Instituts für Demoskopie Allensbach aus dem Jahre 2008 besagt, dass die Reform rund einem Drittel der Bevölkerung schlicht „egal" war.[19]

Aber es mangelte auch nicht an fundierter Kritik: Denn die neuen Regeln der Getrennt- und Zusammenschreibung sowie die vermehrte Großschreibung verletzten das Sprachgefühl und verfälschten in manchen Fällen den Sinn. Was Bürger und Experten am meisten erregte, waren sprachästhetisch ungewöhnliche Schreibungen wie die drei *f* in *Schifffahrt* und vor allem der ursprüngliche Vorschlag einer weitgehenden Getrenntschreibung. So sollte z. B. *leidtun* oder *leid tun* in *Leid tun* abgewandelt werden, also eine Schreibweise eingeführt werden, die dem grammatikalischen Faktum und auch dem Sprachempfinden widersprach (*leid* wird ja in diesem Falle nicht als Substantiv gebraucht). Die durchgängige Getrenntschreibung war ein massiver Eingriff in Grammatik und Schreibgewohnheit.

Die Reform von 1996 betrachtete viele Schreibungen aus der Sicht des Schreibers, weniger aus der des Lesers. Das kann man gut an der von der Reform vorgesehenen Getrenntschreibung erkennen. In der alten Schreibung wurden zusammengesetzte Verben in übertragener Bedeutung zusammengeschrieben, in wörtlicher Bedeutung auseinander, so die Faustregel: *sitzenbleiben* (die Klasse wiederholen) zusammen, *sitzen bleiben* (wörtlich) auseinander. Die neue Schreibung sah nur die Getrenntschreibung vor, was für den Schreiber eine Erleichterung darstellte, weil er sich die alte Unterscheidung nicht mehr merken musste; für den Leser aber konnte das eine Erschwernis bedeuten, weil er den Unterschied nun aus

---

[19] Nach Wikipedia-Artikel „Deutsche Rechtschreibreform", besucht am 29.12.2013.

dem Kontext erschließen musste, wenn er denn aus dem Kontext zu schließen war. Die Kritik lautete, dass außerdem wichtige Bedeutungsunterschiede durch die neue Schreibung eingeebnet würden, zum Beispiel bei *schönreden* versus *schön reden* oder *weiterentwickeln* versus *weiter entwickeln*. Die Reform der Reform von 2006 hat die strikte Getrenntschreibung denn auch berechtigterweise wieder rückgängig gemacht.

Was die eigentlich hilfreichen Vereinfachungen gegenüber der alten Schreibweise betraf (nach kurzem Vokal durchgängig *ss*; nach langem Vokal durchgängig *ß*; substantivierte Adjektive generell großgeschrieben usw.), so war selbst in diesen Fällen die öffentliche Reaktion wenig enthusiastisch. Zwar gab es seitens der Sprachwissenschaft kaum Kritik, aber man hatte unterschätzt, wie viele Bürger an den alten Formen hingen. „Natürlich schreibe ich *daß* weiterhin mit *ß* und *der einzelne* klein", hieß es trotzig auf Seiten vieler Erwachsener (sofern sie wussten, dass man zuvor *der einzelne* klein schrieb). So konnten sinnvolle Neuerungen die unsinnigen nicht aufwiegen. Ja, letztlich gab es für kaum eine Neuerung Sympathie, weder bei den Schriftstellern noch in der Öffentlichkeit.

Gleichwohl kann man der „Reform der Reform" etwas abgewinnen, weil sie sinnvolle Vereinfachungen und Systematisierungen beibehalten hat (wie z.B. das *dass* oder *im Allgemeinen*) und andererseits dem Sprachgefühl widersprechende Neuerungen wie *Leid tun* rückgängig machte. Durch alle diese Vorgänge hat die Sprachnorm jedoch an Autorität verloren. Viele Erwachsene beanspruchen das Recht auf Unkenntnis („Ach so, die neue Rechtschreibung? Also ich schreibe in der alten; die neuen Regeln kenne ich gar nicht. Da blickt ja auch sowieso keiner durch.") Inzwischen hat sich eine *Laisser faire*-Mentalität herausgebildet. Gern wird auch souverän verkündet: „Ich schreibe sowieso so, wie ich rede" – in naiver Verkennung der Tatsache, dass sich jede Schreibung, auch eine regelwidrige, immer eines kulturell geformten Inventars bedient, dass also Schreibung nie „natürlich" sein kann, sondern immer ein Transformationsprozess ist. „In der Lehrerschaft hat das Pfuschwerk Resignation, Unlust und Gleichgültigkeit ausgelöst", empört sich Dankwart Guratzsch in der *Welt*.[20] „Chaos im Sprechen und Schreiben" habe die Reform verursacht, so Heike Schmoll in der *Frankfurter Allgemeinen Zeitung* am 1.8.2015.

Statt also die Norm durch eine Reform annehmbarer zu machen und dadurch wiederum zu einem stärker normgerechten Schreiben beizutragen, hat die Reform die allgemeine Skepsis gegenüber der Sprachnorm verstärkt. Die Achtung vor einem regelkonformen Sprachgebrauch ist dadurch weiter gesunken. Durch das Bewusstsein, dass die Regeln ja menschengemacht und nicht metaphysisch vorgegeben sind, wurde das Empfinden verstärkt, sie seien überhaupt fragwürdig. Umfragen zu verschiedenen Zeitpunkten zufolge lehnte und lehnt eine Mehrheit der Bevölkerung die erste und die zweite Reform der Rechtschreibung ab, und nur eine Minderheit wendet sie überhaupt an. Viele Zeitungen und Unternehmen haben den Ausweg in einer Hausorthographie gesehen.

Dass die Politik nach derartigen Erfahrungen die Sprachnormierung wie der Teufel das Weihwasser scheut, kann man verstehen. So hat der frühere bayerische Kultusminister Zehetmair, seinerzeit Vorsitzender des Rates für Rechtschreibung, entnervt eingeräumt, man hätte besser die „Hände weggelassen" von der Reform.

---

[20] Ausgabe vom 14.11.2013.

Wer aber soll es richten?

Das Verhältnis von Sprache und Staat ist heikel. Denn die Sprache ist Grundlage des freien Denkens, Schreibens, Sprechens und Handelns. Sie muss sich unabhängig von politisch-moralischen Erwägungen weiterentwickeln können, um anwendbar zu bleiben: Allerdings braucht eine Sprache auch die formale Verbindlichkeit als Hochsprache, wenn sie denn eine solche sein soll. So unpopulär der Begriff der Norm bei vielen Menschen sein mag, so unerlässlich ist er für den gesellschaftlichen Konsens eines Sprachraums, schon gar eines Staatswesens.

Eine der Académie française vergleichbare Institution mit der Aufgabe, „über die französische Sprache zu wachen"[21] – eine Formulierung, die in Deutschland undenkbar wäre –, wurde die im Jahre 1949 in der Paulskirche gegründete Deutsche Akademie für Sprache und Dichtung jedenfalls nicht. Sie wurde mit dem Ziel gegründet, ein Ort des Austauschs, der Begegnung und der freien Diskussion für die bedeutendsten deutschsprachigen Schriftsteller und auch Sprachwissenschaftler zu sein. Die Tagungen der Akademie und die Vergabe ihrer Literaturpreise gehören zu den Höhepunkten des Geisteslebens in Deutschland. Die Akademie hat keinen Normungsauftrag und auch keinen offiziellen sprachpflegerischen Auftrag von Seiten des Staates. Im Vergleich mit ihrer französischen Schwesterorganisation nimmt sie sich bescheidener aus, wenn man an die finanzielle Ausstattung der Académie française denkt und an den Stellenwert, den der französische Staat ihr zumisst.[22] Der

---

[21] Siehe Homepage des Institut de France.
[22] Insgesamt 600.000 € beträgt der Jahresetat der Deutschen Akademie, rund 9 Mio. € beträgt der Haushalt des Institut de France, welches das administrative Dach über der Académie française bildet. Dem Institut de France gehören noch weitere Akademien an. Es verfügt

umstrittenen Rechtschreibreform von 1996 widersetzte sich die Deutsche Akademie allerdings beherzt und erfolgreich. Sie beeinflusste die „Reform der Reform", an der Mitglieder der Akademie im Rat für deutsche Rechtschreibung mitwirkten. Gemeinsam mit der Union der deutschen Akademien der Wissenschaften veröffentlichte sie 2013 den *Ersten Bericht zur Lage der deutschen Sprache*.[23] Die Akademie will künftig stärker von der Politik wahrgenommen werden. In einem Memorandum hat sie sich im Jahr 2011 „an die obersten Verfassungsorgane der Bundesrepublik Deutschland" gewandt und ein „Bekenntnis der Bundesrepublik Deutschland zu ihrer Akademie" und damit zu ihren wichtigen Aufgaben „für die Nation und für die ganze deutsche Sprachgemeinschaft" eingefordert.[24] Auch hat sie angemahnt, dass „die Kulturpolitiker des Bundes und der Länder sich des Rates der Akademie in vielen Fragen der Bildung und Erziehung bedienen." In dem schwungvoll geschriebenen Memorandum wirbt die Akademie um Anerkennung und Aufwertung ihrer Tätigkeitsfelder: sachkundige Begleitung der Sprachentwicklung, Vertreterin der deutschsprachigen Literatur, Verantwortung für das literarische Erbe wie für die Bildung künftiger Lesergenerationen sowie Beitrag zur Auswärtigen Kulturpolitik und zum Kulturdialog.[25] Für das wiedervereinigte Deutschland müsste es eine Selbstverständlichkeit sein, eine qualitativ so hochrangige Institution finanziell besser auszustatten, sie bildungspolitisch einzubeziehen und für das Prestige der deutschen

---

zusätzlich über einen aus Stiftungen und Spenden stammenden bedeutenden Immobilienbesitz. Die deutsche Akademie besitzt leider nichts dergleichen, freut sich aber, dass die Stadt Darmstadt ihr ein Haus auf der Mathildenhöhe kostenlos zur Verfügung stellt.

[23] Deutsche Akademie für Sprache und Dichtung, Union der deutschen Akademien der Wissenschaften, Hrsg. (2013).
[24] Deutsche Akademie für Sprache und Dichtung (2011).
[25] Ebenda, S. 18 f.

Sprache im Inland wie im Ausland zu nutzen. Aber solche Bestrebungen sind derzeit nicht zu erkennen. Nennenswerter Druck seitens der Öffentlichkeit und der nichtliterarischen Eliten bleibt bislang leider aus.

Ein Recht auf Mitsprache könnte auch dem Institut für Deutsche Sprache in Mannheim gewährt werden. Es ist ein von Bund und Ländern finanziertes Institut „zur Erforschung und Dokumentation der deutschen Sprache in ihrem gegenwärtigen Gebrauch und in ihrer neueren Geschichte", wie es in einer Selbstbeschreibung heißt. Das Institut leistet hervorragende Arbeit in der Beobachtung der deutschen Gegenwartssprache. Es veröffentlicht wissenschaftlich fundierte und zugleich allgemeinverständliche Berichte über neue Entwicklungen des Wortschatzes und der Grammatik. Als Seismograph für Sprachentwicklung gebührt ihm die Aufmerksamkeit all jener, die sich Gedanken über die Sprachnorm machen. Einen Auftrag in dieser Richtung hat das Institut dennoch nicht. Es ist zumindest Standort der Geschäftsstelle des Rats für deutsche Rechtschreibung, der im Auftrag der Kultusministerkonferenz arbeitet.

Die Kultusministerkonferenz und der Kulturstaatsminister fördern die Gesellschaft für Deutsche Sprache mit Sitz in Wiesbaden, die sich als Verein der Pflege und Erforschung der deutschen Sprache widmet sowie Sprachbeobachtung und Sprachberatung betreibt.

Diese Einrichtungen sind zwar qualifiziert in Sachen Normierung, aber sie entscheiden nicht. Letztlich liegen Fragen der Sprachnorm bei den sechzehn Kultusministern und – wenn inzwischen auch nicht mehr so unangefochten wie vor der Rechtschreibreform – bei Verlagen. Am bekanntesten ist immer noch der Duden, wobei manche eher auf den Wahrig schwören.

Es gibt also keine zentrale Instanz für Sprachnormierung in Deutschland. Damit schreibt die Bundesrepublik einen Zustand fort, der für das Land sonst nicht gerade typisch ist. Soll man es beklagen, dass Sprachplanung, das heißt unter anderem Maßnahmen zur Kodifizierung, Elaborierung und Kultivierung der Sprache einschließlich der Terminologieplanung, keinen zentralen Ort hat, also auch nicht geplant betrieben wird?[26] Die Frage ist nicht leicht zu beantworten. Gewiss kann man die Franzosen um ihre klare Sprachpolitik beneiden. Eine Rechtschreibreform ist aber auch der Grande Nation nicht gelungen. Das Wörterbuch der Académie française kommt nur mühselig voran. Dem Ursprung der französischen Norm aus dem „bon usage de la cour", aus dem guten Sprachgebrauch des Hofes, ist die deutsche Tradition einer Norm aus der Volkssprache vorzuziehen. Allerdings ist das in Frankreich praktizierte staatliche Engagement zugunsten französischer Neuprägungen durchaus erfolgreich. So veröffentlicht die direkt beim Premierminister angesiedelte „Commission générale de terminologie et de néologie" ständig französische Wortprägungen für neue Sachverhalte und Gegenstände. Diese werden im „Journal officiel" veröffentlicht und in speziellen Wortsammlungen nach Sachgebieten der Öffentlichkeit kostenlos angeboten. Auf einer entsprechenden Website finden sich 6.500 Begriffe dieser Art.[27] Die staatlichen Stellen sind gehalten, diese Wörter zu verwenden. Darüber kann man in Deutschland natürlich nur nachsichtig lächeln oder den Kopf schütteln, wie auch über die französische Sprachexportpolitik – obwohl Vergleichbares ja derzeit in Deutschland überwiegend dezentral und auf eigene Faust mit den Vorschriften zu „gendergerechter Sprache" in Ministerien, Hochschulen, Kirchen und Kommunen geschieht.

Wenn nun aber die deutsche Tradition mit ihrem immer wieder auszubalancierenden Verhältnis zwischen

---

[26] Siehe Janich (2005).
[27] www.FranceTerme.culture.fr

privaten Verlagen, Vereinen, Gesellschaften, wissenschaftlichen Instituten und einer föderalen Bildungspolitik in der Fortschreibung des Standarddeutschen nicht nachkommt, sollte der Deutschen Akademie für Sprache und Dichtung, dem Institut für deutsche Sprache sowie weiteren Organisationen eine gewichtigere Rolle mit entsprechender Beauftragung seitens des Staates und finanzieller Ausgestaltung zugeschrieben werden, in einer Art Kompromiss zwischen französischer Entschiedenheit und deutscher Subsidiarität.

Beispielsweise ist die Neologie – die Wortentstehung und die Wortschöpfung für neue Begriffe – offiziell niemandes Angelegenheit in Deutschland. Und so kümmert sich dann der anti-anglizistische Verein Deutsche Sprache darum, indem er Wortlisten mit Eindeutschungen veröffentlicht – die dann der Duden zur Empörung des Vereins nicht übernimmt, woraufhin der Verein den Duden wegen „Sprachpanscherei" an den Pranger stellt (weil es u.a. der *Klaprechner* nicht in die neue Ausgabe geschafft hat, wohl aber der *Laptop* darin zu finden ist).[28] Sprachentwicklung auf deutsche Art! Wie nennt so etwas der erstaunte Franzose, und diesmal ist er es, der milde lächelt? *Une querelle d'Allemands.*

Ebenfalls kurios: Sprache und Gesetz

Interessant ist im Zusammenhang mit Fragen der Normung die rechtliche Stellung der deutschen Sprache im eigenen Land. Kurioserweise ist sie nämlich nur stellenweise verbindlich. Im Grundgesetz steht nichts von

---

[28] Die umfangreiche sprachpflegerische Arbeit von weiteren Vereinen, Gesellschaften und Stiftungen soll hier keineswegs kleingeredet werden. Sie ist nur für Fragen der Sprachnormierung nicht entscheidend

der Sprache der Bundesrepublik, im Unterschied zu den Verfassungen anderer Länder wie beispielsweise Polen, Frankreich, Schweden oder Lettland. Versuche aus der CDU, mit Unterstützung des Bundestagspräsidenten Norbert Lammert das Deutsche als Landessprache in das Grundgesetz aufzunehmen, wurden nach ablehnenden Reaktionen sogar aus der eigenen Partei nicht mehr weiterverfolgt. Immerhin ist Deutsch als Sprache der Gerichte in einer Reihe von Gesetzen festgelegt;[29] Paragraph 23 des Bundesverwaltungsgesetzes schreibt das Deutsche als Sprache in Parlament und Gerichten vor. Jedoch hat der Bundesrat im Jahr 2010 einem Gesetzentwurf zugestimmt, der Englisch als Gerichtssprache bei internationalen Handelssachen zulässt. Die Begründung ist unbesorgt um die Bewahrung der deutschen Rechtssprache: „Der Gerichtsstandort Deutschland wird durch die Einführung von Englisch als Gerichtssprache in hohem Maße an Attraktivität gewinnen."[30] Wie Gerhard Stickel treffend formuliert, „würde das Primat der deutschen Sprache in einer wichtigen Domäne des offiziellen Sprachgebrauchs aufgegeben."[31] Bezeichnend ist der im Gesetzesentwurf verwendete Begriff *Gerichtsstandort*. Offenbar geht es nicht um das Verhältnis von Staat und Bürger in der Rechtspflege, sondern ähnlich wie beim *Industriestandort* um wirtschaftliche Aspekte, offenbar ein schlagendes Argument. Da ist es doch beruhigend, dass die deutsche Sprache wenigstens im Kontakt mit dem Finanzamt vorgeschrieben ist!

---

[29] Stickel (2012), S. 252.
[30] Ebenda, S. 253.
[31] Ebenda.

Sprachnorm in Bewegung

Die deutsche Sprache hat zur Jahrtausendwende eine befriedigende Standardisierung erreicht. Sie sei „im Hinblick auf Laut und Schrift sowie ihren Wortschatz und ihre Grammatik sprachwissenschaftlich gut erfasst und beschrieben", resümiert der Berliner Linguist Thorsten Roelcke in seiner *Geschichte der deutschen Sprache* den Stand des Standarddeutschen. Er fügt aber hinzu: „Gleichwohl kann die Entwicklung der Standardisierung bzw. Normierung der deutschen Sprache heute keineswegs als abgeschlossen gelten – im Gegenteil: Jüngere Tendenzen der deutschen Sprachgeschichte scheinen die erreichte Norm bereits wieder zu verschieben und aufzuweichen."[32] Jeder, der unserer Sprache eine gewisse Aufmerksamkeit schenkt, kann das im Alltag beobachten: Zum Beispiel *weil* ohne Verbendstellung im Nebensatz („weil er hat es mir gesagt") – wobei die Verbendstellung gerade Ausländern als ein Charakteristikum des Deutschen gilt. Oder das Vorrücken des Dativs in Kombination mit der Präposition *von* („der Sohn von meiner Nachbarin") zu Lasten des Genitivs, öffentlichkeitswirksam von Bastian Sick in „Der Dativ ist dem Genitiv sein Tod", dem wohl erfolgreichsten Buch zum aktuellen Sprachgebrauch, thematisiert.[33] Gleichzeitig lässt sich in Alltagsgesprächen ein hyperkorrekter Gebrauch des Genitivs feststellen, etwa wenn jemand sagt, er habe etwas „entsprechend des Gesetzes" getan, oder ein Haus liege „gegenüber des Schulgebäudes". Den schwankenden Gebrauch grammatischer Formen beschreibt der Leiter des Instituts für deutsche Sprache, Ludwig Eichinger, in seinem Beitrag zum *Ersten Bericht zur Lage der Sprache*,

---

[32] Roelcke (2009), S. 89.
[33] Sick (2004).

z. B. *den Student, den Dirigent* (anstatt *den Studenten, den Dirigenten*), wechselnden Gebrauch von Fällen nach Präpositionen (*wegen* eigentlich mit Genitiv, *trotz* eigentlich mit Dativ, oft aber genau umgekehrt eingesetzt), häufige Auslassung von *zu* bei *brauchen*, schwankender Gebrauch bei Adjektiven in Reihung: *mit langem weißen Bart* oder *mit langem weißem Bart*.

Aber kaum jemand dürfte zu dem Ergebnis kommen, dass mit derartigen Gebrauchsunsicherheiten gleich die ganze Sprache am Ende sei. Und doch ist es wünschenswert, dass solche Fälle mit richtig und falsch bewertet werden oder dass offiziell entschieden wird, den schwankenden Gebrauch zuzulassen, wenn er nicht zu Missverständnissen führt. Sprachwissenschaftler sind aber zurückhaltend in der Bewertung, denn sie sind Sprachbeobachter und keine Sprachnormierer. Zwar haben sich die Grammatiker früherer Jahrhunderte getraut, normative Urteile zu fällen, aber die Linguistik will das heute nicht. Thorsten Roelcke führt die Abstinenz in Normfragen auf die eher an sprachgeschichtlichen Fragen interessierte deutsche Sprachwissenschaft des 19. Jahrhunderts zurück. Sie bringe „eine nicht unwesentliche Vernachlässigung der Erforschung und der Normierung der deutschen Gegenwartssprache mit sich – ein Versäumnis, das durch die Germanistische Sprachwissenschaft der Nachkriegszeit nur zum Teil ausgeglichen wird."[34] Dass die Linguistik bei Geschmacksfragen abwinkt, ist nur seriös, denn ästhetische Betrachtungen sind Angelegenheit der Literaturwissenschaft. Zur Frage der Sprachrichtigkeit aber, das heißt zur Frage der standarddeutschen Norm, kann in erster Linie sie kompetent Stellung nehmen. Denn sie kann falsches Deutsch aus der grammatischen Norm heraus bewerten. Sie kann und soll, wie Peter Eisenberg

[34] Roelcke (2009), S. 88.

schreibt, „dem geschriebenen Standard als normsetzender Leitvarietät Geltung [...] verschaffen."³⁵ Auch dafür wäre angesichts der beklagten Defizite in der Sprachkenntnis von Schülern und Studenten sowie der im Folgenden beschriebenen Veränderungen ein institutioneller Rahmen erforderlich.

Über die genannten, eher harmlosen Gebrauchsschwankungen hinaus gibt es aber derzeit Entwicklungen ganz anderer, viel grundsätzlicherer Art. Der Sprachwissenschaftler Uwe Hinrichs hat sie in seinem Buch über *Multi Kulti Deutsch* zusammengetragen.³⁶ Hinrichs hat den Einfluss beschrieben, den die Millionen Zuwanderer auf der Grundlage ihrer Herkunftssprachen auf das Deutsche ausüben. Durch seine Kenntnis einiger Herkunftssprachen der nach Deutschland Zugewanderten kann er sprachliche Besonderheiten der Zuwanderer als Phänomene des Sprachkontakts erkennen und beschreiben. Wenn man sich das Faktum vor Augen führt, dass in unserem Land „10 Millionen Menschen eine andere Sprache sprechen als Deutsch" und dass sie allerdings eben auch Deutsch sprechen, *ihr* Deutsch gewissermaßen, dann ist eine genaue Betrachtung der von ihnen ausgehenden Einflüsse überfällig. Aus „Indizien, die sich auf hundertfache Beobachtung stützen", trägt Hinrichs eine Reihe von Phänomenen zusammen.³⁷ Als wichtigste Veränderungen nennt er: „Abbau der Kasus, Erosion der Endungen, Abbau des grammatischen Zusammenhangs, Schwankungen beim Artikel, neue Rolle der Präpositionen, neue lexikalische Modelle, neue Fremdwörter aus anderen Kulturkreisen."³⁸ Einige Beispiele aus den Beobachtungen Hinrichs' über die von Zuwanderern beein-

---
³⁵ Eisenberg (2009), S. 64.
³⁶ Hinrichs (2013).
³⁷ Ebenda, S. 16.
³⁸ Ebenda, S. 28.

flusste deutsche Umgangssprache: *Portion Pfifferlingen mit Ei, Rumpsteak mit Pfifferlinge*; *das Auto von mein Vater*; *mit diesen Problem*; *wir fahren im Urlaub*; *wo gehst du*; *mit ein niedlichen Eisbär*; *mehr aufgeregt*; *nehm das*; *er befehlte*. Hinrichs kann viele Beispiele auf die Ausgangssprachen zurückführen: So wird im Arabischen und im Türkischen das Hilfsverb *sein* häufig weggelassen, was im Deutschen zu den bekannten auffälligen Formen führt. Das Türkische kennt das Hilfsverb *haben* nicht. Die Kasus im Türkischen kommen erst am Ende der oft sehr langen Wörter, sodass sie für den türkischen Sprecher nicht so wichtig sind wie im Deutschen. Auch die Personalpronomina können weggelassen werden. Im Arabischen stehen alle Präpositionen mit demselben Kasus. Der auffällige Satzbau, in dem statt mit dem Subjekt mit dem Verb begonnen wird (*hab isch gesehen mein' Kumpel*), hat seinen Ursprung in der Wortstellung des Arabischen. Kaum eine Migrantensprache hat einen Artikel. Man kann sich also viele fehlerhafte deutsche Sätze von Zuwanderern aus dem Kontakt des Deutschen mit den Herkunftssprachen erklären. Das ist für alle Lehrkräfte von Bedeutung, die Deutsch als Zweitsprache unterrichten.

Aber darum geht es Hinrichs nicht. Er will darauf aufmerksam machen, dass im massenhaften Sprachkontakt Veränderungen der deutschen Umgangssprache angebahnt werden. „Das gesprochene Deutsche", so schreibt er, „befindet sich heute, 2013, in dem fortgeschrittenen kritischen Stadium eines beschleunigten, zu großen Teilen durch Sprachkontakte ausgelösten Sprachwandels."[39]

Hinrichs rät davon ab, diesen Sprachwandel aus konservativer Sicht abzulehnen oder ihn aus progressiver Sicht zu begrüßen. Er stellt schlicht die Bereiche dar, in denen

---

[39] Ebenda, S. 19.

der Wandel stattfindet, und empfiehlt, sie zur Kenntnis zu nehmen. Auch macht er sich nicht zum Apostel des Kiezdeutschen, ja, er warnt vor den Idealisierungen einer politisch korrekten Linguistik, die einen Jugendslang gleich als neuen Dialekt bewertet.[40] Linguistisch bewertet er manche Phänomene als Zeichen einer Pidgin-Sprache, zum Beispiel den Ausfall des Artikels oder die auffällige Reduktion der Grammatik.[41] Das kreolische Prinzip sei die Folge einer Mehrsprachigkeit: Was nicht gebraucht werde, werde abgeschliffen, vieles werde dem Kontext überlassen.[42]

Hinrichs' Prognosen zur Entwicklung des Deutschen sind drastisch: Die deutsche Sprache werde sich deutlich verändern; die Kasus gingen zurück; der Bezug der Satzteile zueinander werde unklarer; die Schreibnorm löse sich auf; das Deutsche bewege sich auf einen anderen Sprachtypus zu. Diese Tendenzen zur Erosion der Norm sieht Hinrichs befördert durch eine „Tendenz zur Abschleifung in der gesprochenen Sprache", durch ein „Absinken der Toleranzschwelle" und durch ein modernes Sprachbewusstsein: „Man kann mit lascher Syntax durchaus punkten."[43]

Sind die Fehler von heute tatsächlich die Normen von morgen? Sehen wir die Abweichungen von der bisherigen Norm nur als Fehler an, weil wir den Sprachwandel nicht erkennen? Sind wir Fehlerfetischisten, die der „Illusion der Unverrückbarkeit der Muttersprache"[44] aufsitzen,

---

[40] „Die unkritische Verklärung eines Großstadt-Pidgin mit absehbarer Halbwertzeit als kreatives Sprachlabor des Deutschen trägt unweigerlich bei zur Zementierung der sozialen wie der sprachlichen Probleme ganzer Bevölkerungsschichten – wie auch übrigens zum wachsenden Unmut in der Bevölkerung." S. 18.
[41] Ebenda, S. 222.
[42] Ebenda, S. 255.
[43] Ebenda, S. 250, 253.
[44] Ebenda, S. 277.

wenn wir die dargestellten Abweichungen als fehlerhaft bezeichnen? Obwohl Hinrichs den Sprachkontakt nicht idealisiert, sondern auch als ein Ringen verschiedener Einflüsse miteinander begreift, lädt er doch am Ende seines Buches dazu ein, die Einflüsse der Zuwanderer-Sprachen zu akzeptieren.

Und so stellt sich doch wieder die Frage nach der Norm. Es stellt sich die Frage, ob die Sprachgemeinschaft diesen Weg gehen will, oder ob sie jedenfalls in den entscheidenden Machtbereichen einer Hochsprache, also in Schule, Ausbildung, Hochschule, Gesetzgebung und Rechtsprechung, an der kodifizierten Norm festhalten will. Dann allerdings muss sie Anstrengungen unternehmen, um den realistisch beschriebenen Vereinfachungen und Abschleifungen entgegenzuwirken.

Nur, wer soll eine solche Entscheidung fällen? Wen interessiert es überhaupt, eine derartige Frage als politische, weil die Allgemeinheit betreffende, zu stellen oder gar zu beantworten? Auch hier zeigt sich wieder das Vakuum, das aus der kuriosen Geschichte des Verhältnisses von Staat und Norm in Deutschland herrührt. Wer wird die deutsche Grammatik dereinst umschreiben? Wer wird entscheiden, wann die Kasus freigegeben werden? Die Frage, ob und wie unsere Sprachgemeinschaft Einfluss auf ihre eigene Ausdrucksform nehmen will, muss sie noch beantworten: etatistisch oder zivilgesellschaftlich, in Kombination beider – oder gar nicht.

Kapitel 9
Die deutsche Sprache in Europa

Sprachnationen und Kultursprachen – Europäische Regierungssprache? – Deutsch: ein paar Zahlen – Sprachverbreitung – Deutsch in den Institutionen der Europäischen Union – Deutsche Reaktionen? – Wie kann es gehen?

In Deutschland neigt man in öffentlichen Debatten wie privaten Gesprächen gern zur pragmatischen Behandlung der Sprachenfrage in Europa. Pragmatisch heißt hier, das zu tun, was am kostengünstigsten und am unkompliziertesten ist. Sprache ist in dieser Sicht ein austauschbares Ausdrucksmittel. Warum also an der eigenen Sprache festhalten? Warum nicht eine gemeinsame Sprache für die Europäische Union akzeptieren, mit ihren 28 Staaten, 24 Sprachen und damit 552 Dolmetsch-Kombinationen?

Sprachnationen und Kultursprachen

Wenn das so einfach wäre! Das Experiment einer friedensstiftenden Gemeinschaft europäischer Staaten findet nicht auf einer tabula rasa statt. Der Kontinent ist kein reines Einwanderungsgebiet, das durch Besiedlung von außen einen Gründungsmythos entwickeln könnte. Die

Nationalstaaten waren schon vor der europäischen Einigung da. Man kann diese Gebilde politisch ablehnen und für überkommen, sogar für schädlich halten. Man kann darin aber auch politisch-kulturelle Errungenschaften erkennen, die zur Stabilität, Integration und Kontinuität von Gemeinwesen beitragen. Historisch wird man wohl am besten beide Aspekte der Nationenbildung zur Kenntnis nehmen. Aber obwohl solche Identitätsmerkmale bestehen, hat das Deutsche keine *Sprachnation* begründet. Weil die Reichsgründung im 19. Jahrhundert nicht den Sprachgrenzen entsprechend verlief, wird das Deutsche heute in sieben europäischen Staaten als staatliche Amtssprache und insgesamt in dreizehn europäischen Staaten gesprochen. Und tatsächlich fällt die Identifikation mit der deutschen Sprache beispielsweise in Deutschland und Österreich oder der Schweiz durchaus unterschiedlich aus, weshalb man es auch als „polyzentrisch" bezeichnet. Einer EMNID-Umfrage aus dem Jahr 2011 entsprechend ist für 43 Prozent der Deutschen ihre Sprache das wichtigste Zeichen ihrer Identität, aber nur für 16 Prozent der Österreicher, was mit der jüngeren Geschichte zusammenhängen dürfte.[1] Die Sprache gehört offensichtlich zum Identitätsinventar der Deutschen; in den meisten europäischen Ländern dürfte die Identifikation mit der eigenen Sprache allerdings stärker ausfallen, beispielsweise in Polen und Frankreich.

Europäische Regierungssprache?

Wenn man den Vorschlag des Bundespräsidenten in seiner Rede zu Perspektiven der europäischen Idee am 22.2.2013, Englisch als gemeinsame europäische Verkehrssprache

---

[1] *Sprachnachrichten* Nr. 49/März 2011, S.2.

einzuführen, zu Ende denkt, was bedeutet er? Auf der europäischen Ebene sprechen wir uns für eine gemeinsame Sprache aus, das Englische, das selbst Muttersprache eines Mitgliedslandes ist. Das hieße, dass die Deutschen mit den Instanzen der europäischen Ebene auf Englisch kommunizieren würden. Anfragen, Anträge, Eingaben – der deutsche Bürger würde den Institutionen der Europäischen Union in englischer Sprache gegenübertreten, und sie ihm.

Sprachlich „beheimatet" wäre der Europäer in dieser Union jedenfalls nicht, sofern seine Muttersprache seine sprachliche Heimat ist. Man müsste schon einen Schritt weiter denken: Wenn die gemeinsame Sprache Englisch erst „für alle Lebenslagen und Lebensalter" durchgesetzt wäre, hätte die deutsche Sprache ihren wichtigsten Rückhalt verloren: den Gebrauch. Warum sollte man dann auch noch von EU-Ausländern – und überhaupt von Ausländern – erwarten, dass sie, wenn sie sich in Deutschland niederlassen, die Landessprache lernen? Schon bald könnte es als diskriminierend angesehen werden, wenn Sprachkenntnisse in einer der Nationalsprachen verlangt würden, weil eine solche Anforderung den freien Verkehr der Personen und die Niederlassungsfreiheit beeinträchtigten.

Die europäischen Muttersprachen sind Hochsprachen. Das ist ein bestimmter Status, den nur ein Teil der Sprachen der Welt erreicht, denn nur 300 von ihnen haben überhaupt mehr als eine Million Sprecher.[2] Hochsprachen sind in Grammatik, Wortschatz und Aussprache kodifiziert und werden in dieser Kodifizierung unterrichtet. Sie sind Ausgangspunkt technischer und wissenschaftlicher Fachsprachen. Sie werden als Sprachen der Gesetzgebung und der politischen Repräsentanz verwendet. Sie leisten Beiträge zu Literatur und Publizistik. Einige von ihnen

---

[2] Göttert (2013), S. 18.

sind auch darüber hinaus traditionelle Fremdsprachen, die in Schulen gelehrt werden.

Wenn der fortschreitende Prozess der europäischen Einigung auf eine einzige Regierungssprache hinausliefe, würde der Status dieser Hochsprachen verändert. Das muss man bedenken, und das muss man wollen, wenn man einem solchen Vorschlag folgt – oder ähnlichen Vorschlägen wie jenem des Soziologen Ernst Gerhards, der es nachgerade für ein Erfordernis hält, das Englische auf Kosten der Nationalsprachen als Sprache der Europäischen Union zu fördern: Das Englische müsse *aus Gründen der Demokratie* als Regierungssprache der EU eingeführt werden, und die Deutschen selbst müssten das betreiben. Die Argumentation sieht zusammengefasst folgendermaßen aus: Die verschiedenen Sprachen in Europa behindern die europäische Einigung. Denn wenn Europa mehrsprachig bleibt, werden all jene Bürger benachteiligt, die neben ihrer Muttersprache keine Fremdsprache sprechen. Nachteile entstehen den Bürgern beim innereuropäischen Austausch, also bei der Mobilität, der Bildung, der Mitwirkung. Es würden nur wieder die Eliten von den Möglichkeiten profitieren, die die EU bietet. Es sei genauso wie in den Wissenschaften: „Will man gleiche Wettbewerbschancen für alle Forschungen ermöglichen und damit das Gebot der Chancengleichheit, selbst Voraussetzung einer gerechten Gesellschaft, realisieren, muss man die Menschen in die Lage versetzen, in ein und derselben Sprache zu kommunizieren."[3] Aus diesen moralischen und demokratietheoretischen Gründen hält der Autor es für sinnvoll, „die Dominanz des Englischen als *lingua franca* nicht nur notgedrungen zu akzeptieren, sondern politisch aktiv zu fördern und das auf Kosten anderer Sprachen Europas und der Minderheitensprachen.[4]

[3] Gerhards (2010), S. 214.
[4] Ebenda, S. 214 f.

Dem Vorschlag steht allerdings die Tatsache entgegen, dass sich viele Bürger mit ihren Sprachen identifizieren und nicht ohne weiteres bereit wären, eine so drastische Statusveränderung hinzunehmen. In Deutschland wären gerade einmal 11 Prozent dafür.[5] Es wäre zu befürchten, dass die ohnehin schon angeschlagene Identifikationskraft der EU durch einen solchen Schritt weiter geschwächt würde. Mit ihren Sprachen verbinden manche Sprachgemeinschaften ein Prestige, beispielsweise die französische, die auf der Erhaltung und Verbreitung ihrer Sprache mit Selbstbewusstsein und Konfliktbereitschaft besteht.

Es steht der Idee einer einzigen Regierungssprache im übrigen entgegen, dass einzelne europäische Hochsprachen auch außerhalb Europas weit verbreitet sind.

Deutsch: Ein paar Zahlen

Das trifft auch noch auf das Deutsche zu. Die Zahlen werden in den Debatten um die Rolle der deutschen Sprache in Europa regelmäßig genannt; in Diskussionen außerhalb der Fachkreise erregen sie jedoch immer wieder Erstaunen. Deshalb stelle ich sie hier noch einmal zusammen:

Das Deutsche hat 103,5 Millionen Muttersprachler und gehört damit zu den 10 verbreitetsten Sprachen der Welt. Das ist ziemlich weit vorn, wenn man bedenkt, dass es über 6.000 Sprachen in der Welt gibt. In der EU ist es die meistgesprochene Muttersprache. Rund ein Drittel der Europäer hat fremdsprachliche Deutschkenntnisse. Damit steht Deutsch an zweiter Stelle in der EU. Deutsch hat den Status einer nationalen oder regionalen Amtssprache nicht nur in Deutschland, sondern in sieben Staaten:

---

[5] Göttert (2013), S. 7.

außer in Deutschland noch in Österreich, Belgien, Italien, Luxemburg, in der Schweiz und in Liechtenstein. Es gibt auch viele deutsche Muttersprachler außerhalb des Amtssprachengebiets. Es sind 7,5 Millionen weltweit. Starke deutschsprachige Minderheiten gibt es z. B. in Brasilien (1,1 Mio.), in den USA (1,4 Mio.), in Kanada (500.000), in Südafrika (500.000), aber auch in Frankreich (1,3 Mio.), Polen (600.000) und Russland (756.000).[6] Ja, sogar in der Dominikanischen Republik (30.000).

14,5 Millionen Menschen lernen Deutsch als Fremdsprache in Schulen und Hochschulen. Dem Jahrbuch 2014/2015 des Goethe Instituts zufolge wird Deutsch derzeit an 95.000 Schulen weltweit gelernt. Die Spitzenländer sind Polen, Russland und Frankreich. Die Lernerzahlen sind zwischen 2000 und 2010 allerdings um über drei Millionen zurückgegangen, vor allem in Osteuropa und in den Nachfolgestaaten der Sowjetunion. Eine nennenswerte öffentliche Reaktion auf diesen immerhin substanziellen Rückgang blieb aus. Der jüngsten Erhebung des Auswärtigen Amtes aus dem Jahre 2015 zufolge konnte der Abwärtstrend allerdings bei derzeit 15,4 Millionen Deutschlernern gestoppt werden.[7] Deutsch geht als erste Fremdsprache zurück, hält sich aber als wichtigste zweite Fremdsprache derzeit vor dem Französischen. Jüngere Anmeldezahlen bei Sprachkursen des Goethe-Instituts insbesondere in Südwest- und Südosteuropa zeigen eine erfreuliche Zunahme des Deutschlernens im Ausland als Reflex der Wirtschaftskraft Deutschlands und krisenhafter Verhältnisse in anderen Ländern („sprunghaft gestiegenes Interesse", schrieb *Die Welt* am 30.10.2011). Die Zunahmen liegen teilweise bei bis zu 70 Prozent. Auch in Irland und Ungarn haben die Schülerzahlen wieder um

---

[6] Alle Zahlen von Ammon (2015), Kapitel D.
[7] Auswärtiges Amt (2015): Deutsch als Fremdsprache weltweit. Datenerhebung 2015.

10 bzw. 30 Prozent zugenommen.[8] In Griechenland (!) wählte 2011 jeder zweite Gymnasiast Deutsch als Fremdsprache.[9]

Wenn man die Zahlen der Muttersprachler und der Deutschlerner in der Europäischen Union zusammenzählt, liegt Deutsch mit 32 Prozent der Bevölkerung auf dem zweiten Platz, hinter Englisch (51 Prozent) und vor Französisch (26 Prozent).[10] Der deutsche Anteil ist derzeit vielleicht etwas niedriger, aber die Rangfolge dürfte gleichgeblieben sein. Günter Ammon nennt ein interessantes Detail: dass nämlich die Anzahl der Staaten, in denen Deutsch als Fremdsprache in der Schule unterrichtet wird, in den letzten Jahrzehnten um immerhin 21 auf 119 Staaten zugenommen habe.[11] Das heißt: Deutsch wird weltweit als Fremdsprache gelehrt. Jutta Limbach, die frühere Präsidentin des Goethe-Instituts, nimmt an, dass insgesamt 63 Millionen Menschen Deutsch als Fremdsprache sprechen.[12] Ammon berichtet von Schätzungen, die bei 100 Millionen liegen.[13] In seinem jüngsten Überblick über die Lage der deutschen Sprache in der Welt kommt Ammon bei der Zahl derjenigen lebenden Personen, die in ihrer Bildungslaufbahn in der einen oder anderen Form Deutsch als Fremdsprache gelernt haben, auf bis zu 300 Millionen.[14] Allein 140.000 Lehrkräfte unterrichten derzeit Deutsch als Fremdsprache.[15] Obwohl die deutsche Sprache also eine auch international gebrauchte Sprache ist, hat sie in mehreren internationalen Organisa-

---

[8] *Die Welt*, 30.10.2011.
[9] Ebenda.
[10] Eurobarometer Spezial „Die Europäer und ihre Sprachen", allerdings aus dem Jahre 2006.
[11] Ammon (2010).
[12] Limbach (2012).
[13] Ammon (2010).
[14] Ammon (2015), S. 179.
[15] Ammon (2011), S. 173.

tionen nicht den Status einer Amtssprache erlangt – nicht in der UNO, wo es nur Dokumentensprache ist, nicht im Europarat, in dem es keinen herausgehobenen Status hat, anders als Englisch, Französisch und Russisch.

Sprachverbreitung

Die Verbreitung einer Sprache ist nicht nur im Blick auf ihre Nützlichkeit von Bedeutung. Hinzu kommt, dass Menschen, die eine fremde Sprache lernen, sich auch mit der Kultur der jeweiligen Sprachgemeinschaft vertraut machen. Mit der Verbreitung einer Sprache steigt ihr Prestige, das über die funktionalen Vorteile hinaus wirkt. Es verwundert daher nicht, dass große Kultursprachen zum Gegenstand von Sprachverbreitungspolitik geworden sind.

Frankreich hat beispielsweise schon sehr früh Wert darauf gelegt, die Sprache der Diplomatie zu stellen und war damit bis zum Versailler Vertrag, als das Englische hinzutrat, überaus erfolgreich. Noch in der Situation einer verheerenden Niederlage nach den napoleonischen Kriegen konnte Talleyrand in den Verhandlungen des Wiener Kongresses selbstverständlich auf Französisch taktieren.[16] Die Durchsetzung der deutschen Sprache als Vertragssprache in der Diplomatie wurde erst von Bismarck, allerdings zögerlich, betrieben, von Wilhelm II. beherzt. Anders gelagert war die rabiate Durchsetzung des Deutschen als offizielle Sprache in den deutschen Ostprovinzen Ende des 19. Jahrhunderts.[17]

Eine gezielte Sprachexpansion war in der kurzen Zeit des deutschen Kolonialismus nicht unternommen wor-

---

[16] Eine konzise Darstellung der französischen und deutschen Sprachverbreitungspolitik gibt Baumann (2003).
[17] Von Polenz (1999), S. 211.

den.[18] Gleichwohl wurde das Deutsche schon im 19. Jahrhundert eifrig im Ausland gelernt.[19] Aber erst in den Zwanzigerjahren des letzten Jahrhunderts begann ein systematischer deutscher Sprachexport ins Ausland, vergleichbar dem französischen (letzterer bündelte sich in der bereits 1883 gegründeten Alliance Française und in den zu Beginn des 20. Jahrhunderts errichteten Instituts Français). Das spätere Goethe-Institut wurde 1932 zunächst unter dem Namen Deutsche Akademie gegründet. In der Zeit der NS-Diktatur war die Sprachverbreitungspolitik nichts als „ein gezielt eingesetztes Instrument der nationalsozialistischen Rassenideologie."[20]

Die insgesamt auf Austausch der Kulturen und nicht auf einseitige Kulturvermittlung ausgerichtete auswärtige Kulturpolitik der Nachkriegszeit setzte sich deutlich von nationalistischen und hegemonialen Zielsetzungen ab. In der Ära Brandt galt die deutsche Sprache „als Träger, nicht als Ziel unseres Wirkens im Ausland", wobei ausdrücklich empfohlen wurde, sich „der gebräuchlichsten Sprache als Kommunikationsmittel zu bedienen."[21] Die Regierung Kohl verstärkte wieder den Akzent einer Verbreitung der deutschen Sprache. Inzwischen orientiere man sich „mehr am traditionellen französischen Modell der Sprachverbreitungspolitik als zentralem Element des kulturellen, wirtschaftlichen und kulturellen Einflusses", urteilt Ansbert Baumann[22], wobei man hinzufügen muss, dass es hier doch erhebliche Unterschiede gibt, allein wegen des großen Netzwerks der Frankophonie: jenes Zusammenschlusses der Staaten, die Französisch als Amtssprache haben oder als Sprache besonders fördern,

---

[18] Stark (o.J.), S. 9.
[19] Von Polenz (1999), S. 196.
[20] Stark (o.J.), S. 14.
[21] Von Polenz (1999), S. 215.
[22] Baumann (2003), S. 16.

und wegen des traditionellen sprachpolitischen Bekenntnisses Frankreichs, das keine Mühen und keine finanziellen Mittel scheut, wenn es um die Verbreitung seiner Sprache geht.

Inzwischen bekennt sich aber auch die deutsche auswärtige Kulturpolitik deutlicher zur Verbreitung der deutschen Sprache. „Die weltweite Förderung der deutschen Sprache ist ein Kernziel der Auswärtigen Kultur- und Bildungspolitik", heißt es in einem Bericht der Bundesregierung an den Deutschen Bundestag aus dem Jahr 2012.[23] Im Koalitionsvertrag zur 18. Legislaturperiode bekennt man sich dazu, „Interesse an der deutschen Sprache und Kultur" wecken zu wollen.[24] Initiativen der auswärtigen Kulturpolitik wie das Projekt „Schulen: Partner der Zukunft" (PASCH), das Schulen in der ganzen Welt fördert, welche „die Vermittlung der deutschen Sprache und Kenntnisse über Deutschland in den Mittelpunkt stellen"[25], sind durchaus erfolgreich. PASCH erreicht 600.000 Schüler in 1.800 Schulen. Es ist zu begrüßen, dass dieses Projekt offiziell als „außenpolitisches Instrument" bezeichnet wird.[26]

Aber wie passt es dazu, dass im Januar 2014 die Deutsche Welle, Deutschlands Auslandsrundfunk und -fernsehen, mit einem Etat von zuletzt 271 Millionen €, verkündet, auf Englisch umzusatteln? Der Sender wolle ein „globaler Informationsanbieter aus Deutschland"

---

[23] Unterrichtung durch die Bundesregierung. Bericht der Bundesregierung zur Auswärtigen Kultur- und Bildungspolitik 2010/2011, Drucksache 17/8326, 11.1.2012, S. 4.
[24] Deutschlands Zukunft gestalten. Koalitionsvertrag zwischen CDU, CSU und SPD; 18. Legislaturperiode, S. 174.
[25] Bericht der Bundesregierung zur auswärtigen Kultur- und Bildungspolitik 2010/2011, S. 4.
[26] Ebenda, S. 17. Der Tenor des 17. Berichts der Bundesregierung zur auswärtigen Kultur- und Bildungspolitik vom 14.2.2014 ist unverändert.

sein und sehe „die Konzentration auf Englisch und auf erfolgreiche Regionalsprachen" vor. „Englisch soll zum journalistischen Flaggschiff und somit zu einem international wettbewerbsfähigen Angebot ausgebaut werden".[27] Wie soll man die Strategie der auswärtigen Kulturpolitik nun verstehen? Die Bundesregierung finanziert 159 Goethe-Institute in 98 Ländern, fördert 140 Deutsche Auslandsschulen, investiert in Schulpartnerschaften, Stipendienprogramme und Forschungsaufenthalte ausländischer Wissenschaftler – und finanziert einen *deutschen* Auslandssender, der nun überwiegend auf Englisch umsattelt und der Welt, so sie ihn wahrnimmt, indirekt mitteilt: Deutsch zu lernen lohnt sich nicht. Dazu passt, dass die Nachrichten der „DW" auf deutschen Flughäfen ja seit langem schon auch auf Englisch gesendet werden. Weiß hier eigentlich die eine Hand, was die andere tut?

Doch zurück zur Situation der deutschen Sprache in der EU: Noch ein wichtiger Satz steht in dem Vertrag der Großen Koalition von 2013, nämlich die Forderung: „Der Umgang mit der deutschen Sprache in den europäischen Institutionen muss ihre rechtliche Stellung und ihren tatsächlichen Gebrauch in der EU widerspiegeln." Da wäre in der Tat einiges zu tun, denn vieles ist bislang versäumt und verpasst, ja verpatzt worden:

Deutsch in den Institutionen der Europäischen Union

Die Europäische Gemeinschaft hat sich von Anfang an nicht für eine einheitliche Regierungssprache entschieden, sondern die Mehrsprachigkeit zum Prinzip erhoben. Zwar gab es auf französischer Seite Bemühungen, zu Beginn

---

[27] So zitiert die *Frankfurter Allgemeine Zeitung* vom 21.1.2014 eine Mitteilung des Intendanten der Deutschen Welle an die Mitarbeiter des Senders.

der Europäischen Wirtschaftsgemeinschaft (EWG) Französisch als alleinige Sprache der Gemeinschaft durchzusetzen. Das scheiterte aber unter anderem am Widerstand der deutschen Verhandlungspartner, die – aus heutiger Sicht erstaunlich – in der Sprachenfrage nicht nachgaben, sodass die Sprachen aller vier Gründungspartner Amtssprachen wurden, wobei Frankreich in der Frage des Sitzes ein frankophones Umfeld durchsetzen konnte (Brüssel und Straßburg), was sich langfristig als geschickt erweisen sollte. Denn durch die zahlreichen frankophonen Ortskräfte wurde das Französische in der Verwaltung der Europäischen Gemeinschaft gestärkt. Im Gegensatz dazu ist den Deutschen später die Verbindung von Sitzland und Arbeitssprache in keiner Weise gelungen. Allerdings ist sie auch nicht erkennbar angestrebt worden, als die Europäische Zentralbank ihren Sitz in Frankfurt erhielt. Die EZB kommuniziert auf Englisch, ihr Präsident ebenfalls. Diese europäische Institution ist wie ein fremdsprachiger Planet mitten in Frankfurt.

Dabei ist bis heute die Verordnung Nr. 1 der EWG von 1958 gültig, nach der „alle Amtssprachen der Mitgliedstaaten zugleich auch die Amtssprachen der Gemeinschaft" sind.[28] Im Jahr 1993 präzisierte der damalige Präsident der EU-Kommission, Jacques Delors, allerdings, dass Dokumente im internen Gebrauch der Kommission in den Arbeitssprachen Deutsch, Englisch und Französisch verfasst würden.[29] Das wurde in der Praxis jedoch nicht umgesetzt.

Administrativ kann die Regelung der Sprachenfrage in den Geschäftsordnungen der Organe der Gemeinschaft festgelegt werden. Die Gemeinschaft ist grundsätzlich mehrsprachig, eine Gemeinschaftssprache ist nicht vorgesehen. Die Mehrsprachigkeit wird auch in verschiede-

[28] Andrei (2007), S. 192.
[29] Ammon (2007), S. 104f.

nen späteren Vertragswerken betont. So wird im Vertrag von Maastricht unter anderem als Ziel der Gemeinschaft „Erlernen und Verbreitung der Sprachen der Mitgliedsstaaten" formuliert.[30] Außerdem bekennt sich die Gemeinschaft zur „Wahrung ihrer nationalen und regionalen Vielfalt".[31]

Allerdings ist die Praxis der europäischen Institutionen nicht so vielsprachig, wie es der kulturpoltische Anspruch der Gemeinschaft erwarten ließe. Das kann man an den Arbeitssprachen sehen; sie sind vertraglich nicht festgelegt. Gleichwohl gibt es sie, weil sich nicht auf allen Ebenen der Gemeinschaft ein Vollsprachenregime, also das Dolmetschen oder Übersetzen aller Amtssprachen in alle, durchhalten lässt, so z. B. nicht auf der Ebene der Dienstbesprechungen der EU-Beamten, zumal angesichts der hohen Zahl von derzeit 24 Amtssprachen.

In den Anfangsjahren der Gemeinschaft bis zum Beitritt Großbritanniens 1973 hatten sich Französisch und Deutsch als faktische Arbeitssprachen etabliert, Französisch zu zwei Dritteln und Deutsch zu einem Drittel.[32] Mit dem Beitritt Großbritanniens änderte sich die Sprachverwendung in den europäischen Institutionen grundlegend. Das geschah nicht von selbst, sondern als Folge französischen Drängens und deutscher Zurückhaltung. Der französische Staatspräsident Georges Pompidou hatte seine Zustimmung zum Beitritt von der Bereitschaft der britischen Seite abhängig gemacht, nur Beamte mit französischen Sprachkenntnissen zu entsenden. Die Bundesregierung unterließ es, eine solche Bedingung zu stellen. Schon bald war das Deutsche hinter Englisch und Französisch als Arbeitssprache zurückgefallen. Dass ein Leiter der Sprachabteilung des Auswärtigen Amtes im

---

[30] Zit. nach Nißl (2011), S. 65.
[31] Ebenda.
[32] Andrei (2007), S. 194.

Jahre 1980 zum Verzicht auf Deutsch als Arbeitssprache aufrief, konnte diesen Trend nur verstärken. Sprachen vor dem Beitritt zwei Drittel der Beamten der Gemeinschaft Französisch und Deutsch, so kommen inzwischen zwei Drittel der Beamten ohne Deutschkenntnisse aus.[33] Dass zehn Prozent der EU-Beamten deutsche Muttersprachler sind[34], scheint nicht weiter ins Gewicht zu fallen. Da schätzungsweise weniger als 30 Prozent der EU-Bediensteten des Deutschen mächtig sind, gibt es unter ihnen prozentual weniger Deutschsprachige als in der EU-Bevölkerung – ein Missverhältnis.

Die Sprachpraxis unterscheidet sich in den einzelnen EU-Institutionen durchaus, aber das Deutsche steht überall mit großem Abstand zu Englisch und Französisch an dritter Stelle, wohingegen sich Französisch als interne Arbeitssprache teilweise sogar an erster Stelle hält – nicht nur im Europäischen Gerichtshof, wo es die einzige Sprache der Verhandlungen und Beschlüsse ist, sondern auch in der EU-Verwaltung, nicht zuletzt wegen der vielen frankophonen Ortskräfte.[35] „Alles in allem scheint Französisch die Sprache der Parlamentsadministration zu sein", befindet Michael Schloßmacher in einer sorgfältigen, allerdings schon älteren Untersuchung.[36] Was die Kommission betrifft, so gilt nur auf der Ebene des Europäischen Rats und des Ministerrats das Vollsprachenregime (Dolmetschung in alle Amtssprachen) – ebenso in den Sitzungen des Europäischen Parlaments. Im Kollegium der Kommissare und im Ausschuss der Ständigen Vertreter, der Botschafter der EU-Länder, gilt ein Dreisprachenregime. Ansonsten herrschen Englisch und Französisch

---

[33] Ammon (2007), S. 103.
[34] Cornelia Pieper in *internAA*, Juni 2013.
[35] Eine fast schon humorvolle Beschreibung seines Besuchs des Europäischen Parlaments in Brüssel gibt Schloßmacher (1997), S, 43.
[36] Schloßmacher (1997), S. 45.

vor, z. B. in den vorbereitenden Sitzungen, auch im Ratssekretariat. Dasselbe gilt für die Gemeinsame Außen- und Sicherheitspolitik. Im neugeschaffenen Auswärtigen Dienst der EU ist Deutsch keine Einstellungsvoraussetzung. Dieser Dienst ist die Vertretung der EU in der Welt. Die Arbeitssprachen des Dienstes stärken die Geltung dieser Sprachen im internationalen Rahmen erheblich. Auch die Umkehrung trifft zu: „Man fragt sich […], ob es sich überhaupt noch lohnt, diese Sprache [das Deutsche, RK] zu lernen, wenn sie sogar in ihrer ureigensten Region, in Europa, in der politischen Kommunikation eine so geringe Rolle spielt."[37] Tatsächlich tritt die EU international in Englisch und Französisch auf. Trotz mehrerer Eingaben von deutscher Seite, z.B. eines Antrages der schwarz-gelben Mehrheit im Bundestag am 28. Juni 2013, ließ sich die britische Kommissarin Ashton nicht zur Aufnahme von Deutsch als Einstellungsvoraussetzung für den Europäischen Auswärtigen Dienst bewegen. „Umso mehr bedaure ich", lautet der resignierte Kommentar der ehemaligen Staatssekretärin im Auswärtigen Amt, Cornelia Pieper, „dass es nicht gelungen ist, Deutschkenntnisse für den Europäischen Auswärtigen Dienst (EAD) verpflichtend vorzuschreiben."[38]

Dass nur etwa fünf Prozent der „Originalfassungen von Texten"[39] der EU-Verwaltung auf Deutsch erscheinen, führt in der Praxis zur verzögerten Verfügbarkeit der deutschen Fassung – mit entsprechenden Nachteilen für politische Instanzen und an Ausschreibungen interessierte Unternehmen.

Diese deprimierende Aufzählung ließe sich fortsetzen; nur geht es hier nicht um Vollständigkeit, sondern um die Beleuchtung der Tatsache, dass die deutsche Sprache

---

[37] Ammon (2009), S. 17.
[38] *internAA*, Ausgabe 6/Juni 2013, S. 3.
[39] Ammon (2007), S. 103. Stark (o.J.) schätzt ein bis zwei Prozent.

in den Institutionen der EU nicht entsprechend dem ihr rechnerisch zukommenden Gewicht behandelt wird. Kein Wunder, dass sich 53 Prozent der Deutschen eine breitere Verwendung ihrer Sprache wünschen.[40] Ein Wunder ist es da schon eher, dass es nicht noch mehr sind.

Deutsche Reaktionen?

Befragt nach der deutschen Haltung in der Sprachenfrage der EU, erinnert sich mancher Bürger an die Konfliktbereitschaft des damaligen Bundeskanzlers Gerhard Schröder im Jahre 1999, als die finnische Ratspräsidentschaft meinte, bei einem informellen Treffen der Regierungschefs ohne Deutsch als Verhandlungssprache auskommen zu sollen. Schröder hatte in einem Schreiben damit gedroht, dass deutsche Vertreter den Beratungen fernbleiben könnten.

Immer wieder einmal hat es Proteste von Seiten deutscher Politiker gegeben, sei es ein Brief von Bundeskanzler Helmut Kohl an den damaligen Kommissionspräsidenten Gaston Thorn, seien es Proteste des Deutschen Bundestags gegen die Verzögerung deutschsprachiger Vorlagen der EU-Kommission. Aber insgesamt sind bis heute, wie Ulrich Ammon zusammenfasst, „keine juristischen Schritte gegen diese langjährige Ungleichbehandlung" der deutschen Sprache in der EU-Verwaltung eingeleitet worden.[41]

Stattdessen hat die deutsche Seite an entscheidenden Stationen des europäischen Einigungsprozesses nicht gehandelt. Der Beitritt Großbritanniens 1973 mit dem einschneidenden Verzicht auf Deutsch als Einstellungsvoraussetzung wurde bereits erwähnt. In die Serie der

[40] Nißl (2011), S. 111.
[41] So Ammon (2007), S. 105.

Versäumnisse gehört die Wende 1989/1990. Die EU-Kommission erreichte, dass die Beitrittsverhandlungen der mittel- und osteuropäischen Länder überwiegend auf Englisch vollzogen wurden. Berühmt-berüchtigt ist das Beispiel des ehemaligen polnischen Ministerpräsidenten Masowiecki, der sich bei einer Pressekonferenz mit dem damaligen Kommissionspräsidenten auf Deutsch äußern wollte, woraufhin Delors ihm signalisierte, er solle Polnisch sprechen, es werde übersetzt.[42]

Der Europa-Abgeordnete Michael Gahler beschreibt, wie im Zuge der Beitritte der osteuropäischen Staaten zur EU die deutsche Sprache benachteiligt wurde. Das neu einzustellende Personal des Europaparlaments in Straßburg sei damals so vorsortiert worden, dass die Sprachkombination Englisch-Französisch bewusst der Kombination Englisch-Deutsch vorgezogen worden sei. Nur 11 Prozent des neu eingestellten Personals habe die Kombination Englisch-Deutsch gehabt[43] – obwohl doch das Deutsche gerade in diesen Ländern sehr verbreitet war, damals noch mehr als heute.

Man fragt sich, wie das möglich war. Konnte die Bundesregierung nicht für bessere Behandlung sorgen? Oder interessierte es sie einfach nicht? Machte man sich klar, was es bedeutet, wenn die europäische Einigung auf die Regierungssprache Englisch (ausgerechnet Englisch, bei der ausgeprägten Aversion eines Teils der Eliten auf den Britischen Inseln gegenüber dem europäischen Einigungsprozess) oder aber auf die Regierungssprachen Englisch und Französisch hinausläuft?

Eine Kennerin des Auswärtigen Amtes meinte mir gegenüber, dass wegen der Sprachenfrage „kein deutscher Politiker in Regierungsverantwortung einen echten Streit

---

[42] Stark, (o. J.), S. 16.
[43] Gahler, Erfahrungen mit der Sprachenvielfalt im Europäischen Parlament, Redemanuskript, (o. J.), S. 4.

eingehen würde". Möglicherweise steht hinter dieser Abstinenz auch die Vermutung, dass man mit einem solchen Streit im eigenen Lande eher Häme als Anerkennung erntete, so wie es dem designierten deutschen Außenminister Guido Westerwelle erging, als er in einer Pressekonferenz im September 2009 einen britischen Journalisten, der ihm eine Frage auf Englisch stellte, aufforderte, seine Frage auf Deutsch zu stellen. Mehrere Medienkommentare bemängelten die Englischkenntnisse Westerwelles; öffentliches Lob für seine Haltung war die Ausnahme. (Wohl kaum hätte allerdings ein französischer oder britischer Minister einem deutschen Journalisten in Paris oder London in einer Pressekonferenz auf Deutsch geantwortet.)

Und so ist weder die deutsche Wiedervereinigung mit der dann um 17 Millionen Einwohner größeren Bundesrepublik noch der Beitritt Österreichs mit immerhin acht Millionen deutschsprachigen Bürgern für eine Stärkung der deutschen Sprache genutzt worden. Wen kann es überraschen, dass auch seitens des EU-Apparats keine Initiativen zu einer besseren Stellung des Deutschen bekannt geworden sind? Daher kommt eine sorgfältige Analyse der EU-Praxis denn auch zu dem erwartbaren Ergebnis: „Vergleicht man den deutschen Anteil von vor mit nach 1990, so hat sich dieser so gut wie nicht verändert."[44]

Dabei sind es eben teilweise die Deutschen selbst, die ihre Sprache zum Verschwinden bringen. So hat Michael Schloßmacher in den 90er Jahren in einer Umfrage herausgefunden, dass deutlich mehr deutsche EU-Beamte und Abgeordnete die deutsche Sprache für historisch negativ besetzt hielten als EU-Beamte und Abgeordnete aus anderen Ländern. Unter den deutschen EU-Beamten waren es

---

[44] Andrei (2007), S. 284.

sogar doppelt so viele wie bei allen anderen Nationalitäten zusammen.[45] Die Besorgnisse der Deutschen zeugten von verständlichen Bedenken, aber faktisch waren sie inzwischen nicht mehr begründet, jedenfalls nicht durch die Skepsis der europäischen Nachbarn.

Es gibt viele Beispiele für die Scheu, die deutsche Sprache in Brüssel überhaupt nur zu verwenden oder sie gar einzufordern. Der Leiter des Brüsseler Büros der Süddeutschen Zeitung, Martin Winter, stellte die erfrischende These auf, das Deutsche werde im EU-Apparat und um ihn herum gar nicht von anderen behindert, sondern von dem absurden Verhalten der Deutschsprachigen selbst, die kein Deutsch redeten. Seine Beschreibung der deutschen Eilfertigkeit klingt glaubwürdig: „Das nimmt nicht selten absurde Züge an. Da gibt es deutsche EU-Beamte, die einem deutschen Kommissar Vorlagen auf Französisch schreiben. Oder die auf einer Konferenz selbst eine geflüsterte Unterhaltung mit einer deutschen Journalistin auf Englisch führen. (...) Auch deutsche Journalisten neigen in Brüssel dazu, sich in fremden Sprachen zu spreizen. Selbst wenn es im Pressesaal der Kommission, wo alltags nur französisch und englisch geredet wird, ausnahmsweise eine Übersetzung in alle Sprachen gibt, radebrechen einige ihre Fragen lieber auf Englisch oder Französisch, als den Künsten der Dolmetscher zu trauen. Einem Italiener oder Spanier würde das im Traum nicht einfallen."[46]

---

[45] Schloßmacher (1997), S. 169.
[46] Winter (2010).

Wie kann es gehen?

Der Begriff der europäischen Identität ist in sich widersprüchlich. Identität meint das Eins-Sein mit sich selbst, oder, im Falle von Gruppen, das Gemeinsame. Das Gemeinsame ist immer eine Verringerung auf wesentliche Merkmale, die aus der Sicht der Mitglieder einer Gruppe wesentlich auf sie zutreffen. Das Gemeinsame aber an der europäischen Identität ist ihre Vielfalt, die Unterschiedlichkeit ihrer Länder, Kulturen und Sprachen. Wie soll also das Verschiedene das Mit-Sich-Eins-Sein sein können?

Diesen Widerspruch kann man in der Sprachenfrage nur so lösen, dass man das Vereinte Europa als einen mehrsprachigen Zusammenschluss anerkennt. Gewiss, das ist kompliziert und verlangt neue Wege für die Sprachenpolitik. Aber so ist es historisch aus dem Zusammenschluss bestehender Nationen begründet. Das sollten die Verfechter einer einzigen und einheitlichen europäischen Regierungssprache berücksichtigen. Damit ist dann auch eine kultur- und sprachpolitische Grundhaltung verbunden, die der deutsche Philologe Harald Weinrich mit den Worten formuliert hat, „dass ein politisch geeintes Europa ohne freudig akzeptierte Mehrsprachigkeit kaum gedacht und sicher nicht verwirklicht werden kann." Und er fügt hinzu: „Gewiss kann nicht jeder Europäer polyglott sein, aber lernfaul und sprachengeizig kann man sich diesen Menschentyp nicht vorstellen."[47]

Etwas pathetischer begründete der italienische Linguist und (damalige) Präsident der Accademia della Crusca, Francesco Sabatini, den tieferen Sinn des Sprachenlernens für Europäer: Der Erwerb der europäischen Kultursprachen müsse von dem Wunsch geleitet sein, „mit dem mit der eigenen Muttersprache erworbenen Teil des

---

[47] Weinrich (1995).

europäischen kulturellen Erbes die je anderen Teile dieses gemeinsamen Erbes sozusagen wiederzuvereinigen. Die allerinnerste Motivation des werdenden Europa muss die Idee sein, einen etwas größeren Ausschnitt eines noch viel größeren Mosaiks wieder zusammenzusetzen."[48]

In einer mehrsprachigen EU gibt es zwei gewichtige Gründe dafür, dass der deutschen Sprache eine herausgehobene Stellung zukommen muss: Deutsch ist die numerisch stärkste Sprache in der EU. Und es ist die Sprache der wirtschaftlich stärksten Sprachgemeinschaft in der EU, der wirtschaftlich drittstärksten weltweit.[49] Auch wenn man die geringere Rolle in Rechnung stellt, die das Deutsche im Vergleich zum Englischen als internationale Sprache spielt, kommt in der Abwägung das Deutsche immer noch auf den zweiten Platz, nach Englisch, aber jedenfalls gleichauf mit Französisch. Im Kern ist das die sprachdemokratische Argumentation von Ulrich Ammon, der dementsprechend einen anderen Rang für das Deutsche einfordert. Und er macht auch gleich einen praktischen Vorschlag bezüglich des EU-Apparats: „Bei drei gleichberechtigten Arbeitssprachen muss [...] jede Sprache von mindestens zwei Dritteln der Beamten beherrscht werden, wenn man von allen die Beherrschung von wenigstens zwei Arbeitssprachen verlangt."[50] Diese Forderung muss die deutsche Politik aufstellen und durchsetzen. Es wird ein langer Weg voller Streitigkeiten sein, aber er muss beschritten werden, wenn unsere Sprache in einer mehrsprachigen europäischen Demokratie angemessen behandelt werden soll.

Ein besonderes Augenmerk verdient dabei die Außendarstellung der EU. Es kann nicht angehen, dass die EU

---

[48] Sabatini (2001), S. 381.
[49] Ammon (2007) nennt noch mehr Gründe, aber die oben genannten sind mir die triftigsten.
[50] Ammon (2007), S. 108.

im Ausland fast immer nur auf Englisch und Französisch auftritt und das Deutsche unterschlägt. In Pressekonferenzen, bei Tagungen, bei diplomatischen Gipfeln – in steter Monotonie bleibt die deutsche Sprache wie selbstverständlich außer Acht. Diesen Zumutungen sollte von deutscher Seite beherzt begegnet werden. Das von Jacques Delors einst zugesicherte Drei-Sprachen-Regime ist einzufordern. Das gilt zuvörderst für den Europäischen Auswärtigen Dienst. Hier muss die deutsche Seite Druck ausüben.

Das sollte einhergehen mit einem attraktiven Angebot für EU-Beamte, Deutsch zu lernen. Als die mittel- und osteuropäischen Staaten der EU beitraten, wurden 1.000 der von ihnen entsandten Beamten und Mitarbeiter von der französischen Regierung großzügig zu Sprachkursen in Loire-Schlösser eingeladen. Es müssen nicht gleich Schlösser sein, aber ein bisschen Verführung ist erlaubt. Interesse seitens der EU-Beamten ist durchaus vorhanden. Sprach- und lernfaul ist der EU-Beamte jedenfalls nicht, wenn man den enthusiastischen Beschreibungen des Schriftstellers Robert Menasse folgt: „Der „Brüsseler Bürokrat" ist [...] ein historisch völlig neuer Beamtentyp, der erste, der nicht seinem Regenten oder seiner Regierung verpflichtet ist, und der erste, der selbst immer wieder staatliche Bürokratie in Frage stellt und deren Regeln oder Entscheidungen gegebenenfalls korrigiert oder aufhebt."[51] Und er ist im Allgemeinen mehrsprachig, auf jeden Fall aber zweisprachig, denn er muss in einer Amtssprache über gründliche und in einer weiteren über ausreichende Kenntnisse verfügen. Dass EU-Beamte am Erlernen der deutschen Sprache interessiert sind, wurde von Michael Schloßmacher ermittelt: In einer Umfrage (älteren Datums) äußerten immerhin 75 Prozent der

---

[51] Menasse (2012), S. 21.

Befragten, Deutschkenntnisse seien „wünschenswert" für ihre Arbeit, womit Deutsch weit vor Italienisch (41 Prozent) und Spanisch (50 Prozent) lag.[52]

Die von der EU proklamierte Mehrsprachigkeit der Bürger kann nur dann verwirklicht werden, wenn sie in die Bildungspolitik der Mitgliedsstaaten eingeht. Wenn wir eine gemeinsame Union in zunehmender Staatlichkeit wollen, stehen wir vor der Notwendigkeit, in den Bildungssystemen alles daran zu setzen, dass die Mehrheit der Schüler zwei Fremdsprachen sprechfähig lernt. Das ist möglich, wenn eine solche Sprachbildungspolitik systematisch auf Auslandsaufenthalte setzt. Das Erasmus-Programm für Studenten sollte zu einem Programm für Schüler ausgebaut werden. Das bedeutet auch, dass die Fixierung der deutschen Bildungspolitik auf das Englische als perfekt zu lernender Fremdsprache aufgebrochen werden muss. Es müssen zwei Fremdsprachen gut gelernt werden, damit nicht nur das Englische sich durchsetzt. Diese Anstrengung müssen wir auf uns nehmen und unseren Kindern zumuten – und ihnen damit zwei Kulturkreise erschließen. Die Mehrheit der Bürger Europas hätte nichts dagegen; gemäß Eurobarometer äußern 72 Prozent der befragten Europäer, „dass Menschen in der EU mehr als nur eine weitere Sprache beherrschen sollen."[53] Das Sprachenlernen kann und muss als europäische Bildung, als Bildung für eine europäische Bürgerschaft, vermittelt werden. Und nur dann, wenn allenthalben zwei Fremdsprachen gelernt werden, haben das Deutsche und das Französische langfristig eine Chance als grenzüberschreitende Europa-Sprachen – oder auch das Spanische, in großem Abstand gefolgt vom Portugiesischen und Italienischen.

[52] Schloßmacher (1997), S. 95.
[53] Spezial Eurobarometer 386 „Die europäischen Bürger und ihre Sprachen", besucht am 6.9.2013.

Dabei kann es zu originellen Lösungen kommen, wie zu jener im Januar 2014 verkündeten Absicht der saarländischen Landesregierung, im Saarland das Französische durch flächendeckenden Französischunterricht schon ab der ersten Grundschulklasse zu einer Verkehrssprache neben dem Deutschen auszubauen. Zwar wurde auf französischer Seite für das Deutsche im Elsass über Jahre herzlich wenig getan. Und das Französische muss ja nicht gleich zur *Verkehrssprache* erhoben werden. Aber dennoch handelt es sich hier einmal um einen Vorschlag, der sich von der verbreiteten Anglomanie unterscheidet – und der auch weniger weltfremd ist als jene Empfehlung des früheren EU-Sprachenkommissars Orban, jeder Europäer solle doch eine europäische Fremdsprache seiner Wahl „adoptieren", sodass man auf diese Weise zur Mehrsprachigkeit gelange. Solche Vorschläge zeugen von Ratlosigkeit. Ohnehin bringt die Strategie der EU-Kommission zugunsten von Regional- und Minderheitensprachen, so ehrenwert sie sein mag, in der tatsächlichen Mehrsprachigkeit des politischen Geschehens der Union wenig bis gar nichts. Francesco Sabatini hat darauf hingewiesen, dass die von der Kommission betriebene Förderung der Regional- und Minderheitensprachen tendenziell das Englische als *Lingua franca* der EU indirekt stärkt und die anderen Kultursprachen schwächt, nach dem etwas provozierenden Motto „Englisch für alle und jedem seinen Dialekt."[54] Vor lauter sprachlichem Gutmenschentum rückt nämlich in den Hintergrund, dass, wie Sabatini es formuliert, „unsere Hochsprachen das Reservoir des in mehr als 2.500 Jahren auf dem europäischen Kontinent angesammelten Wissens sind."[55]

Zurück zur deutschen Haltung in der Sprachenfrage auf europäischer Ebene: Die deutsche Haltung sollte schlüssig

[54] Sabatini (2001), S. 379.
[55] Ebenda, S. 378.

sein. Wenn man Sprachverbreitungspoltik betreibt, dann sollte sie sich nicht durch innere Widersprüche oder gar Gegensätze selbst aushebeln. Eine Politik aus einem Guss hätte mehr Wirkung: ein Auslandssender, der selbstverständlich die deutsche Sprache verbreiten hilft; Förderprogramme der Mittlerorganisationen aus Wissenschaft und Kultur, die das Deutsche als Wissenschaftssprache stützen; beherzter und systematischer Druck der deutschen Politiker auf Einhaltung der Delors-Regelung über drei Arbeitssprachen im EU-Apparat; Auftritte aller offiziellen deutschen Repräsentanten grundsätzlich auf Deutsch.

Dazu würden dann auch die Förderung deutscher Auslandsschulen – gewiss eine der besten deutschen Auslandsinvestitionen – und die Gewinnung weiterer Schulen als Schulen mit Deutsch als Schwerpunkt passen. Anzuraten wären auch Investitionen in Angebote zum Deutschlernen in den europäischen Ländern. Die Zurückhaltung Deutschlands gerade in den osteuropäischen Ländern nach der Wende hat Kopfschütteln statt Sympathien bewirkt, selbst beim britischen *Economist*.[56] Dass man einen Rückgang der Deutschlerner auch umkehren könnte, zeigen die ersten positiven Ergebnisse der Werbung für Deutsch in Frankreich.[57] Da das Deutsche überwiegend als zweite Fremdsprache gelernt wird, wäre es im Interesse der deutschen auswärtigen Kulturpolitik, der Abschaffung der zweiten Fremdsprache in ausländischen Schulsystemen (wie in Großbritannien, Irland und Russland) entgegenzuwirken. Die massive Förderung des Deutschlernens in den europäischen Ländern würde auf lange

---

[56] *The Economist*, 7.8.2004 „After Babel, an new common language – It turns out to be English", S. 23/24.
[57] Von einer „vorsichtig optimistischen Bilanz" spricht der Bericht der Bundesregierung zur Auswärtigen Kultur- und Bildungspolitik 2009/2010, S. 54. Ähnlich der jüngste Bericht aus dem Jahr 2014, S. 52.

Sicht das Deutsche in den EU-Institutionen stärken, weil auf diese Weise insgesamt die Chance stiege, dass es von mehr Menschen gesprochen wird.[58]

Was die europäische Sprachenpolitik betrifft, so müsste sich die Gemeinschaft letztlich einigen, ob sie den verbreiteten Kultursprachen eine besondere Rolle zuerkennt. Eine schleichende Anglisierung bei plakativ geforderter Mehrsprachigkeit ist jedenfalls nicht überzeugend und behindert die ohnehin schwer zu bewerkstelligende Identifikation mit dem europäischen Staatenverbund.

Wenn es denn gegen mannigfaltige Widerstände zu der Durchsetzung von drei Arbeitssprachen käme, müssten nichtsdestoweniger Maßnahmen für den Bestand der anderen europäischen Sprachen getroffen werden. Neue Methoden eines raschen Sprachenlernens ohne Anspruch auf Perfektion, aber mit rascher Lesefähigkeit als Ausgangspunkt für weitere Fortschritte in der Sprachbeherrschung, zeigen vielversprechende Möglichkeiten auf.[59] Auf diese Weise könnte ein sprachenpolitischer Ansatz getestet werden, der der europäischen Sprachenvielfalt recht nahe käme, nämlich die Formel „Englisch + große Kultursprache + Nachbarschaftssprache".[60]

---

[58] So auch die Empfehlung von Schloßmacher (1997), S. 92.
[59] Zu den Konzepten einer „partiellen Sprachbeherrschung" siehe Raasch (2001).
[60] Nißl (2011), S. 275.

Kapitel 10
Die Zukunft der deutschen Sprache

Errungenschaften – Sprachpflege aus der Mitte der
Gesellschaft – Lebendige Sprachkritik – Institutionen
verbinden und stärken – Sprachbildungspolitik –
Zum Schluss

Die deutsche Sprache ist durch vielerlei Einflüsse in ihrer Verbreitung und Verwendung gefährdet: durch politische Versäumnisse auf europäischer Ebene; durch Abwanderung eines großen Teils der Wissenschaften und der Wirtschaft ins Englische; durch eine Unkultur der Schwerverständlichkeit, des sprachlichen Imponiergehabes, der moralischen Zurechtstutzung und des banalen Schwatzes; durch verbreitetes Desinteresse an der Sprachnorm; durch unzureichende Verbreitung als Hochsprache; durch mangelnde Sprachkultur. Das alles vor dem Hintergrund eines internationalen Vereinheitlichungsdrucks, dem hierzulande kein tief verankertes Sprachbewusstsein entgegensteht.

In den kommenden Jahrzehnten kann es zu einschneidenden Veränderungen im Status der deutschen Sprache kommen. Dann wird sich entscheiden, ob das Deutsche eine der europäischen Regierungssprachen wird oder ob es in der internationalen Verbreitung zuungunsten einer weltweiten und auch europäischen Verkehrssprache weiter zurückfällt. Das wird dann wiederum die Sprachenwahl in den Schulen und Sprachlerninstituten im Ausland beeinflussen.

Es wird sich entscheiden, ob das Deutsche endgültig aus den meisten wissenschaftlichen Disziplinen an deutschen Hochschulen verdrängt wird und ob es im Zuge der Internationalisierung der Hochschulen auch als Campussprache aufgegeben wird; in zahlreichen wissenschaftlichen Instituten ist dies bereits der Fall. Vom Status des Deutschen als Wissenschaftssprache hängt auch der Stand seiner Fachsprachen und Fachterminologien ab. In seinem *Bericht zur Lage der deutschen Sprache* stellte der Sprachwissenschaftler Wolfgang Klein fest, „dass es für manche Fächer in den letzten zwei oder drei Jahrzehnten nur noch wenige wirklich wichtige deutschsprachige Texte gibt."[1]

Der Status des Deutschen in Unternehmen beeinflusst die Fachkommunikation über die Wirtschaftswissenschaften hinaus. Wenn das Deutsche in diesen gesellschaftlich prägenden Bereichen weiter zurückgeht, ist seine praktische Verwendungsfähigkeit infrage gestellt. Das kann langfristig nicht ohne Auswirkungen für das Sprachsystem selbst bleiben.

Von besonderer Bedeutung ist die Frage, ob die politisch Verantwortlichen Wert auf eine Bewahrung der deutschen Sprache legen und bereit sind, dies auch in praktische Sprachförderpolitik umzusetzen: in den europäischen Institutionen, in der Sprachverbreitungspolitik, in der Förderung des Standarddeutschen und der Sprachpflege. Und sollte das nicht der Fall sein, ob die Sprachgemeinschaft aktiv eine stärkere Beachtung der deutschen Sprache einfordern wird.

Dabei wird sich auch zeigen, ob die Errungenschaften und auch einige neuere positive Ansätze der Sprachpflege

---

[1] Deutsche Akademie für Sprache und Dichtung/Union der Deutschen Akademien der Wissenschaften, Hrsg. (2013), S. 30, Anm. 14.

ein Gegengewicht zu den beschriebenen Risiken bilden können.

Errungenschaften

Das Deutsche ist eine Sprache mit großem Wortschatz, der durch die Leichtigkeit der Wortbildung begünstigt wird. Dadurch ist es imstande, für jeden Begriff neue Wörter aus dem eigenen Bestand zu bilden oder auch Wörter von außen einzupassen. Es ist eine Sprache mit einem differenzierten Satzbau, der eine feine Dosierung der Information erlaubt. Man hat von der Beziehungsbegabtheit des Deutschen gesprochen.[2]

Noch ist das Deutsche eine voll ausgebaute, kodifizierte Sprache, wenn auch bereits mit ersten Ausbaurückständen in einzelnen Fachsprachen. Es verfügt über eine stabile Grammatik, einen in Wörterbüchern erfassten Wortschatz, eine Hochlautung und eine, seit 2006 offiziell reformierte, Rechtschreibung, die in Schulen und Behörden gilt.

Das Deutsche verfügt neben seiner Hochsprache über eine Vielzahl lebendiger Dialekte, die, wenn auch zunehmend abgeschwächt zu regionalen Akzenten, seinen Reichtum noch vergrößern.[3] „Im Augenblick merkt man, dass neben Globalisierung Regionalität tritt", bemerkt der Kölner Linguist Karl-Heinz Göttert in einer Bestandsaufnahme der deutschen Dialekte.[4] Der erfrischend selbstbewusste Slogan Baden-Württembergs „Wir können alles außer Hochdeutsch" ist bekannt; die bundesweiten Erfolge des Kölsch-Rock sind legendär.

Das Deutsche ist auch immer noch weit verbreitet. Mit über 100 Millionen Muttersprachlern zählt es zu

[2] Der Begriff stammt von Angelika Linke, Zürich.
[3] Göttert (2012)
[4] Göttert (2012/2), S. 344.

den meistgesprochenen Sprachen. Gegenwärtig ist nach Jahren des Rückgangs wieder ein wachsendes Interesse an Deutsch im Ausland zu verzeichnen. Schulen, die in Indien Deutsch als Fremdsprache anbieten, „erleben eine enorme Nachfrage."[5] Die Formel „Goethe, Daimler und Bosch" ist *en vogue*.[6] Denn Deutsch ist auch die Sprache der stärksten Wirtschaftsnation in der EU. Es ist deshalb für Exporteure in Europa die zweitwichtigste Sprache.[7]

Das Deutsche ist eine Sprache großer Literatur. Herta Müller, Daniel Kehlmann, Reinald Goetz – es herrscht kein Mangel an großen Namen. Deutschsprachige Buchtitel stehen mit rund 90.000 Neuerscheinungen pro Jahr in der Rangliste weltweit auf dem dritten Platz nach Englisch und Spanisch.

Im Internet ist das Deutsche nach dem Englischen derzeit die meistverbreitete Sprache. Die deutschsprachige Popularmusik bringt trotz einer Bevorzugung englischsprachiger Titel in den Radioprogrammen und trotz überwiegend englischsprachiger Musikwettbewerbe im deutschen Fernsehen immer wieder Überraschungserfolge hervor, die auch im Ausland ankommen. Neue Formen einer sprachlichen Jugendkultur wie Poetry Slams zeigen, dass sich Jugendliche die deutsche Sprache auf ihre Weise zu eigen machen. Millionenmal wurde der Auftritt der Psychologie-Studentin Julia Engelmann beim Bielefelder Hörsaalslam 2013 auf Youtube angeklickt – zu Recht, denn es handelt sich um ein berührendes Sprachkunstwerk.

Deutschland ist offener, vielgestaltiger, toleranter geworden. Das Bewusstsein ist gewachsen, dass die Zuwanderung auch im eigenen Interesse angenommen und erfolgreich gestaltet werden muss. Der amerikanische Harvard-Professor Steven Ozment hat die Chancen

[5] *Frankfurter Allgemeine Sonntagszeitung*, 2.6.2013.
[6] *Frankfurter Allgemeine Zeitung*, 19.11.2012.
[7] *dpa Kulturpolitik* Nr. 14/2007, S. 15.

Deutschlands als erfolgreiches Zuwanderungsland bewegend beschrieben: „Findet Deutschland die richtige Formel zur Integration seiner zugewanderten Bevölkerung, dann könnte es sein, dass die Deutschen, die im 20. Jahrhundert so viel von so vielen genommen haben, der Welt im 21. Jahrhundert noch sehr viel geben werden."[8]

Nach einer BBC-Umfrage ist Deutschland das beliebteste Land der Welt, noch vor Kanada.[9] Eine Umfrage des *Stern* aus dem Jahre 2012 kommt zu einem ähnlichen Ergebnis. Dort steht Deutschland weltweit an zweiter Stelle der Beliebtheitsskala.[10]

Sprachpflege aus der Mitte der Gesellschaft

Durch die Herkunft der deutschen Sprache aus dem Bürgertum ist eine Tradition der Sprachpflege gewachsen, die auch heute noch lebendig ist. Groß ist das Interesse der Öffentlichkeit am „Unwort des Jahres" oder auch am „Wort des Jahres" wie auch am „schönsten deutschen Wort" – Aktionen, die von Vereinen zur Förderung sprachlicher Aufmerksamkeit lanciert wurden. Man kann über die Auswahl der Wörter streiten. Das schadet aber nicht, im Gegenteil. Gerade der Streit um die Wörter zeigt, dass sich die meisten Menschen für ihre Sprache und den Sprachgebrauch interessieren, wenn sie nur richtig angesprochen werden. Davon zeugen auch große, von privater Seite initiierte Sprachprojekte wie der Wettbewerb „Jugend debattiert", der die Kunst der öffentlichen Rede in den Schulen pflegt. Aus kleinen Anfängen verbreitete sich das Projekt innerhalb weniger Jahre in ganz Deutschland. Es erreicht derzeit weit über 100.000

---

[8] *DIE ZEIT*, 14.9.2004.
[9] *DIE ZEIT*, 29.5.2013.
[10] *Stern*, 42/2012.

Schüler jährlich. Sogar ins Ausland schaffte es der Wettbewerb, noch dazu in deutscher Sprache. Wer erlebt, wie sachkundig und sprachgewandt Schüler in Riga, Prag oder Warschau über politische Fragen in Deutsch debattieren, ist angerührt; denn hier wird das Deutsche als Sprache der Demokratie und der Völkerverständigung verwendet, was lange unvorstellbar war. Deutsche Stiftungen waren es, die dieses Projekt der sprachlichen und politischen Bildung unter der Schirmherrschaft des Bundespräsidenten und in Zusammenarbeit mit den Kultusministerien auf den Weg gebracht haben. Gemeinsam mit dem Goethe-Institut wurde es im Ausland aufgebaut.

Ebenfalls aus privater Initiative entstand ein Projekt, das sich einem eher schwierigen Kapitel der deutschen Sprache widmet: der große Diktatwettbewerb „Frankfurt schreibt!". Wieder waren es private Stiftungen, die in Zusammenarbeit mit dem hessischen Kultusministerium, dem Duden, der Deutschen Akademie für Sprache und Dichtung sowie mit der Frankfurter Allgemeinen Zeitung und dem Hessischen Rundfunk den Versuch unternahmen, für die korrekte Schreibung zu werben. Der Wettbewerb, der inzwischen Schulen aus ganz Hessen, aus Hamburg und Osnabrück einbezieht, richtet sich an Schüler der Oberstufe sowie an ihre Eltern und ihre Lehrer. In drei Fraktionen schreiben mehrere hundert Teilnehmer ein Diktat, das den ganzen Reichtum des deutschen Wortschatzes nutzt. „Sportlich, heiter und lehrreich", lautet die Devise des Projekts, das Sprachbegeisterte, Tüftler und auch naturwissenschaftlich Interessierte anspricht. Hier wird die Bewusstmachung des Wortschatzes mit einer wirkungsvollen Werbung für korrektes Schreiben verknüpft. Das öffentliche Interesse an den amüsanten Texten ist groß, und es ist nicht selten, dass ganze Familien am Wochenende die Diktate nachschreiben.

Sprachpflege aus der Mitte der Gesellschaft 225

Der Verein Deutsche Sprache hat sich den Kampf gegen die Anglizismen auf die Fahne geschrieben. Es ist eine erstaunliche Leistung des Initiators, des Wirtschaftsprofessors Walter Krämer, und seiner Mitstreiter, über 30.000 Mitglieder für dieses Anliegen gewonnen zu haben. Dem Verein wird mitunter mangelndes Feingefühl vorgeworfen. So stellt er z.B. Unternehmen und Institutionen als „Sprachpanscher" an den Pranger. Aber im Spiel der Kräfte ist seine Stimme immerhin vernehmlich: als Aufforderung, sich bei Neuschöpfungen nicht blindlings englischer Sprachimporte zu bedienen, sondern erst einmal den eigenen reichen Wortschatz zu nutzen. Deshalb versucht der Verein, an die Sprachpflege des 17. und 18. Jahrhunderts anzuknüpfen und mit seiner „Aktion lebendiges Deutsch" Alternativvorschläge für Anglizismen zu erarbeiten. Es wäre wünschenswert, dass sich andere Institutionen und vor allem die Sprachwissenschaft daran sprachschöpferisch beteiligten! Dass eine humorvolle Neuprägung auf großes öffentliches Interesse stößt, beweist die *Neon*-Kolumne des *Stern*, deren Autor Sascha Lobo die Kombinationsfähigkeit des Deutschen für überraschende neue Wörter nutzt, wie z.B. der *Wundstarkrampf*.[11]

Erfolgversprechend und zukunftsweisend scheinen mir vor allem solche Initiativen zu sein, die die Sprachbegeisterung wecken, weil sie unsere Sprache in ihren vielfältigen Einsatzmöglichkeiten, in ihrem Reichtum, zeigen. Günstig wäre es, wenn die Vielfalt dieser Initiativen gewahrt bliebe, wenn aber auch systematische Verbindungen zu staatlich-institutionellen Bemühungen geknüpft würden.

[11] Lobo (2011). Der *Wundstarkrampf* ist erläuterungsbedürftig: „Der wie eine Wunde eiternde, ewige Krampfkrampf der dritt- bis siebtklassigen Medienfiguren, ein Star zu werden oder ein Star zu bleiben." (S. 150).

Lebendige Sprachkritik

Unserer Sprachkultur ist auch eine lebendige Sprachkritik förderlich, also eine öffentlichkeitswirksame Beschäftigung mit dem Sprachwandel. Sprachkritik wird meist am Gebrauch der Sprache geübt, seltener am Sprachsystem. Thematisiert und kritisiert werden Erscheinungen wie die schleichende Veränderung von Wortbedeutungen, Wortungetüme aus der Welt der Bürokratie oder des Managements, Beschönigungen und Verbrämungen in der Sprache der Politik oder auch Veränderungen im Gebrauch grammatischer Formen. Sprachkritik hat in deutschen Landen Tradition. Sie hat in ihren Reihen große Namen wie Schopenhauer, Nietzsche und vor allem Karl Kraus, für den die Treffsicherheit des sprachlichen Ausdrucks sogar eine Frage der Moral war.

Zu Recht weist der Sprachwissenschaftler Karl-Heinz Göttert darauf hin, dass sich die Sprachkritik meist mit emotionaler Wucht entfaltet. Der Gebrauch der Sprache scheint eben doch keine rein instrumentelle Sache, sondern mit unserer Gefühlswelt und unseren Wertvorstellungen eng verbunden zu sein. Auch heutzutage ist die Sprachkritik durchaus lebendig, was man unter anderem an dem Streit über die Rechtschreibreform ablesen kann. Das Interesse an der Beobachtung des Sprachgebrauchs als eines gesellschaftlichen Seismographen zeigt sich in vielen Buchveröffentlichungen wie auch in Sprachkolumnen. Die großen Bucherfolge von Bastian Sick, der unseren Sprachgebrauch auf heitere Weise beschreibt, zeigen, dass die Sprachbürger zu erreichen sind – was allerdings von der Wissenschaft kritisch gesehen wird (wie überhaupt alle Arten von „professionellen Sprachbeobachtern" und „Laienlinguisten").[12] Dass die Sprache als das Medium

---

[12] Göttert (2010), S. 358.

des Menschen schlechthin Beobachter und Kommentatoren verschiedener Herkunft und Ausbildung auf den Plan ruft, halte ich eher für eine Bereicherung. Andererseits muss die Sprachwissenschaft natürlich methodisch streng beurteilen, ob die Sprachkritik auch etwas von der Sprache versteht oder sich in Affekten verrennt. Dazu könnte auch der Weg eingeschlagen werden, den Peter Eisenberg aufzeigt: „Die Sprachwissenschaft könnte auf Grundlage ihrer Kenntnis der Sprache unendlich viel Material zur Verfügung stellen, das der Sprachkritik Zweifelsfälle, Unsicherheiten, Systemlücken und Regelkonflikte zugänglich machen würde."[13]

Institutionen verbinden und stärken

Deutschland verfügt über eine Reihe wichtiger Institutionen, die für die Bewahrung, Weiterentwicklung und Verbreitung der deutschen Sprache geeignet sind, aber deutlich gestärkt werden müssten. So sollte das Angebot der Deutschen Akademie für Sprache und Dichtung an die Kulturpolitiker des Bundes und der Länder wahrgenommen werden, „sich des Rates der Akademie in vielen Fragen der Bildung und Erziehung zu bedienen."[14] Zu den Mitgliedern der Akademie zählen die bedeutendsten deutschsprachigen Schriftsteller, herausragende Sprachkritiker und Sprachwissenschaftler. Die Akademie vereint Sprachproduktion, Sprachanalyse und Sprachkritik. Ihre Ausstattung ist allerdings dürftig. Es ist für das Land der Dichter und Denker schon beschämend, dass die Akademie den Staat nachgerade beschwörend bitten muss: „Es bedarf eines Bekenntnisses der Bundesrepublik Deutschland zu ihrer Akademie, das sich in der Aner-

[13] Eisenberg (2009), S. 64.
[14] Deutsche Akademie für Sprache und Dichtung (2011), S. 17.

kennung ihrer Aufgaben und Leistungen und in einem entsprechenden Etat ausdrücken muss."[15] Im Vergleich zur Academie française ist die deutsche in ihrer Ausstattung zu klein geraten. Es muss ja nicht die etatistische Tradition Frankreichs übernommen werden; aber Fragen der Sprachnorm, der Sprachplanung (insbesondere in den Bereichen Fachsprachen und Terminologie) und der Sprachverbreitung sollten in einer Institution wie der Deutschen Akademie für Sprache und Dichtung, am besten im Schulterschluss mit dem renommierten Institut für Deutsche Sprache in Mannheim und weiteren Akteuren, gebündelt behandelt werden. Während die Deutsche Akademie über ihre Mitglieder mit den besten Federn unserer Sprache direkt verbunden ist, verfolgt das Institut für deutsche Sprache in Mannheim die aktuelle Sprachentwicklung wissenschaftlich und verfügt über eine ausgezeichnete Expertise. Im Deutschen Sprachrat sind zwar Goethe-Institut, Gesellschaft für Deutsche Sprache, Institut für deutsche Sprache und Deutscher Akademischer Austauschdienst locker miteinander verbunden, die Akademie für Sprache und Dichtung gehört jedoch nicht dazu. Sinnvoll wäre es, wenn die großen Institutionen mit Sprachbezug bei aller berechtigten Verschiedenartigkeit und Eigenständigkeit wenigstens eine *gemeinsame Strategie zur Förderung der deutschen Sprache* verfolgten. Daran müssten auch das Institut für Auslandsbeziehungen, die Alexander von Humboldt-Stiftung sowie das Netzwerk der deutschen Auslandsschulen mit der Zentralstelle des Auslandsschulwesens in Köln beteiligt werden. Die auswärtige Kulturpolitik, in der die Förderung der meisten genannten Institutionen zusammenläuft, hätte die Möglichkeit, einen solchen Schulterschluss in die Wege zu leiten.

[15] Ebenda.

Die auswärtige Sprachpolitik hat in der jüngeren Zeit durchaus Erfolge erzielt. Das Deutsche als Sprache einer erfolgreichen Wirtschafts- und auch Kulturnation weckt bei vielen jungen Menschen in aller Welt Interesse – eine Chance für unsere Sprache und für unsere guten Außenbeziehungen. In der Durchsetzung des Deutschen als gleichberechtigter Arbeitssprache in den Institutionen der Europäischen Union ist die auswärtige Politik allerdings nicht vorangekommen. Das bleibt ein riskantes Defizit.

Sprachbildungspolitik

Deutsche Hochschulen zählten im Jahr 2014 rund 180.000 ausländische Studenten. Damit ist Deutschland derzeit einer der attraktivsten Standorte für Studenten weltweit. Es besteht die Chance, diese jungen Leute, die als Kundschafter kommen, als Botschafter wieder gehen zu lassen, wenn sie nicht bleiben wollen. Dazu ist es wichtig, dass es gelingt, ihnen alltagsfähige Kenntnisse der deutschen Sprache zu vermitteln. Sonst erleben sie Deutschland wie durch eine Milchglasscheibe. Gleiches gilt für die vielen ausländischen Professoren und Leiter wissenschaftlicher Forschungseinrichtungen in Deutschland. Integration in den deutschen Alltag erfordert deutsche Sprachkenntnisse. Eine gewisse Bereitschaft, die Landessprache zu erlernen, kann man von ausländischen Wissenschaftlern erwarten, denn das Land hat ihnen einiges zu bieten. Es kommt nun darauf an, dass die Hochschulen und die außeruniversitären Forschungsinstitute ihnen mit entsprechender Erwartung beggenen und geeignete Deutschförderung vorhalten. Wenn stattdessen in manchen Instituten dem Erlernen alltagsfähiger Deutschkenntnisse eine Fortbildung des deutschsprachigen technischen Personals in Englisch vorgezogen wird und wenn sogar ausländischen Wissenschaftlern abgeraten wird, Deutsch zu lernen, weil dies nur Zeitverschwendung sei, wird der Graben zwischen dem Wissenschaftsbetrieb und der ihn finanzierenden Gesellschaft immer tiefer. Es gilt, den ausländischen Wissenschaftlern mehr von unserem Land zu vermitteln als gute Forschungsmöglichkeiten in einem scheinbar kulturneutralen Raum. Leider ist zu befürchten, dass mehr und mehr Hochschulen und Institute eher dazu übergehen werden, sich zu englischen Sprachinseln zu entwickeln. Dass ausländische Studenten und Wissenschaftler gerade an der Kultur des Landes interessiert sein könnten, in dem sie studieren und forschen wollen, scheint für so manchen deutschen Hochschulvertreter unvorstellbar zu sein. Über eine Million Menschen sind allein im Jahr 2013 nach Deutschland eingewandert. 800.000 Flüchtlinge werden im Jahr 2015 in Deutschland erwartet. Es müssen nicht dieselben Fehler gemacht werden wie zu Zeiten der ersten Einwanderungswelle. Statt wie damals viel Geld für muttersprachlichen Unterricht auszugeben, muss sich unser Schulsystem auf intensiven Deutschunterricht einstellen und dafür sorgen, dass Deutschlehrkräfte im Rahmen der Lehrerausbildung und der Lehrerfortbildung Kenntnisse im Unterrichten von Deutsch als Zweitsprache erhalten. Dabei muss auch Deutsch als Fachsprache in den naturwissenschaftlichen Fächern beachtet werden, denn immer wieder scheitern Zuwandererkinder am Verständnis der Aufgaben. Eine „Willkommenskultur" ist erforderlich, sie wird aber derzeit kaum mit der Hinführung zur Landessprache verbunden, sondern mit englischsprachigen Angeboten, die im Übrigen die vielen Menschen frustrieren, die Deutsch gelernt haben, um sich angemessen vorzubereiten, in vielen Fällen in den vom deutschen Steuerzahler finanzierten Goethe-Instituten. Dass nun die für nachziehende Ehegatten bestehende Verpflichtung, Kenntnisse in der deutschen Sprache nachzuweisen, durch rechtlichen Einfluss der EU wieder zurückgenommen werden muss, ist bedauerlich. So muss man bei vielen Einwanderern wieder bei Null anfangen.

Wie unentbehrlich flächendeckende sprachliche Integration ist, zeigen die im Jahr 2005 von der Bundesregierung eingeführten verpflichtenden Integrationskurse für Zuwanderer – ein echter Fortschritt gegenüber dem verbreiteten Laissez-faire in dieser Frage, wenn auch das angestrebte Sprachniveau B1 bei den meisten Teilnehmern nicht in der ursprünglich veranschlagten Unterrichtszeit erreichbar ist.

Besonderes Augenmerk muss einer wirkungsvollen Deutschdidaktik gelten. Das betrifft gerade auch die erfolgreiche Vermittlung von Rechtschreibkenntnissen. Aber auch Verständlichkeit in fachsprachlicher Kommunikation sollte geübt werden. Die Sensibilisierung für die Angemessenheit unterschiedlicher Sprachniveaus bleibt eine Aufgabe des fortgeschrittenen Deutschunterrichts. Wer die deutsche Sprache nicht beherrscht, dem verschließen sich Bildungs- und Berufs-Chancen, auch Möglichkeiten der gesellschaftlichen Teilhabe und Mitwirkung. Die Bedeutung einer differenzierten Sprachbildung muss in der schulischen, universitären und beruflichen Bildung erkannt und anerkannt werden.

Eine zentrale Aufgabe der kommenden Jahre wird die Entwicklung einer europäisch orientierten Sprachbildungspolitik sein, die dafür Sorge trägt, dass mittelfristig die Bürger Europas tatsächlich in drei Sprachen kommunikationsfähige Kenntnisse erlangen. Nichts dabei ist wertvoller als ein Schülerauslandsjahr. Eine systematische und massenhafte Förderung von Auslandsaufenthalten mit echtem Sprachkontakt, wie sie das Erasmus-Stipendium für Studenten eigentlich vorsieht, sollte in den nächsten Jahren auch für die Schülerschaft eingeführt werden, damit der Vorteil einer Zwei- oder Dreisprachigkeit keine Frage des Geldbeutels ist. Erasmus für Schüler und später für Studenten kann, wenn die Aufenthalte in zwei verschiedenen Ländern erfolgen, tatsächlich zu einer guten Kenntnis zweier weiterer Sprachen neben der Muttersprache führen.

Zum Schluss

Als Student bin ich in den Ferien durch Europa gefahren und habe an den Hauswänden und Mauern immer die Plakate, die Wandmalereien und die Parolen zu verstehen versucht. Am liebsten hätte ich mir aus allen Ländern von Werbemalern schöne Sprüche auf meine alten Autos malen lassen. Zum Beispiel einen Spruch aus dem so sanft klingenden Dänisch: „MED LOV SKAL MAN LAND BYGGE" steht in Kopenhagen in großen Lettern auf dem Architrav des Stadtgerichts. Wunderbar, wie man hier aus dem Deutschen und dem Englischen den schönen Sinn dieser Worte ableiten kann: „Mit dem Gesetz soll der Mensch das Land bauen". Starke Worte! Worte, auf die sich eine ganze Zivilisation gründet, auch eine Zivilisiertheit. Und wer durch Kopenhagen läuft und die Tausenden von jungen Leuten, meist Studentinnen und Studenten, auf ihren Fahrrädern beobachtet, im Gespräch, lachend, in Büchern lesend, in Cafés sitzend – der möchte in einem solchen Moment nie auf diesen schönen Satz verzichten; der möchte diesen Satz für immer auf dem Gerichtsgebäude prangen sehen: in dieser sanften dänischen Sprache, und in keiner anderen. In einem gemeinsamen europäischen Haus können wir nur mit einem gewissen Sprachinteresse zusammenkommen. In diesem Haus hat die deutsche Sprache einen wichtigen Platz – wenn die Bürger es wollen, nicht nur die, die die deutsche Sprachgemeinschaft bilden.

Und es gibt Menschen, die es wollen. „Das Deutsche ist die Sprache des aufgeklärten Geistes und eines freiheitlich-optimistischen Lebensgefühls." Diesen Satz hat mir einmal eine Abiturientin geschrieben, deren Familie aus einem arabischen Land stammt und die in Deutschland aufgewachsen ist.

Dank

Ich danke für die kritische Lektüre einzelner Teile oder des ganzen Manuskripts: Dr. Ingmar Ahl, Wolfgang Albrecht, Dr. Christoph Andreas, Dr. Ulrich Bopp, Karin Cölle, Prof. Dr. Konrad Ehlich, Ruth Fritz, Karl-Burkhard Haus, Prof. Dr. Hans-Jürgen Hellwig, Gabriele Kaehlbrandt, Dr. Lothar Kaehlbrandt, Dr. Henriette Kramer, Dr. Peter-Wilhelm Schlüter, Dr. Jens Schmid-Mölholm, Reinhard Schmitz, Dr. Werner Scholze-Stubenrecht, Gisela von Auer, Bertrand Wallon.

Ich danke für Anregungen und Hinweise: Prof. Dr. Ulrich Ammon, Prof. Dr. Peter Blumenthal, Prof. Dr. Peter Eisenberg, Prof. Dr. Wolfgang Frühwald, Theo Hector, Dr. Manfred Osten, Peter Peters, Dr. Albert Spiegel, Prof. Dr. Michael Stolleis, Prof. Dr. Jürgen Trabant, Prof. Dr. Karl-Reinhard Volz.

Mein besonderer Dank gilt meinem Verleger Vittorio Klostermann.

Literatur

Ammon, Ulrich (1991): Die internationale Stellung der deutschen Sprache. Berlin, New York.

Ammon, Ulrich (2000): Entwicklung der deutschen Wissenschaftssprache im 20. Jahrhundert. In: Debis, Friedrich/Kollmann, Franz Gustav/Pörksen, Uwe (Hrsg.) (2000): Deutsch als Wissenschaftssprache im 20. Jahrhundert. Vorträge des Internationalen Symposiums vom 18./19. Januar 2000. Akademie der Wissenschaft und der Literatur Mainz. Abhandlungen der Geistes- und sozialwissenschaftlichen Klasse. Jahrgang 2000, Nr. 10. S. 59–80.

Ammon, Ulrich (2007): Die Wichtigkeit und Schwierigkeit von Deutsch als Arbeitssprache in den EU-Institutionen. In: Muttersprache, 2/2007, S. 98–111.

Ammon, Ulrich (2009): Wird die deutsche Sprache (von anderen, vor allem Englisch) verdrängt? In: Der Deutschunterricht 5/2009, S. 14–21.

Ammon, Ulrich (2010). Welche Rolle spielt Deutsch international? Deutschland.de, 13.4.2010.

Ammon, Ulrich (2011): Rezension von Jürgen Gerhard „Mehrsprachigkeit im vereinten Europa". In: Soziolinguistica 25/2011, S. 169–173.

Ammon, Ulrich (2011,2): Zur aktuellen Situation in der akademischen Lehre (bezüglich Deutsch und Englisch als Wissenschaftssprachen). Zur Eröffnung der Podiumsdiskussion. In: Prinz, M./ Korhonen, J., Hrsg.: Deutsch als Wissenschaftssprache im Ostseeraum – Geschichte und Gegenwart. Frankfurt a. M. etc., S. 329–334.

Ammon, Ulrich (2013); Welche Rolle spielt Deutsch international? Deutschland.de vom 13.4.2013.

Ammon, Ulrich (2015): Die Stellung der deutschen Sprache in der Welt. Berlin, München, Boston.

Andrei, Verena (2007): Die auswärtige Sprachpolitik der Bundesrepublik Deutschland gegenüber den Staaten Mittel- und Südosteuropas und in der Europäischen Union. Eine theoriegeleitete Außenpolitikanalyse. Diss. Tübingen.

Appel, Holger (2011): Deutsche Sprache – Now is good bycicle expensive. Frankfurter Allgemeine Zeitung, 31.12.2011.

Arbeitskreis Deutsch als Wissenschaftssprache (2005): Sieben Thesen zur deutschen Sprache in der Wissenschaft.

Auswärtiges Amt (2015): Deutsch als Fremdsprache weltweit. Datenerhebung 2015.

Baumann, Ansbert (2003): Französisch und Deutsch – Zur Geschichte der Sprachenpolitik. In: Dokumente 1/2003, S. 12-16.

Bertelsmann Stiftung (2013): Radar gesellschaftlicher Zusammenhalt; messen, was verbindet. Gesellschaftlicher Zusammenhalt im internationalen Vergleich. Zentrale Ergebnisse auf einen Blick. Gütersloh.

Blumenthal, Peter (1987): Sprachvergleich Deutsch- Französisch. Romanistische Arbeitshefte Bd. 29. Tübingen.

Bredekamp, Horst (2011): Babylonische Sprachvielfalt: nicht Strafe, sondern Anspruch. In: Berlin-Brandenburgische Akademie der Wissenschaften, Hrsg: Welche Sprache(n) spricht die Wissenschaft? Berlin. S. 51-55.

Casanova, Giacomo, Chevalier de Seingalt (1964): Geschichte meines Lebens. Hrsg. u. eingel. von Erich Loos. Erstmals nach der Urfassung ins Deutsche übersetzt von Heinz von Sauter. Band 1, Berlin.

Casemir, Kirstin/Fischer, Christian (2013): Deutsch. Die Geschichte unserer Sprache. Darmstadt.

Coulmas, Florian (1985): Sprache und Staat- Studien zur Sprachplanung. Berlin, New York.

Coulmas, Florian (1992): Die Wirtschaft mit der Sprache. Eine sprachsoziologische Studie. Frankfurt am Main.

Davies, Winfried/Langer, Nils (2014): Die Sprachnormfrage im Deutschunterricht: das Dilemma der Lehrenden. In: Plewnia, Albrecht/ Witt, Andreas, Hrsg. (2014): Sprachverfall? Dynamik – Wandel – Variation. Jahrbuch 2013 des Instituts für Deutsche Sprache. Berlin, Boston. S. 299–321.

Deutsche Akademie für Sprache und Dichtung, Hrsg. (1982): Der öffentliche Sprachgebrauch. Bd. 3: Schulen für einen guten Sprachgebrauch/ bearb. von Brigitta Mogge u. Ingolf Radtke. Stuttgart.

Deutsche Akademie für Sprache und Dichtung (2011): Eine Denkschrift an die Verfassungsorgane der Bundesrepublik Deutschland.

Deutsche Akademie für Sprache und Dichtung, Union der deutschen Akademien der Wissenschaften, Hrsg. (2013): Reichtum und Armut der deutschen Sprache. Erster Bericht zur Lage der deutschen Sprache. Berlin/Boston.

Deutscher, Guy (2012): Die Sprache der Wissenschaft. Englisch, Französisch oder Deutsch – spielt es eine Rolle, in welcher Sprache wir denken, schreiben oder forschen? In: Stifterverband für die deutsche Wissenschaft: Sinnstifter 2012. Essen. S. 6–25.

Deutscher Akademischer Auslandsdienst (2009): Memorandum zur Förderung des Deutschen als Wissenschaftssprache.

Duden (2011): Richtiges und gutes Deutsch. Das Wörterbuch der sprachlichen Zweifelsfälle. Mannheim.

Duneton, Claude (1973): Parler croquant. Paris.

Durrell, Martin (2014): Mit der Sprache ging es schon immer bergab. Dynamik, Wandel und Variation aus sprachhistorischer Perspektive. In: Plewnia, Albrecht/ Witt, Andreas, Hrsg. (2014): Sprachverfall? Dynamik – Wandel – Variation. Jahrbuch 2013 des Instituts für Deutsche Sprache. Berlin, Boston, S. 11–31.

Duron, Jacques (1963): Langue française, langue humaine. Paris.

Ehlich, Konrad/Ossner, Jakob/Stammerjohann, Harro, Hrsg. (2001): Hochsprachen in Europa. Entstehung, Geltung, Zukunft. Freiburg im Breisgau.

Eisenberg, Peter (2009): Richtig gutes und richtig schlechtes Deutsch. In: Konopka, Marek/Strecker, Bruno, Hrsg.: Deutsche Grammatik – Regeln, Normen, Sprachgebrauch. S. 53–68.

Eisenberg, Peter (2012): Das Ende vor Augen? Über das Erhalten des Deutschen als Wissenschaftssprache. In: Gegenworte. Hefte für den Disput über Wissen. Herausgegeben von der Berlin-Brandenburgischen Akademie der Wissenschaften. 28. Heft, Herbst 2012, S. 52–55.

Eisenberg, Peter (2013): Der Satz. Grundriss der deutschen Grammatik. Stuttgart.

ELAN-Studie (2006): Auswirkungen mangelnder Fremdsprachenkenntnisse in den Unternehmen auf die europäische Wirtschaft.

Evans, Nicholas (2014): Wenn Sprachen sterben und was wir mit ihnen verlieren. München.

Frankfurter Integrations- und Diversitätsmonitoring 2012

Frühwald, Wolfgang (2010): Wie viel Sprache brauchen wir? Berlin.

Frühwald, Wolfgang (2010): Problemaufriss zur Vielsprachigkeit in Europa. (für die Aktion Gemeinsinn)

Gahler, Michael (o.J.): Erfahrungen mit der Sprachenvielfalt im Europäischen Parlament. Redemanuskript eines Vortrags in Regensburg.

Gauger, Hans-Martin (2000): Warum nicht Englisch?, In: Debis, Friedrich/Kollmann, Franz Gustav/Pörksen, Uwe, Hrsg. (2000): Deutsch als Wissenschaftssprache im 20. Jahrhundert. Vorträge des Internationalen Symposiums vom 18./19. Januar 2000. Akademie der Wissenschaft und der Literatur Mainz. Abhandlungen der Geistes- und sozialwissenschaftlichen Klasse. Jahrgang 2000, Nr. 10. S. 19–44.

Gauger, Hans-Martin (2004): Was wir sagen, wenn wir reden. Glossen zur Sprache. München, Wien.

Gauger, Hans-Martin, Hrsg. (2009): Lob der deutschen Sprache. Göttingen.

Gentner, Stefanie (2010): Schlechtes Deutsch besser als gutes Englisch. Süddeutsche Zeitung, 11.5.2010.

Gerhards, Jürgen (2010): Mehrsprachigkeit im vereinten Europa. Transnationales sprachliches Kapital als Ressource in einer globalisierten Welt. Neue Bibliothek der Sozialwissenschaften, herausgegeben von Jörg Rössel, Uwe Schimak und Georg Vobruba. Wiesbaden.

Goethe-Institut : Jahrbuch 2014/2015.

Göttert, Karl-Heinz (2010): Deutsch. Biografie einer Sprache. Berlin.

Göttert, Karl-Heinz (2010): Rettet das Deutsche vor seinen Rettern. In: Die Welt, 6.10.2010.

Göttert, Karl-Heinz (2012): Nieder mit dem Hochdeutschen! In: Die Welt, 25. August 2012, S. 25.

Göttert, Karl-Heinz (2012): Alles außer Hochdeutsch. Ein Streifzug durch unsere Dialekte. Berlin.

Göttert, Karl-Heinz (2013): Abschied von Mutter Sprache. Deutsch in Zeiten der Globalisierung. Frankfurt am Main.

Grebing, Manuel/Scheler, Stephan (2012): Lolst du noch oder roflst du schon? Die Veränderung der deutschen Sprache. o.O.

Greiner, Ulrich (2010): Ist Deutsch noch zu retten? In: DIE ZEIT Nr. 44, 1. Juli 2010.

Hagège, Claude (1996): Welche Sprache für Europa? Verständigung in der Vielfalt. Frankfurt, New York.

Hagège, Claude (2000): Halte à la mort des langues. Paris.

Heidegger, Martin (1989): Beiträge zur Philosophie. (Vom Ereignis) (1936–1938). Herausgegeben von Friedrich-Wilhelm von Herrmann. = Martin Heidegger Gesamtausgabe, Band 65.

Helbig, Gerhard (1990): Lexikon deutscher Partikeln. Leipzig.

Heringer, Hans Jürgen, Hrsg. (1982): Holzfeuer im hölzernen Ofen. Aufsätze zur politischen Sprachkritik. Tübingen.

Hinrichs, Uwe (2013): Multikultideutsch. Wie Migration die deutsche Sprache verändert. München.

Hochschulrektorenkonferenz (2011): Sprachenpolitik an deutschen Hochschulen. Empfehlungen der Mitgliederversammlung der HRK am 22.11.2011.

Hörmann, Hans (1967): Psychologie der Sprache. Berlin, Heidelberg, New York.

Janich, Nina (2005): Sprachpolitik – Sprachplanung – Sprachkultur, in: Haslinger, Peter/Janich, Nina, Hrsg. (2005): Die Sprache der Politik – Politik mit Sprache. = forost Arbeitspapier Nr. 29. S. 13–20.

Juhàsz, János: Aus der Diskussion, in: Deutsche Akademie für Sprache und Dichtung, Hrsg. (1982): Der öffentliche Sprachgebrauch, Band III, Schulen für einen guten Sprachgebrauch. S. 215–221. Stuttgart.

Kastberger, Klaus (o.J.): Im Assessment-Center. Sprache im Zeitalter von Coaching, Controlling und Monitoring. Wiener Karl Kraus Vorlesungen zur Kulturkritik, Band 4. Ein Projekt der Wiener Vorlesungen, herausgegeben für die Kulturabteilung der Stadt Wien von Christian Ehalt.

Kehlmann, Daniel (2011): Ruhm. Ein Roman in neun Geschichten. Reinbek bei Hamburg.

Kilian, Jörg (2013): Kritische Grammatik, sprachliches Lernen und sprachliche Bildung. Über Sprachreflexion und Sprachkritik im grammatikdidaktischen Sinne. In: Köpke, Klaus-Michael/Ziegler, Arne, Hrsg. (2013): Schulgrammatik und Sprachunterricht im Wandel. Reihe Germanistische Linguistik

Bd. 297, herausgegeben von Mechthild Habermann und Heiko Hausendorf. S. 61–82.

Klemperer, Victor (1991): LTI – Lingua Tertii Imperii. Die Sprache des Dritten Reiches. Leipzig.

Költzsch, Peter (2011): Reflexionen zum Verhältnis von Sprache und Wissenschaft. In: Berlin-Brandenburgische Akademie der Wissenschaften: Welche Sprache(n) spricht die Wissenschaft? Streitgespräche in den Wissenschaftlichen Sitzungen der Versammlung der Akademiemitglieder am 2. Juli und am 26. November 2010. Berlin. S. 119–123.

Köpke, Klaus-Michael/Ziegler, Arne, Hrsg. (2013): Schulgrammatik und Sprachunterricht im Wandel. Reihe Germanistische Linguistik Bd. 297, herausgegeben von Mechthild Habermann und Heiko Hausendorf.

Kraus, Josef/Mocikat, Ralph (2008): Die deutsche Sprache stärken. Zum Verlust der Muttersprache in Schule und Wissenschaft. In: Die politische Meinung Nr. 460, März 2008, S. 67–72.

Krämer, Walter (2012): Deutsch unter Ökonomen. In: Sprachnachrichten Nr. 55 (III/2012), S. 5.

La Madeleine, Bonnie Lee (2007): Lost in Translation, Nature, Vol. 445, Januar 2007, S. 454–455.

Laermann, Klaus (2011): Die Lust an der Unklarheit und die Schmerzgrenze des Verstehens. Dunkelheit als Erfolgsgrundlage in den Geisteswissenschaften. In: Rehmann, Norbert Hrsg. (2011): Schlechter Stil. Sprachkritik aus fünf Jahrhunderten. Darmstadt. S. 187–196.

Lang, Ewald (1977): Semantik der koordinativen Verknüpfung. Studia grammatica XIV. Berlin.

Liessmann, Konrad (2006): Theorie der Unbildung. Die Irrtümer der Wissensgesellschaft. Wien.

Limbach, Jutta (2012): Europäische Sprachenpolitik. In: Aus Politik und Zeitgeschichte; Website der Bundeszentrale für politische Bildung, 17.1.2012.

Lobo, Sascha (2011): Wortschatz. 998 neue Worte für alle Lebenslagen. Reinbek bei Hamburg.

Malblanc, Alfred (1961): Stylistique comparée du français et de l'allemand. Essai de représentation linguistique comparée et étude de traduction. Paris.

Mann, Thomas (1947): Doktor Faustus. Das Leben des deutschen Tonsetzers Adrian Leverkühn, erzählt von einem Freunde. Stockholm.

Menasse, Robert (2012): Der europäische Landbote. Die Wut der Bürger und der Friede Europas. Wien.

Mercator-Institut für Sprachförderung und Deutsch als Zweitsprache, Hrsg. (2014): Sprachförderung und Deutsch als Zweitsprache an deutschen Schulen: Was leistet die Lehrerbildung? Köln.

Mocikat, Ralph/Dieter, Hermann H. (2012): Was wird aus Deutsch als Wissenschaftssprache? In: Sprachnachrichten Nr. 55 (III/2012), S. 7.

Möhn, Dieter/Pelka, Roland 1984): Fachsprachen. Eine Einführung. Germanistische Arbeitshefte 30. Tübingen.

Mohr, Reinhard (2013). Bin ich reaktionär? Bekenntnisse eines Altlinken. Gütersloh.

Netzwerk Deutsch, Hrsg.: Die deutsche Sprache in der Welt. Statistische Erhebungen 2010.

Nißl, Sandra (2011): Die Sprachenfrage in der Europäischen Union. Möglichkeiten und Grenzen einer Sprachenpolitik für Europa. Diss. München.

Oksaar, Els/Skudlik, Sabine/von Stackelberg, Jürgen, Hrsg. (1988): Gerechtfertigte Vielfalt. Zur Sprache in den Geisteswissenschaften. Darmstadt.

Ossner, Jakob (2001): Sprachbewusstheit und Normierung im muttersprachlichen Unterricht des Deutschen. In: Ehlich, Konrad/Ossner, Jakob/ Stammerjohann, Harro, Hrsg. (2001): Hochsprachen in Europa. Entstehung, Geltung, Zukunft. Freiburg im Breisgau. S. 171–184.

Pinker, Steven (2006): Wörter und Regeln. Die Natur der Sprache. Paderborn.

Plewnia, Albrecht/ Witt, Andreas, Hrsg. (2014): Sprachverfall? Dynamik – Wandel – Variation. Jahrbuch 2013 des Instituts für Deutsche Sprache. Berlin, Boston.

Pörksen, Uwe (1994): Wissenschaftssprache und Sprachkritik. Untersuchungen zu Geschichte und Gegenwart. Forum für Fachsprachenforschung, herausgegeben von Hartwig Kalverkämper, Band 22. Tübingen.

Projektgruppe Spracheinstellungen, Hrsg. (2009): Aktuelle Spracheinstellungen in Deutschland. Erste Ergebnisse einer bundesweiten Repräsentativumfrage. Mannheim.

Raasch, Albert (2001): „Hoch-Sprache" und europäische Sprachförderprogramme. In: In: Konrad Ehlich, Jakob Ossner, Harro Stammerjohann, Hrsg. (2001): Hochsprachen in Europa. Entstehung, Geltung, Zukunft. Freiburg. S. 365–376.

Rehmann, Norbert, Hrsg. (2011): Schlechter Stil. Sprachkritik aus fünf Jahrhunderten. Darmstadt.

Rickard, Peter (1977): Geschichte der französischen Sprache. Tübinger Beiträge zur Linguistik, herausgegeben von Günter Narr, Band 84. Tübingen.

Roelcke, Thorsten (2009): Geschichte der deutschen Sprache. München.

Rösler, Frank (2011): Globalesisch: Fluch oder Segen? Einige Gedanken aus der Sicht der kognitiven Neurowissenschaften. In: Berlin-Brandenburgische Akademie der Wissenschaften: Welche Sprache(n) spricht die Wissenschaft? Streitgespräche in den Wissenschaftlichen Sitzungen der Versammlung der Akademiemitglieder am 2. Juli und am 26. November 2010. Berlin. S. 135–146.

Sabatini, Francesco (2001): Mehrsprachigkeit und historisches Bewusstsein in der Schule. In: Konrad Ehlich, Jakob Ossner, Harro Stammerjohann (Hrsg): Hochsprachen in Europa. Entstehung, Geltung, Zukunft. Freiburg, S. 377–386.

Schiewe, Jürgen (1998): Die Macht der Sprache. Eine Geschichte der Sprachkritik von der Antike bis zur Gegenwart. München.

Schloßmacher, Michael (1997): Die Amtssprachen in den Organen der Europäischen Gemeinschaft. Status und Funktion. Frankfurt am Main, Berlin, Bern.

Schmölders, Renate Hrsg. (1986): Die Kunst des Gesprächs. Texte zur Geschichte der europäischen Konversationstheorie. München.

Sick, Bastian (2004): Der Dativ ist dem Genitiv sein Tod. Ein Wegweiser durch den Irrgarten der deutschen Sprache. Die Zwiebelfisch-Kolumnen. Köln.

Skudlik, Sabine (1988): Die Kinder Babylons. In: Oksaar, Els/Skudlik, Sabine/von Stackelberg, Jürgen, Hrsg. (1988): Gerechtfertigte Vielfalt. Zur Sprache in den Geisteswissenschaften. Darmstadt. S. 73–129.

Stark, Franz (o. J.): Sprache – „Sanftes" Machtinstrument in der globalen Konkurrenz. Warum wir Deutsch verteidigen sollten. (IFB).

Ständige Arbeitsgruppe Deutsch als Fremdsprache: Deutsch als Fremdsprache, Erhebung 2000.

Ständige Arbeitsgruppe Deutsch als Fremdsprache: Deutsch als Fremdsprache weltweit, Datenerhebung 2005.

Steinig, Wolfgang/Betzel, Dirk (2014): Schreiben Grundschüler heute schlechter als vor 40 Jahren? Texte von Viertklässlern aus den Jahren 1972, 2002 und 2012. In: Plewnia, Albrecht/ Witt, Andreas, Hrsg. (2014): Sprachverfall? Dynamik – Wandel – Variation. Jahrbuch 2013 des Instituts für Deutsche Sprache. Berlin, Boston. S, 353–371.

Steffens, Doris (2003): Nicht nur Anglizismen... Neue Wörter und Wendungen in unserem Wortschatz. In: IDS-Sprachforum, 21.5.2003, S. 2–9.

Steffens, Doris (2010): Tigerentenkoalition – schon gehört? Zum neuen Wortschatz im Deutschen. In: Sprachreport 1/2010, S. 2–8.

Stickel, Gerhard, Hrsg. (1999): Sprache, Sprachwissenschaft, Öffentlichkeit. Institut für deutsche Sprache, Jahrbuch 1998. Berlin, New York.

Stickel, Gerhard (2012): Deutsch im Kontext anderer Sprachen in Deutschland heute: Daten und Einstellungen. In: Eichinger, Ludwig M., Plewnia, Albrecht, Schoel, Christiane, Stahlberg, Dagmar, Hrsg.: Sprache und Einstellungen. Spracheinstellungen aus sprachwissenschaftlicher und sozialpsychologischer Perspektive, S. 227–321. Studien zur deutschen Sprache 61. Tübingen.

Thielmann, Winfried (2009): Deutsche und englische Wissenschaftssprache im Vergleich. Hinführen – Verknüpfen – Benennen. = Wissenschaftskommunikation, herausgegeben von Konrad Ehlich, Christian Fandrych, Clemens Knobloch, Angelika Redder, Band 3. Heidelberg 2009.

Trabant, Jürgen (2002): Der gallische Herkules. Über Sprache und Politik in Frankreich und Deutschland. Tübingen, Basel.

Trabant, Jürgen (2012): Weltansichten. Wilhelm von Humboldts Sprachprojekt. München.

Trabant, Jürgen (2014): Globalesisch oder was? Ein Plädoyer für Europas Sprachen. München.

Twain, Mark (2010): Die schreckliche deutsche Sprache. Englisch-Deutsch. Aus dem amerikanischen Englisch von Kim Landgraf. Köln

Urban, Nikolaus (2001): Sprachliche Vielfalt und die Einheit der Rechtsordnung. Andeutungen zum europäischen Sprachenproblem aus juristischer Sicht. In: Konrad Ehlich, Jakob Ossner, Harro Stammerjohann, Hrsg. (2001): Hochsprachen in Europa. Entstehung, Geltung, Zukunft. Freiburg. S. 357–376.

Van Parijs, Philippe (2013): Sprachengerechtigkeit für Europa und die Welt. Berlin.

Voigt, Gerhard (1999): Die strukturbedingte Wissenschaftsferne des schulischen Grammatikunterrichts. in: Stickel, Gerhard, Hrsg. (1999): Sprache-Sprachwissenschaft-Öffentlichkeit. Institut für deutsche Sprache, Jahrbuch 1998. S. 73–84.

Volkswagen-Stiftung (2013): Bedrohte Sprachen. Warum die Vielfalt stirbt – und wie Forscher kulturelles Wissen vor dem Vergessen bewahren.

Von Polenz, Peter: Deutsche Sprachgeschichte vom Spätmittelalter bis zur Gegenwart (3 Bde., 1991, 1994, 1999), Berlin, New York.

Vontobel-Stiftung/Overath, Angelika (2011): Sprachen der Jungen. Zürich.

Wagener, Hans (2012): Untergräbt Deutschland selbst die internationale Stellung der deutschen Sprache? Eine Folge der Förderung von Englisch im Bildungsbereich. (Diss). Duisburger Arbeiten zur Sprach- und Literaturwissenschaft, Bd. 93. Frankfurt am Main, Berlin, Bern, Bruxelles, New York, Oxford, Wien.

Walter, Franz (2012): Ist Populismus ein Übel? In. Forschung und Lehre 7/12. S. 535–538.

Weinrich, Harald (1985): Wege der Sprachkultur. Stuttgart.

Weinrich, Harald (1995): Höflichkeit der Nationen. Drei Sprachen braucht der Europäer. In: Frankfurter Allgemeine Zeitung, 11.1.1995.

Wiese, Heike (2009): Kiezdeutsch: Sprachvariation oder Bedrohung? In: Deutsche Welle (Hrsg.): Sprache von Welt? Streiten über Deutsch. Bonn. S. 19–23.

Wiese, Heike (2012): Kiezdeutsch. Ein neuer Dialekt entsteht. München.

Winter, Martin (2010): Wir sind uns recht peinlich. Süddeutsche Zeitung, 19. Mai 2010.

Wirsching, Andreas (2012): Der Preis der Freiheit. Geschichte Europas in unserer Zeit. München.

Wittgenstein, Ludwig (2003): Philosophische Untersuchungen. Frankfurt am Main.

Zifonun, Gisela (2002): Überfremdung des Deutschen: Panikmache oder echte Gefahr? In: IDS-Sprachforum, 15.5.2002, S. 2–9.

Zimmer, Dieter E. (1997): Deutsch und anders. Die Sprache im Modernisierungsfieber. Reinbek bei Hamburg.

Zorowka, Martin (1996): Sprachentwicklungsstörungen. Eine neue Zivilisationskrankheit? In: Universitas, 51. Jahrgang, Nummer 604, Oktober 1996. S. 940–954.

Zweig, Stefan (1991): Magellan. Der Mann und seine Tat. Frankfurt am Main.

Der Autor

Roland Kaehlbrandt studierte germanische und romanische Philologie in Köln und Paris. Er wurde an der Universität zu Köln mit einer sprachwissenschaftlichen Arbeit zum Thema Fachsprachen promoviert. Im Rahmen seiner Tätigkeit für gemeinnützige Stiftungen brachte er Sprachprojekte wie das Grundschulprogramm Deutsch & PC, den DeutschSommer, den Diktatwettbewerb Frankfurt schreibt! oder den Bundeswettbewerb Jugend debattiert auf den Weg. Er veröffentlichte zwei sprachkritische Bücher, „Deutsch für Eliten – ein Sprachführer" und „Plastikdeutsch – Lexikon der Sprachverirrungen" (letzteres mit Walter Krämer). Zuletzt erschien eine Liebeserklärung an die deutsche Sprache, das „Lexikon der schönen Wörter" (ebenfalls mit Walter Krämer). Der Autor ist Mitglied des Kuratoriums der Deutschen Akademie für Sprache und Dichtung.
   Kontakt: rkaehlbrandt@t-online.de

Lesen. Ein Handapparat

Herausgegeben von Hans-Christian von Herrmann und Jeannie Moser
2015. 236 Seiten
kt 22,90 €
ISBN 978-3-465-04242-6
Klostermann RoteReihe Band 77

Was heißt Lesen? Es sind zunächst die Textwissenschaften, die hier Auskunft geben, von der Literatur- über die Kultur- bis zur Rechtswissenschaft. Mit der Literatur teilen sie die Auffassung, dass dem Lesen nur in flagranti auf die Spur zu kommen ist, im Versuch also, das Lesen zu lesen. Die Materialität gedruckter Texte und ihre Lesbarkeit ist Sache der Typografie. Eine semiotisch informierte Wissenschaftsphilosophie vermag aufzuzeigen, inwiefern auch die Naturwissenschaften lesend auf ihre Gegenstände stoßen. Und schließlich setzen auch neuro- und kognitionswissenschaftliche Forschungsansätze historisch konkrete Formen des Lesens voraus. Der Band leistet eine Bestandsaufnahme vor dem Hintergrund technologischer und epistemologischer Umbrüche, die das Lesen tiefgreifend verändern.

**Vittorio Klostermann
Frankfurt am Main**
Online: www.klostermann.de
E-Mail: verlag@klostermann.de